ATLANTIS

Theodor Dombrowski

Charisma

Das Geheimnis der persönlichen Ausstrahlung

BASTEI LÜBBE

BASTEI LÜBBE TASCHENBUCH
Band 70180

1. Auflage: Juli 2001

Vollständige Taschenbuchausgabe

Bastei Lübbe Taschenbücher ist ein Imprint
der Verlagsgruppe Lübbe

Originalausgabe

Umschlaggestaltung:
Wustmann & Ziegenfeuter, Dortmund
Satz: Textverarbeitung Garbe, Köln
Druck und Verarbeitung: Ebner Ulm
Printed in Germany
ISBN 3-404-70180-1

Du siehst Dinge und fragst: »Warum?«
Aber ich träume von Dingen, die es noch nie gegeben hat und sage:
»Warum nicht?«

George Bernard Shaw

… Die Wissenschaft braucht die Mystik nicht, die Mystik nicht die Wissenschaft, aber der Mensch braucht beides. Mystische Erfahrung ist nötig, um das Wesen der Dinge zu begreifen, und die Wissenschaft ist für das moderne Leben unerlässlich. Wir brauchen keine Synthese, sondern ein dynamisches Zusammenspiel der mystischen Intuition und der wissenschaftlichen Analyse.«[1]

Fritjof Capra

Inhalt

Vorwort

Charisma – was ist das? Dieses Buch unternimmt den Versuch einer Klärung. Welche Kraft wirkt im Charisma? Wo liegt die Quelle, wo der Ursprung dieser rätselhaften Ausstrahlung? Auch auf die Frage, ob es möglich ist, die Wirkung des eigenen Charismas durch gezielte Anstrengungen zu verstärken, wird eine Antwort gegeben.

Wir haben es in diesem Buch mit Hypothesen zu tun, allerdings mit solchen, die den rein spekulativen Raum schon eine geraume Zeit verlassen haben.

Der Sturzbach neuer Einsichten nicht nur aus dem philosophisch-spirituellen Raum, sondern auch aus dem der Naturwissenschaften, gibt uns die berechtigte Hoffnung, dass wir den Kokon alter Vorstellungen verlassen können.

Dieses Buch hat sich dem Erfolg verschrieben – Ihrem Erfolg! Aber dazu bedarf es eigener Bemühungen. Haben Sie Mut! Jeder Schwimmer hat das Schwimmen lernen müssen. Auch dieses *Schwimmen* muss gelernt werden. Glauben Sie mir – es lohnt sich!

Charisma – geheimnisvolle Kraft

Was ist Charisma?
Wer erkennt Charisma?
Wie erkennt man Charisma?
Wie erlangt man Charisma?
Wie und wo setzt man Charisma ein?
Ist Charisma aus eigenem Bemühen möglich?

Damit beschäftigt sich dieses Buch!

Einführung

Da liegt der Hund begraben, mein Freund. Elektrizität, Radioaktivität, Atomenergie – der wahre Initiierte weiß: das alles sind nur Metaphern, oberflächliche Hüllen, konventionelle Lügen, bestenfalls klägliche Surrogate einer viel älteren und vergessenen Kraft, die der Initiierte sucht und die er eines Tages auch finden wird.

Umberto Eco

In der Umgebung eines Magneten entfaltet das von ihm ausstrahlende magnetische Feld seine Wirkung. Es gibt starke und schwache Magnete. Erstere können über eine Anziehungskraft verfügen, die sogar mit tonnenschweren Lasten fertig wird, letztere müssen oft schon vor wenigen Gramm kapitulieren. Doch es gibt den Magnetismus nicht nur in der Materie, zum Beispiel als Schwerkraft, oder im Magneteisenstein sowie im Elektromagneten, es gibt ihn auch in verfeinerter, weil entwickelterer Art, im Reich der Menschen. Hier spricht man nicht vom *Magnetismus* einer Persönlichkeit, sondern von seiner mehr oder weniger starken Ausstrahlung oder auch von seinem *Charisma*.

Bei vielen Menschen ist diese geheimnisvolle Kraft nur schwach vorhanden, bei manchen erreicht sie schon höhere Werte, bei wenigen weckt sie die Aufmerksamkeit anderer Menschen, um dann bei wenigen einzelnen ihre stärkste Ausprägung zu erfahren. Bei letzteren ist das *Kraftfeld* ihres Charismas sogar in der Lage, in hohem Maße massenbeeinflussend zu wirken.

Das zeigt sich besonders dann, wenn die charismatische Wirkung einer Persönlichkeit auf andere Menschen derart stark ist, dass sie von der Masse als unbedingte Autorität, als zur Führung auserwählt, angesehen wird. Albert Schweitzer mit seiner Forderung: *Habt Ehrfurcht vor dem Leben*, und Hitler mit seiner das Volk überflutenden satanischen Beeinflussungswoge können als treffende Beispiele für positive und negative charismatische Ausstrahlungen dienen. Von Albert Schweitzer wird berichtet, dass seine Nähe ein Gefühl der Sanftheit und Harmonie, ja der Geborgenheit vermittelte. Man empfand und akzeptierte ihn als einen Menschen, dessen Güte und Hilfsbereitschaft ihn turmhoch über die Masse erhob.

Und Hitler? Kein Zweifel, auch er besaß wie Albert Schweitzer ein Charisma, das sich vergleichen lässt mit der Höhe eines Wolkenkratzers im Vergleich zu den winzigen Häusern der Masse. Aber dieses Charisma war zutiefst negativ, ja teuflisch zu nennen. Albert Schweitzer und Adolf Hitler – Pol und Gegenpol! Hier Güte, dort ihre negative, umgekehrte Entsprechung – tiefer Haß! Hier Hilfsbereitschaft, sich niederschlagend in tätiger Nächstenliebe, dort das krasse Gegenteil davon – Verfolgung und Mord!

Jeder von uns hat es sicher schon einmal erlebt. Man begegnete einem Menschen, fühlte sich durch dessen Anblick innerlich angerührt, und drehte sich, einem unbewussten Drang nachgebend, nach ihm um. Irgendwie und auf eine unerklärliche Weise spürte man das von dieser Persönlichkeit ausgehende starke Energiefeld, die Wirkung seines Charismas.

Folgende Begegnung hat mich das besonders stark empfinden lassen. Obwohl sie schon einige Jahre zurückliegt, ist es mir, als hätte sie erst gestern stattgefunden. Ich hatte damals die gesundheitsfördernde Angewohnheit, dreimal in der Woche nach Dienstschluss das nahe Mineralbad aufzusuchen. Das Baden in dem prickelnden Wasser war jedes Mal ein wahres Labsal für mich. Zuerst achtete ich nicht auf die anderen Besucher, denn sie waren mir alle fremd. Doch mit der Zeit wurden mir die einzelnen Gesichter mehr und mehr vertraut, denn viele Besucher des Mineralbads hielten es so wie ich, suchten nach einem arbeitsreichen Tag ein erfrischendes Badevergnügen. Die Begegnungen mit den *Kollegen* fanden also immer häufiger statt. Mehr und mehr *kannte* man sich. Aus einem flüchtig grüßenden Kopfnicken wurde allmählich ein freundliches Lächeln. Diesem folgten bald einige Worte und später sogar Gespräche. Auf diese Weise lernte ich zwei Brüder kennen. Zwillinge. Aber von Ähnlichkeit war bei ihnen nicht die geringste Spur zu entdecken. Nennen wir sie Herbert und Konrad. Herbert war von überdurchschnittlicher Größe und athletischem Körperbau, Konrad war fast einen halben Kopf kleiner und eher schmalgliedrig zu nennen. Die Vertrautheit zwischen uns wuchs, und die Gespräche verloren ihre Flüchtigkeit, gewannen an Tiefe. Ich erfuhr, dass beide erst vor wenigen Tagen ihren gemeinsamen dreißigsten Geburtstag gefeiert hatten. Herbert war Abteilungsdirektor in einer großen Bank. Er hatte, wie er mir stolz erzählte, trotz seiner jungen Jahre gute Chancen, aufgrund seiner Tüchtigkeit bald in den Vorstand berufen zu werden. Ein Mann, dessen Wochenarbeitszeit nur selten unter sechzig Stunden lag. Aber auch einer, dessen Willens- und Innovationskraft ihn berufliche Schwierigkeiten mit leichter Hand überwinden ließ. Einmal erklärte er mir stolz, er habe es sich zum Prinzip gemacht, zuerst auf seinen Verstand zu hören und Gefühle dann als lästig zu empfinden, wenn sie dem Verstand im Wege waren. Ein Mann, fleißig, dynamisch, mit einem exzellent arbeitenden Verstand ausgestattet. Und Konrad? Er leitete ein Altenpflegeheim. Im Vergleich zu seinem Bruder war sein Gehalt eher kümmerlich zu nennen. Aber das schien ihn nur wenig zu stören. Sein Beruf füllte ihn völlig aus. Wenn ich mich mit ihm über sein Aufgabengebiet unterhielt, dann glänzten seine Augen ebenso wie die seines Bruders wenn dieser mir von seinen Banktätigkeiten erzählte. Und doch gab es bei ihnen einen fundamentalen Unterschied. Er betraf ihre Ausstrahlung. Die von Herbert empfand ich wie ein scharf geschliffenes Schwert. Sie ließ auf einen Mann schließen, der über einen messerscharf arbeitenden Verstand, gepaart mit der *Waffe* eines eisenharten Willens, verfügte. Ich bemerkte es immer wieder: Herbert trug seine Ausstrahlung wie einen starken Scheinwerfer nach der Devise vor sich her: *Schaut mich an, ich bin der geborene Sieger. Nichts kann mich erschüttern. Widerstände werde ich mit dem Schwert meines Verstandes hinwegräumen.* Gewiss hielt er sich auch für einen Mann, der zur Führung geboren war. Für mich gab es keinen Zweifel daran, dass die Schlagkraft seines Charismas es vermochte, andere Menschen in hohem Maße zu beeindrucken und sie sogar nach seinem Willen zu lenken. Die Dichte dieser unsichtbaren Kraft fühlte ich jedes Mal fast körperlich, wenn ich in seiner Nähe war und mich mit ihm unterhielt. Keine Frage, Menschen wie Herbert bewegen die Welt. Es muss sie geben, denn ohne sie gäbe es keinen Fortschritt. Was allerdings die Frage erlaubt, ob alles das Fortschritt ist, was als *wahrer* Fortschritt von den Predigern und Manipulatoren des Zeitgeistes angepriesen wird.

Konrad hingegen bot nicht nur äußerlich ein gegensätzliches Bild. Auch seine Ausstrahlung war eine andere. Sie *fühlte* sich sanfter an. Ich empfand auf eine nicht zu beschreibende Art die Stärke dieser Sanftheit, die in ihr ruhende Fürsorglichkeit und Liebe. Vom *scharfen Schwert* seines Bruders war bei ihm nicht ein Jota zu spüren. So widersinnig es manchem auch klingen mag, vielleicht war gerade die in Konrads Ausstrahlung schwingende Sanftheit und Liebe verantwortlich für die Stärke seines Charismas.

Einmal sagte er etwas zu mir, das mich tief beeindruckte: »Alten Menschen Liebe geben, sie zu pflegen, ihnen zu helfen, damit ihnen ihre letzten Tage nicht zur Pein werden, ist meine Lebensaufgabe. Die Dankbarkeit in ihren Augen gibt mir Kraft und macht mir Freude. Ich liebe diese Tätigkeit und wünsche mir keine andere. Was ich zum Leben brauche, das habe ich, und mehr verlange ich nicht.« Ich empfand es deutlich: Konrad gehörte zu jenen seltenen Menschen, die in einer fast ausschließlich den Götzen Ego anbetenden Zeit anscheinend im Aussterben begriffen sind.

Und noch etwas wurde mir bewusst: Es gibt verschiedene Charismata: das des Verstandes und der körperlichen Kraft, das des Geldes und das der Spiritualität! Letztere ist das Charisma der Seele. Es ist unvergänglich, so unvergänglich wie auch die Seele unvergänglich ist, während die beiden anderen an das *eine* körperliche Leben gebunden sind und mit ihm vergehen. Ganz sicher haben Sie schon selbst, zum Beispiel bei einem Boxkampf oder einer Leichtathletikveranstaltung, das Raunen der Masse beim Anblick schwellender Muskeln gehört und das Entzücken darüber in den Gesichtern gelesen. Und ebenso sicher haben Sie die Ausstrahlung der Macht registrieren können, wenn Ihnen zufällig ein Milliardär über den Weg lief. Dieser konnte körperlich sehr gebrechlich aussehen – der Ehrfurcht der Masse tat das kaum Abbruch. Beide – ungewöhnlich große körperliche Kraft wie auch ungeheurer Reichtum – verströmen eine Aura der Macht. Und – gestehen wir es uns doch ein: Macht ist eine wahre Götterspeise. Der Lohn der Masse äußert sich für den, der sie besitzt, in besonderem Eifer und hochgradiger Beflissenheit, ja sogar in demutsvoller Anbetung. Dass hier auch die Heuchelei ein gewichtiges Wörtlein mitspricht, das kann wohl nicht bezweifelt werden. Nicht zuletzt aus diesem Grund lasse ich die Politiker hier außen vor, denn wo treibt die Heuchelei und die Korruption mehr ihr verderbliches Unwesen als gerade in diesem Personenkreis? Lassen wir das also, wir wollen uns schließlich nicht schon wieder ärgern.

Das spirituelle Charisma rangiert hoch über den beiden anderen, denn es gibt sich mit dem Charisma *eines* Lebens nicht zufrieden sondern zeigt den Aufstieg der Seele von Existenz zu Existenz. Das darf aber nicht heißen, dass wir deshalb um den Erfolg in diesem *einen* Leben einen großen Bogen machen sollen. Denn der Erfolg beschert Freude, und diese zu suchen ist eine der edelsten Leidenschaften des menschlichen Geistes. Sie ab und zu unter den vielen *Kieseln* am Wege zu finden bedeutet hohes Glück und ist prägend für die Seele. –

In der folgenden Zeit lernte ich noch andere Menschen näher kennen. Ich versuchte, sie je nach ihrer Strahlkraft, das heißt: ihrer Wirkung auf mich, zu klassifizieren. Natürlich irrten meine Beurteilungen hier und da, aber ich erzielte mit der Zeit doch mehr und mehr Treffer. Und je länger ich mich diesem *Hobby* hingab, desto mehr verfestigte sich in mir die Gewissheit, dass es sich bei der Ausstrahlung um eine höchst reale Kraft handeln musste. Dass sich sehr viele Naturwissenschaftler zu diesem Thema ausgesprochen feindselig verhalten, interessierte mich wenig. Ich vertraute allein meinem Empfinden und der Stimme meiner Intuition. Noch etwas trat ein, etwas, das mich in Erstaunen versetzte: Je stärker mein Glaube an die Wirksamkeit dieser Kraft wurde, desto mehr erhöhte sich seltsamerweise auch die Anzahl der Treffer. Der Glaube war anscheinend auch hier in der Lage, die berühmten *Berge* zu versetzen. Ich befragte meinen Verstand. Aber dieser war nicht in der Lage, eine plausible Erklärung zu finden. Trotzdem verspottete er mich und bezeichnete mich als einen spintisierenden Narren, dem nicht zu helfen sei. An seinem Schimpfen zeigte sich mir deutlich die mindere Rolle des Verstandes gegenüber der Intuition. Mit Ersterem wurde uns Menschen das Werkzeug zur Bewältigung unseres Lebens gegeben. Dieses *Werkzeug* ist aber als Bestandteil unserer Körperwelt nicht in der Lage, über den Körper hinauszudenken. Wie sollte ein körperliches *Ding* das auch können? Im Gegensatz dazu sind Intuitionen nicht an den Körper gebunden, denn ihre »Blitze« sind nicht, wie von der *modernen* Naturwissenschaft behauptet, das Ergebnis physikalisch-chemischer beziehungsweise gehirnspezifischer Prozesse. Diejenigen, die Letzteres behaupten, sind bis heute den exakten Beweis dafür schuldig geblieben. Sie wollen es nicht wahrhaben, dass die Intuition einem Fernrohr gleicht, mit dem wir – wenn wir es nur wollen – weit über den beschränkten Horizont unseres Verstandes hinausblicken können. Wenn Letzterer dagegen revoltiert – nun, soll er doch. Aber Sie dürfen so wie ich davon überzeugt sein – eines wenn auch noch fernen Tages wird er seinen Widerstand aufgeben und sich dann endlich in den Dienst der grenzüberschreitenden Intuitionen des Menschen stellen.

Die öffentliche Meinung spricht von jenen, die über eine energiereiche Ausstrahlung verfügen, oft bewundernd als charismatische Persönlichkeiten, als Erfolgsmenschen. Die anderen, leider die weitaus meisten, müssten sich mit den Brosamen dieser Kraft begnügen. *Woran liegt das nur?* hört man Letztere dann oft bekümmert fragen. Die resignierte Antwort darauf lautet häufig: *Es gibt eben neben Kindern des Glücks auch Kinder des Pechs.* Und weiter: *Das Leben ist sehr ungerecht, denn Ersteren rennt der Erfolg buchstäblich nach wie ein gehorsamer Hund seinem Herrn. Wir Armen aber können tun, was wir wollen, das Pech klebt uns buchstäblich an den Füßen und begleitet uns getreulich auf allen unseren* Wegen.[2]

Die Kraft der Ausstrahlung zeigt ihre Wirkung nicht nur als Charisma im Reich der Menschen, sie entfaltet sich überall im Universum, in der kleinsten Sternschnuppe ebenso wie in den Riesensonnen entferntester Spiralnebel. Ja, es darf kühn behauptet werden, dass es den gesamten Kosmos ohne diese Kraft nicht gäbe, nicht geben könnte. In unendlich subtiler Art und Weise ist sie im Verlauf von Jahrmilliarden von der untersten Stufe – dem Magnetismus in der Materie – über die Pflanzen- und Tierwelt Sprosse um Sprosse die Entwicklungsleiter hochgestiegen. Schon dem ersten aufkeimenden Leben hat sie ihren Stempel aufgedrückt. Denn wenn man von der Behauptung eines in ständiger Entwicklung begriffenen Universums ausgeht, dann kann es keinen Bereich in der Welt der Materie und in der des Geistes geben, um den die fortschreitende Entwicklung (Evolution) einen großen Bogen macht. Anders ausgedrückt: Es gibt nichts, das von diesem Prozess *nicht* erfasst wird. Die Entwicklung dieser den ganzen Kosmos durchdringenden Kraft über viele Stationen hinweg bis hin zur menschlichen Ausstrahlungs- und Anziehungskraft zeigt dies deutlich: *Das biologische Leben hat die Existenz von Planeten zur Voraussetzung, diese wiederum kann es erst geben, wenn Galaxien und Sterne existieren, für die Bildung von Galaxien und Sternen müssen Atome vorhanden sein, und diese können erst entstehen, wenn sich die Elementarteilchen gebildet haben.*[3] Auch die Strahlkraft erschien nicht als fertiges *Produkt* im Universum. Sie nahm ihren Anfang in der Kraft der Schwere, der physikalischen Massenanziehung. Doch sie wollte höher hinaus, viel höher. In einem Milliarden Jahre andauernden Prozess kletterte sie die Sprossen der Entwicklungsleiter hoch, fand Eingang in die Welt der Psyche, wurde zur Liebe als der edelsten Ausprägung aller Anziehungskräfte, formte sich aus zur gewaltigsten Kraft im Kosmos. Mit anderen Worten: Die Schwerkraft, also die Gravitation, war die *erste* Kraft im Universum der Materie, die Liebe aber ist ihre Fortentwicklung, sie ist – die Gravitationskraft im Reich der Seele!

Im menschlichen Bereich offenbart sich aber auch die Doppelnatur dieser rätselhaften Kraft. Auf der einen Seite kann sie Ausdruck brutalsten Hasses sein, auf der anderen zeigt sie in ihrer machtvollsten Ausprägung die höchsten Höhen selbstloser Liebe. Schon in der Antike sprach man von der »Sympathie in den Dingen« – und von der Ausstrahlungs- und Anziehungskraft der Liebe als stärkster kosmischer Kraft.

Wir haben es also mit einer umfassenden, universalen Kraft zu tun. Sie äußert sich einerseits in der physikalischen Massenanziehung (der Schwerkraft), die imstande ist, Milliarden von Galaxien bestimmte Bahnen im Universum aufzuzwingen, andererseits ist sie im Verlauf der Entwicklung mehr und mehr auch zur Kraft der Psyche geworden. Was die Frage erlaubt, ob es ohne diese Kraft überhaupt je Leben gegeben hätte.

Leben ist Bewusstsein, und nur Bewusstsein kann ausstrahlen, je nach Entwicklungsstufe mehr oder weniger. Die Entwicklung bewirkte unter anderem auch die Zunahme der intellektuellen Fähigkeiten. Auf eines muss aber schon an dieser Stelle hingewiesen werden: Intellektualität und Weisheit sind zwei völlig verschiedene Größen im Reich des Bewusstseins. Ein einfacher Schafhirte kann gegenüber einem Universitätsprofessor ein Gigant an Weisheit sein, auch wenn es ihm unmöglich ist, selbst die einfachste mathematische Gleichung aufzulösen. Nichts kann daran vorbeigehen: Weisheit ist viel mehr als bloße Intellektualität, denn:. *Intellektualität ist lediglich die Intelligenz des an den Körper gebundenen Verstandes, Weisheit dagegen ist – die Intelligenz der Seele!*

Der Intellekt ist an den *einen* Körper, und damit an die Materie gebunden, die Weisheit ist dagegen viel mehr, denn aus dem Sandkorn des Intellekts konnte sich erst nach den Erfahrungen *vieler* Leben die Rose der Weisheit entwickeln. Eine Tatsache, die auch in der Stärke der spirituellen Ausstrahlung ihren Niederschlag findet. Nicht umsonst wurden in der Antike Religionsstifter und Weisheitslehrer mit Strahlenkränzen um ihre Häupter abgebildet. Das *Licht* ihrer Ausstrahlung war nur von wenigen Menschen zu sehen, dafür aber die Mächtigkeit ihres Charismas umso mehr zu spüren.

Da wir alle im Besitz von schwächeren oder stärkeren Ausstrahlungskräften sind, stellt sich fast zwangsläufig die folgende Frage: Ist es denkbar, diese Kraft der Ausstrahlung auch im Interesse des beruflichen Erfolges zu steigern? Kräfte sind doch, das wissen wir nicht nur aus der Physik, sondern auch aus unserem täglichen Leben, auf irgendeine Art und Weise steigerungsfähig. Aber wie kann das in unserem Fall geschehen? Müssen wir uns an etwas anschließen, um Kraft zu tanken? Anschließen wie ein aufzuladender Akkumulator an eine stromführende Leitung?

Hier hilft uns das intuitive Wissen weiter, dass ein Kraftgewebe in der Natur wirksam ist und man den Kontakt zu ihm herstellen kann. Ist das geschehen, dann ist man in der Lage, die Kraft der Steine, der Pflanzen und Tiere in sich einströmen zu lassen und damit die eigene Ausstrahlung und Anziehung mit allen sich daraus ergebenden positiven Konsequenzen zu verstärken. Die Schwierigkeit dabei ist, diesen Kontakt nicht nur zu finden, sondern ihn auch zu halten, ihn nicht wieder zu verlieren.

Der Logiksektor im Gehirn der allermeisten Naturwissenschaftler wird sich gewiss unter diesen *unwissenschaftlichen* Worten qualvoll krümmen und sie schlichtweg als blühenden Unsinn abqualifizieren. Lassen wir uns davon nicht beirren. Seien Sie überzeugt davon: Es gibt Praktiken, sich mit diesem universalen Kraftgewebe zu verbinden. Was das für uns bedeutet ist leicht gesagt: Wir wollen Kraft aus dieser Quelle schöpfen, Strahlkraft, um mit ihr unser Leben erfolgreicher als bisher zu gestalten, genau das ist unser Ziel. Erfolgreicher nach außen, aber auch nach innen.

Aber es kann nicht oft genug betont werden: Hier ist das ernsthafte Wollen des Einzelnen gefordert. Immerhin, von einem dürfen wir überzeugt sein: Diejenigen, die diesen *Quantensprung* unternehmen wollen, werden schon in naher Zukunft erfahren, dass tief in uns verborgen eine Kraft ruht, die sehnsüchtig darauf wartet, endlich geweckt zu werden. Eine Kraft von unglaublicher Stärke, deren Grenzen wir uns nicht vorstellen können.

Doch eine Einschränkung ist dringend geboten, die manchem nicht so richtig schmecken wird. Leicht ist der in diesem Werk vorgeschlagene Weg nicht. Ich will das näher erläutern. Schon in meinem Buch *Die Kraft der Wünsche* habe ich ausführlich dargelegt, dass die dort angebotenen Übungen *allein* den Erfolg *nicht* garantieren können. Hinzutreten müsse ein Einstimmungsprozess von besonderer Art. Vergleichbar dem Suchen nach einer bestimmten Senderfrequenz. Bei alten Radioapparaten wurde dieses Suchen mittels eines geriffelten Drehknopfes oft zur Qual, zu einem wahren Geduldsspiel. Für unser Vorhaben besteht ebenfalls die Forderung, eine bestimmte *Frequenz* aufzusuchen. Sie werden sich nach dem Warum fragen. Einstimmungsprozess? Was ist damit gemeint und was soll eine solche Forderung? Du lieber Himmel, wenn ich zum Beispiel ein Muskeltraining absolviere, dann weiß ich doch, dass durch entsprechende Übungen die trainierten Muskelpartien eine Stärkung erfahren. Hier aber wird der Vorbehalt eines dubiosen Einstimmungsprozesses gemacht. Warum? Die Antwort darauf lautet einfach: So, wie es in Wohnungen Türen gibt, so besitzt auch die *Wohnung*, die wir betreten wollen, eine Tür. Sie ist verschlossen, kann nur mit dem passenden Schlüssel geöffnet werden. In unserem Fall heißt dieser Schlüssel: *Einstimmung*. Denn die Wirksamkeit der mit psychischer Kraft geladenen Empfehlungen verlangt nach hochgradiger Empfänglichkeit, einem weit überdurchschnittlichen Resonanzvermögen und nicht zuletzt nach einem unerschütterlichen Glauben.[4] Nichts führt daran vorbei: Resonanz zu erzeugen ist die Hauptaufgabe des Einstimmungsprozesses, denn ohne sie kann es unmöglich zu einem Kontakt mit jenen Bereichen kommen, die wir zum *Auftanken* benötigen. Das heißt: Ohne eine sorgfältige Einstimmung zur Erzielung einer größtmöglichen Resonanz geht hier nichts, denn die Seele muss mitschwingen können wie der in subtiler Feinarbeit gefertigte Resonanzboden einer Meistergeige. Ich frage Sie: Welchen Wert haben selbst die kompliziertesten und zeitaufwendigsten körperlichen Übungen ohne eine intensive Teilhabe der Seele?! Ich darf Ihnen die Antwort selber geben: Keinen!

Und was muss unternommen werden, damit die Seele mitschwingt ? höre ich Sie fragen.

Nun, zuerst müssen Sie wissen, was unter der Kraft der Ausstrahlung zu verstehen ist, woher sie kommt und warum sie existiert. Und da alles Leben ausstrahlt, ausstrahlen muss, stellt sich automatisch die Frage: Leben – was ist das? Was wissen wir über das Leben und was über den Tod? Eine vollgültige Antwort darauf wird es wohl nie geben. Trotzdem – da wir uns mit der Strahlkraft des Lebens und mit dem großen *Ausschalter* Tod befassen werden, müssen wir uns auch mit diesen Fragen beschäftigen. Beantworten können wir sie sicher genauso wenig wie es das große Heer der Naturwissenschaftler und Philosophen bisher hat tun können. Aber schon das Nachdenken über dieses größte Rätsel, das sich menschlichem Erkenntnisstreben bisher gestellt hat und wohl immer stellen wird, fördert den notwendigen Einstimmungsprozess. Bei vielen wird sich bei der Behandlung dieses Themas das Gefühl der *Ehrfurcht vor dem Leben*, aber auch der *Ehrfurcht vor dem Tod*, einstellen, ebenso der Glaube daran, dass das Leben auf diesem kleinen Planeten am Rande der Milchstraße einen Sinn hat, einen Sinn haben muss.

Aber diesem Glauben zu folgen ist nicht einfach, dafür sorgen schon die den wissenschaftlichen Zeitgeist steuernden Auslassungen vieler Naturwissenschaftler. Für sie gibt es keine Schöpfung, ist die Menschheit nur Produkt eines Zufalls, sind wir lediglich »... Zigeuner am Rande des Universums ... das für seine Musik taub ist und gleichgültig gegen seine Hoffnungen, Leiden oder Verbrechen«.[5] In seinem Buch *Zufall und Notwendigkeit* bestreitet der Nobelpreisträger Jacques Monod das Wirken jedweder Schöpfung. Ich bin überzeugt davon, das Thema dieses Buches hätte ihm nur ein mildes, vielleicht sogar ein verächtliches Lächeln entlockt.

Lassen wir uns von dieser Hypothese, denn mehr ist sie nicht, nicht negativ beeinflussen. Glauben wir nicht daran, dass dieser in der Naturwissenschaft immer noch herrschende Zeitgeist der Wahrheit entspricht. Wappnen wir uns stattdessen mit der Kraft unserer Zuversicht, die uns alle Schwierigkeiten überwinden helfen wird. Wir begeben uns jetzt auf eine Reise. Seien Sie versichert, sie hat die Aufgabe, in Ihnen den Einstimmungsprozess voranzutreiben. Denn erst wenn dieser abgeschlossen ist, darf mit dem letzten Kapitel begonnen werden. Beachten Sie nicht die höhnischen Einwendungen Ihres Verstandes und werfen Sie aufkommende Zweifel entschlossen über Bord! Glauben Sie daran: *Nur mit Hilfe der durch den Einstimmungsprozess erzeugten Resonanz ist man in der Lage, den spirituellen Grund der Hinweise zu verinnerlichen.*

Hier zeigt es sich in aller Deutlichkeit – ohne seelisches Training geht nichts.

Dieser Prozess bedeutet einen großen Schritt nach vorn. Wir wollen mit ihm nicht die Denkschiene des Verstandes verlassen, sondern sie lediglich um eine zweite Schiene ergänzen. Großer Gott, ein Zug kann doch auch nicht auf nur einer Schiene fahren, er braucht deren zwei. Ich wage die

Prognose: Wenn diese zweite Schiene endlich von der Naturwissenschaft Akzeptanz erfährt, dann wird der Verstand mehr und mehr zum Diener der Spiritualität werden und mit ihr zusammen den Zug unserer Erkenntnissuche auf eine Weise beschleunigen, die wir uns heute noch nicht vorstellen können.

Dieses Werk soll die Ausstrahlungskraft der Seele und der Möglichkeit ihrer Steigerung jenen Suchenden erklären, die nicht stehen bleiben wollen, jenen, die sich auf den Weg gemacht haben, jenen, die kraft ihres eigenen Bemühens auf der privaten wie auch auf der beruflichen Seite erfolgreicher als bisher sein wollen. Verlassen Sie sich darauf: Eine dadurch gewonnene stärkere charismatische Ausstrahlung wird Ihnen dazu verhelfen, auf andere Menschen weit besser als bisher einzuwirken.

Vielleicht, nein, ganz sicher, wird Ihnen der Weg zur Einstimmung an manchen Stellen unnötig lang, manchmal sogar wie ein überflüssiger Umweg, vorkommen. Aber seien Sie davon überzeugt, Länge und Beschaffenheit des Weges sind wohldurchdacht. Das gilt auch für verschiedene, der Festigung dienende Wiederholungen. Schließlich, was hat ein Haus ohne ein solides Fundament für einen Wert? Doch keinen besonderen, oder irre ich mich da? Wohl kaum. Die wenigen, einfach anmutenden Hinweise müssen schließlich auf etwas aufbauen können, aufbauen auf Kapitel, deren Inhalte die Seele zum Schwingen bringt, bringen muss. Genau das soll der Einstimmungsprozess bewirken. Denn nur auf diese Weise wird in Ihnen nicht nur das Resonanzvermögen, sondern auch der Glaube gefestigt werden, dass der vorgeschlagene Weg tatsächlich existiert, nur – gehen muss ihn jeder selbst. Der indische Weise Sri Aurobindo hat das so ausgedrückt:[6] *Wie es auch kommen mag, eine Entscheidung muss da sein, des Geistes und des Willens und, als ihr Ergebnis, ein vollständiges und wirksames Sich-selbst-Geben. Eine neue spirituelle*

Ideen-Macht aufnehmen, eine Aufwärtsorientierung im Wesen, eine Erleuchtung, eine Wende oder Bekehrung, die das Verlangen des Willens und Herzens sich ganz zu eigen macht, das ist jener folgenschwere Akt, der wie ein Samen alle Früchte … in sich birgt.

Ich kann es nicht oft genug betonen: Wer sich der Einstimmung entziehen will, die damit befassten Seiten einfach überschlägt, dem sei gesagt, dass dies ein sinnloses, weil nichts bewirkendes Unterfangen ist. Denn das notwendige, durch die allmähliche Einstimmung geschaffene Resonanzvermögen ist dann nicht vorhanden, kann noch nicht vorhanden sein. Und ohne es kann es keinen Kontakt geben, denn der Stromkreis ist dann nicht geschlossen.

Selbstvertrauen ist nötig

Sie haben ein Ziel. Aber es gibt Augenblicke, da zweifeln Sie an Ihrer Kraft, und die Begeisterung für Ihre Idee droht Sie zu verlassen.

Lassen Sie sich von diesen negativen Wallungen nicht beeinflussen. Vertrauen Sie der Zuversicht in Ihrer inneren Stimme, denn sie spricht die Wahrheit, auch wenn das negative Gebrüll Ihrer Zweifel alles daransetzt, sie zu übertönen.

Verlieren Sie nicht die Begeisterung für Ihre Idee, nicht die Freude daran, sie zu verwirklichen. Beide sind der Mörtel, der den Bau Ihrer Zukunft zusammenhalten und gestalten wird. Ohne sie gäbe es keine Ausstrahlung Ihres Charismas und damit auch keine Einwirkung auf andere Menschen.

Glauben Sie fest daran, dass Sie Ihr Ziel erreichen werden, denn wer an fehlendem Glauben leidet, der erreicht nichts.

I

Leben – unbegreifliches Geheimnis

Wir haben lange gewusst, dass wir es mit einem bestimmten Organ, dem Gehirn, zu tun haben … aber erst jenseits des Gehirns, jenseits dessen anatomischer Substanz, kommen wir zu dem, was wichtig für uns ist, der Psyche.

C. G. Jung

Alles Lebendige strahlt – aber *Leben*, was ist das? Und was ist der Tod? Was für eine Kraft geht von der Ausstrahlung aus und zu welcher Wirkung ist sie fähig? Wir werden, wie schon in der Einführung geschehen, auf das Phänomen *Charisma* zu sprechen kommen, ebenso in den folgenden Kapiteln. Jetzt fragen wir: Gibt es die Strahlkraft nur in der Welt der Menschen oder existieren *Splitter* davon bereits im Reich der Pflanzen- und Tierwelt und vielleicht sogar als *Lebensatome* in der Welt der Materie? Die sich daran anschließende Frage wird sich mit dem mechanistischen Weltbild der Naturwissenschaften und mit der durch sie verursachten Entseelung der Außenwelt beschäftigen. Denn sie ist verantwortlich für die Abnahme spirituellen Charismas.

Die Strahlkraft alles Lebendigen

Haben Sie schon einmal an der Bahre eines toten Menschen, vielleicht eines nahen Verwandten, gestanden? Haben Sie dem Toten ins vertraute Antlitz geblickt, in die gebrochenen Augen? Ist ihnen dabei nichts aufgefallen? Haben Sie nicht das Empfinden gehabt, dass das, was vor Ihnen auf der Bahre lag, nur noch aus einem armseligen, dem schnellen Verfall preisgegebenen *Rest* besteht? Dass dieser nunmehr leeren Hülle etwas fehlt, etwas, ohne das ein Lebendigsein überhaupt nicht möglich ist? Nehmen wir an, der Tote wäre ein Mann gewesen, der es zu seinen Lebzeiten aufgrund seines dynamischen, fleißigen Strebens in Verbindung mit seinem großen Ideenreichtums zu einer hohen Position gebracht hatte. Ein Mann, nach dem sich nicht wenige Leute auf der Straße unwillkürlich umgedreht hatten. Und das nicht nur wegen seiner imposanten Erscheinung, sondern hauptsächlich wegen der von ihm ausgehenden

Strahlkraft. Doch jetzt, was war jetzt? Nichts war mehr, denn das, was den Verstorbenen zu seinen Lebzeiten so groß, so überaus bemerkenswert gemacht hatte, das hatte nun seinen Leib verlassen. Ich erwähnte eben das Wort Hülle. Kein Zweifel, jetzt war es eine. Nur noch seine Körperhülle lag auf der Bahre. Ein Körper, der sich bald zersetzen würde, denn in ihm war nichts mehr, das noch imstande war, ihn bis in seine feinsten Verästelungen hinein zu organisieren.

Aber wozu ist diese Hülle, diese Menschenhülle, bestimmt? werden sicher einige von Ihnen fragen. Die Antwort darauf ist einfacher als Sie denken. Der Körper ist Diener des Geistes für die Dauer *eines* Erdenlebens. Anders gesagt, und ich meine mit voller Berechtigung: er ist sein Tempel – für jeweils *ein* einziges Leben!

Verstehen Sie nun, dass die menschliche Ausstrahlungskraft nur von einem lebendigen, niemals aber von einem toten Menschen ausgehen kann? Denn wenn die Psyche den Körper verlässt, dann verlässt ihn mit ihr auch die Lebensenergie. Ohne sie kann es aber keine Strahlkraft geben. Dieses *Gesetz* gilt nicht nur für das Reich der Menschen, es gilt überall, wo es Leben gibt. Es gilt sogar bis in den atomaren Bereich hinein, denn hier ist die Bewegung das Zeichen für Leben. Doch bei der Betrachtung eines toten Menschen kommen einem solche Gedanken nicht. Man sieht den Toten in seiner früheren Ganzheit, in der Vereinigung von Leib *und* Seele. –

Meine Gedanken brachen ab, mussten abbrechen, denn ich erhielt Besuch. Von Satya Narasaya! Er hatte mir vor einigen Monaten bei der Abfassung meines Buches *Die Kraft der Wünsche* sehr geholfen. Der aus Bangalore in Indien stammende Diplom-Ingenieur hatte mehrere Jahre in Süddeutschland bei einer bekannten Werkzeugsondermaschinenfabrik gearbeitet und war dann in die USA ausgewandert. Erst vor einem halben Jahr hatten wir uns nach über dreißig Jahren wiedergesehen – ausgerechnet auf der Straße. Dieses Treffen hatte es mir wieder einmal deutlich gemacht: Der Zufall ist ein wunderlicher Geselle. Satya hatte geschäftlich in Deutschland zu tun. Aus dem geplanten halben Jahr waren inzwischen neun Monate geworden. Bis zu seiner Abreise würden wahrscheinlich noch weitere zwei oder sogar drei Monate vergehen. Ich freute mich darüber, denn das gab mir noch für einige Zeit die Möglichkeit, in die Schatztruhe seines Geistes hineinzugreifen und dabei funkelnde Juwelen zu finden. Danach hatten wir uns fast einen Monat nicht gesehen, denn die Kontrollarbeiten bei der Abnahme der Verpackungsmaschinen für seine amerikanischen Auftraggeber hatten ihn während dieser Zeit völlig in Anspruch genommen. Er konnte also nicht wissen, dass ich mit der Arbeit an einem neuen Buch beschäftigt war.

Es mag übertrieben klingen, aber Satya Narasaya war für mich so etwas wie ein Konzentrat des modernen indischen Menschen. Er gehörte nicht zu jenen Indern, für deren Wesen viele Europäer nur ein intolerantes, verständnisloses Kopfschütteln übrig haben. Und er war weiß Gott kein realitätsfremder, kein träumerischer, kein dem Schicksal in Demut ergebener Mann wie solche oft in Indien zu finden sein sollen. Einmal, ich kann mich gut daran erinnern, war er auf den Unterschied zwischen westlichem und indischem Wesen zu sprechen gekommen: »Den ganzen Scharfsinn, die Gewissenhaftigkeit und Genauigkeit, die der Westen seit einem oder zwei Jahrhunderten bei der Untersuchung stofflicher Phänomene entfaltet hat, hat der Inder mit der gleichen unnachgiebigen Strenge seit vier oder fünf Jahrtausenden auf die Untersuchung der inneren Phänomene gerichtet.«[7] Ich war von diesen Worten beeindruckt gewesen und hatte ihn gefragt: »Willst du damit sagen, dass der Westen mit der Erforschung der inneren Dinge noch im Säuglingsstadium steckt?« Seine Antwort war kurz und bündig gewesen:

»Ja. Das Erforschen der inneren Dinge kann nicht allein vom körperlichen Verstand her erfolgen, mag dieser auch noch so entwickelt sein. Hier ist die Mitarbeit der Seele erforderlich. Ohne sie geht gar nichts. Viele Menschen wissen gar nicht, dass sie eine Seele haben, müssen diese erst noch entdecken.«

»Und wie soll diese Mitarbeit aussehen?«

»Eines der wichtigsten Werkzeuge der Seele ist der Glaube, der Glaube daran, dass der seelischen Kraft, vorausgesetzt, diese wird nicht behindert, so leicht nichts widerstehen kann.«

»Du meinst sicher die Behinderung durch den ständig nörgelnden Gesellen Verstand, habe ich Recht?«

»Ja. Und das ist leicht einzusehen, denn der Verstand benimmt sich wie ein störrisches Maultier, das an die eiserne *Stange* unseres dreidimensionalen Weltverständnisses angebunden ist. Was über diese Stange hinausreicht, das versteht er nicht. Und weil er das nicht kann, bekämpft er es. Der Nobelpreisträger Jacques Monod war zum Beispiel überzeugt davon gewesen, dass es keine Schöpfung gibt, allein der von ihm angebetete Götze Zufall für das Leben im Kosmos verantwortlich sei.«

»Du lieber Himmel, wenn ich jetzt an Einstein oder auch an Teilhard de Chardin denke …«

Satya hatte gelächelt. »Diese beiden Männer besaßen eine bei Naturwissenschaftlern seltene, ja sogar als unwissenschaftlich verpönte Eigenschaft – sie konnten über ihren Verstand hinausdenken, die Grenzen ihrer Erfahrung überschreiten, transzendieren, und auf diese Weise neue Kontinente des Geistes erobern.«

Unsere Begrüßung dauerte nicht lange. »Erzähle mir von deiner neuen Arbeit, ich bin schon sehr gespannt«, bat er mich schon nach wenigen Minuten.

Ich tat es und informierte ihn. Er hörte mir ruhig zu, unterbrach mich mit keiner Silbe. Als ich zu Ende gekommen war, sagte er:

»Das, was du als Einstimmungsprozess bezeichnest, erscheint mir fast noch wichtiger zu sein als die genannten Hinweise. Zum besseren Verständnis folgender Vergleich: Was passiert, wenn elektrischer Strom durch eine mit Eisenkern versehene Magnetspule fließt? Dann erfahren die Molekularmagnete des Eisenkerns eine Gleichrichtung! Erst in diesem Zustand wird der Eisenkern magnetisch, kann dann die von ihm geforderte Arbeit leisten. Was für die Erzielung des Elektromagnetismus gilt, das gilt auf einer anderen, höheren Ebene auch für uns. Auch wir müssen eine *Gleichrichtung* erfahren, denn erst durch sie werden wir *magnetisch* und dadurch imstande sein, die spirituellen Strömungen in den Hinweisen psychisch aufzunehmen.«

Ich beugte mich ein wenig vor. »Mit anderen Worten: Die Hinweise können nur dann wirken, wenn die Übenden schon vom *Strom* der Einstimmung durchflossen und von ihm *magnetisiert* worden sind? Magnetisiert wie es dein Vergleich mit dem Eisenkern in einer stromdurchflossenen Spule beschreibt?«

»Ja. Wobei noch zu erwähnen ist, dass durch diese Prozedur auch der Glaube angefacht wird. Du weißt es wie ich: Mit der Kraft des Glaubens kannst du Berge versetzen.« Er sah mich an und wiegte seinen Kopf. Über eines bist du dir sicherlich auch im Klaren: Je intellektueller jene sind, die dein Buch lesen, oder auch nur davon hören, desto …«

Ich unterbrach ihn: »… Richtig, desto skeptischer werden sie reagieren. Selbst der schärfste Verstand ist von dieser Regung nicht ausgenommen. Besser gesagt: gerade *er* nicht!«

Satya schnitt eine drollige Grimasse. »Auch die *Priester* in den hehren *Tempeln* der Wissenschaft werden sich davon nicht abhalten lassen. Bei ihnen scheint das Ego-Denken mit dem Gieren nach Ruhm und Einfluss besonders stark entwickelt zu sein. Du lieber Himmel, wo gibt es mehr Gerangel um diese Dinge als gerade dort?« Sein Gesicht wurde wieder ernst. »Hier hat der so genannte einfache Mann auf der Straße weitaus mehr Chancen. Er ist noch in der Lage, selbst das winzigste Glaubensfünkchen zur lodernden Flamme anzufachen. Und warum kann er das? Weil sein Verstand ihn nicht hemmt, dieser noch nicht so besserwisserisch ist wie der unserer naturwissenschaftlichen Geistesriesen.«

Er schwieg und sah nachdenklich vor sich hin. Plötzlich blitzte es in seinen Augen auf.

»Du hast die Absicht, in deinem neuen Buch Wege zur Verstärkung des Charismas aufzuzeigen.« Er hielt einen Augenblick inne, dann fügte er hinzu: »Wenn ich dich richtig verstanden habe, dann bist du schon in der *Einführung* darauf zu sprechen gekommen. Ich möchte das ebenfalls aber mit meinen eigenen Worten tun. Würdest du mir beipflichten, wenn ich behaupte: Von charismatischen Menschen spricht man dann, wenn deren Ausstrahlung von ganz besonderer Art ist, diese eine viele Stufen über dem Durchschnitt liegende Kraft besitzt. Eine, deren Stärke in der Lage ist, machtvoll in das Innere anderer Menschen einzudringen und sogar ihr Tun zu beeinflussen. Bist du mit dieser Definition einverstanden?«

»Ja, damit bin ich einverstanden. Aber hier gilt es noch zu differenzieren.«

Satya beugte sich ein wenig vor. »Du machst mich neugierig. Willst du damit andeuten, dass es verschiedene Charismata gibt?«

»Ja, genau das will ich. Nehmen wir zuerst das Charisma als Gnadengabe. Es stammt aus dem Griechischen. Mit diesem Wort werden Menschen bezeichnet, deren starke Ausstrahlung als übermenschlich empfunden wird. Es ist ein Charisma, dass nicht durch eigene Bemühungen erworben werden muss und deshalb als Gnadengabe gilt. Menschen dieser Art gelten als gottgesandt und zur Führung auserkoren. Religionsstifter und Propheten wurde diese Gnade in besonderem Maße geschenkt. Für den Apostel Paulus war die Liebe die stärkste charismatische Kraft überhaupt.« Ich hielt inne, blickte Satya fragend an.

Mein Freund nickte zustimmend. Dann fragte er mich: »Außerdem gibt es noch das Charisma aus *eigenem* Bemühen, nicht wahr?«

»Richtig. Denke zum Beispiel an den österreichischen Maler Friedensreich Hundertwasser mit seinen weltberühmten, stark farbigen, ornamental verschlungenen Bildern. Die *Ausstrahlung* der von ihm verwendeten Farben war so stark, dass sie in der Art eines Echos auf ihn zurückfiel, zusammen mit ihm eine untrennbare Einheit bildete.« Ich machte eine kurze Pause, fuhr dann fort: »Denke an die beiden großen ›B's‹ des deutschen Sports, Franz Beckenbauer und Boris Becker! Ihr Charisma war sicher nicht Ausdruck einer Gnadengabe. Es war die elegante Lässigkeit von *Kaiser* Franz, mit der er seine traumhaft sicheren Vorlagen gab, es war die von einem unbedingten *Ich will!* kündende Becker-Faust, es waren auch *Markenzeichen* wie Heinos schwarze Sonnenbrille und Udo Lindenbergs Hut, die bei diesen Persönlichkeiten, ähnlich wie Orden, zu dem Phänomen Charisma beitrugen.«

Satya schüttelte den Kopf. »Was du da anführst, ist nicht falsch. Aber allein damit kann man die charismatische Ausstrahlung dieser Menschen kaum erklären. Meiner Ansicht nach dienen diese äußeren Kennzeichen nur als optische Sichtbarmachung eines bereits *vorhandenen* Charismas. Brille und Hut allein bewirken nichts. Es muss noch etwas ganz

Entscheidendes hinzutreten, um eine derartig starke Ausstrahlungskraft zu erzeugen.«

»Zum Beispiel die *eigenen Bemühungen*, mit denen man in der Lage ist, das eigene Charisma auf eine höhere Stufe zu heben. Auf welche Weise das geschieht, darauf will dieses Buch eine Antwort geben«, sagte ich.

Satya blickte mich an. »Zuerst sollten wir uns mit der Tatsache beschäftigen, dass es positive und negative Ausstrahlungen gibt.«

Ich nickte mein Einverständnis. »Vielleicht mit Liebe und Hass. Größere Gegensätze kann ich mir nicht vorstellen.«

Mein Freund lächelte. »Ich komme mir jetzt fast wie ein Weihnachtsmann vor, der seine Geschenke auspackt.«

Ich war verblüfft. »Geschenke? Was willst du damit sagen?« Ich erinnerte mich. In der Vergangenheit hatte er mir schon manches Geschenk in Gestalt von fehlenden *Mosaiksteinchen* gemacht.

»Weil ich dir zu dem Thema *positive* und *negative Ausstrahlung* etwas beisteuern kann.«

In dieser Hinsicht war ich von Satya schon einiges gewöhnt. Um was für ein *Geschenk* mochte es sich diesmal handeln?

»Da bin ich aber sehr gespannt.«

Er nickte. »Es geht um die Strahlkraft. Existiert sie wirklich, oder ist sie nur ein Produkt menschlicher Einbildungskraft? Meiner Meinung nach ist ihre Existenz inzwischen bewiesen worden.«

»Bewiesen? Du machst mich neugierig. Auf welche Weise ist das geschehen?«

Satya lächelte amüsiert. »Du weißt, dass ich in den Staaten einen Ashram, also eine spirituelle Vereinigung, leite. Und jetzt höre und staune: Es gibt tatsächlich zwei Frauen darunter, die in der Lage sind, menschliche Energiefelder (Auren) zu erfühlen und sogar – zu sehen!«

Ich war beeindruckt. »Setzen beide ihre Fähigkeiten gezielt ein?«

»Ja, als Heilerinnen. Eine hat den medizinischen Doktorgrad, die andere ist eine erfolgreiche Heilpraktikerin. Beide beziehen in ihren Diagnosen den Ausstrahlungszustand des Patienten mit ein.«

Mein Interesse war in hohem Maße geweckt. »Soll das heißen, dass eine Krankheit sich auch in der Aura zeigt, sich gleichsam in ihr spiegelt?«

»Ja, das soll es. Die beiden Frauen haben dafür sogar überzeugende Beweise geliefert.«

»Tatsächlich? Aber wie haben sie es angestellt, die Krankheit zu vertreiben, den Körper zu heilen?«

»Durch Manipulation der Aura, also durch Eingriffe in das menschliche Energiefeld.«

Ich war schon vieles gewöhnt, aber diese Aussage machte mir zu schaffen. Doch bevor ich weiter fragen konnte, hob Satya den Arm. »Strenge deinen Denkapparat für einen Augenblick nicht weiter an und höre mir gut zu: Du bist doch davon überzeugt, dass es ein menschliches Energiefeld gibt, nicht wahr?«

»Sicher, wie könnte ich sonst darüber schreiben?«

»Dann frage ich dich: Wenn ein Mensch an einer schweren Krankheit leidet, kannst du dir vorstellen, dass sein Energiefeld davon wirklich unberührt bleibt? Ich bin überzeugt davon, dass es das nicht kann.«

»Ich bin das auch, aber welche Begründung hast du dafür?«

»Es ist doch leicht einzusehen: Jede einzelne Zelle hat ihren Anteil an der Ausstrahlung des Energiefelds, wirklich jede. Nicht nur die gesunden, auch die kranken Zellen haben ihn. Mein Gott, was ist schon der menschliche Körper ohne sein Feld? Doch nur ein lebloses Nichts.« Satya sah mich forschend an. »Ist dir das klar?«

»Ja. Man kann also daraus schließen, dass sich im menschlichen Energiefeld der jeweilige Zustand des Körpers spiegelt?«

Satya nickte energisch. »Ja. Und besonders befähigte Menschen verfügen sogar über Möglichkeiten, kranke Felder durch geeignete Manipulationen zu reparieren.«

Satyas Erklärung ging mir ein als handle es sich bei ihr um eine Selbstverständlichkeit. Ja, so mußte es sein. Aber auf welche Weise geschah die Manipulation der Aura? Ich fragte ihn danach.

Satya warf mir einen amüsierten Blick zu. »Du wirst es kaum glauben – mit den Händen.«

»Mit den Händen?« Ich wusste nicht mehr weiter, blickte ihn sprachlos an. War das wirklich sein Ernst? Mit den Händen ein unsichtbares Energiefeld beeinflussen? Unglaublich. Trieb mein alter Freund seinen Spott mit mir? Aber ich verwarf diesen Gedanken, kaum dass er mir gekommen war. Nein, das war nicht seine Art.

Satya lächelte erneut. »Ob du es glaubst oder nicht, es ist wahr, tatsächlich wahr – mit den Händen. Der amerikanische Wissenschaftsautor Michael Talbot berichtet in seinem Buch *Das holographische Universum* über ein Aufsehen erregendes Experiment, das von Janet Quinn, Lehrbeauftragte an der University of South Carolina in Columbia, durchgeführt wurde.[8] Es ging um den Angstpegel bei Herzpatienten. Sie stellte zwei Gruppen zusammen. Die erste Gruppe bestand aus Krankenpflegern, die mit dem Behandlungsverfahren bis in alle Einzelheiten vertraut gemacht worden waren. Diese Gruppe erhielt die Anweisung, mit den Händen über die Körper der Patienten hinwegzufahren. Die zweite Gruppe hatte nicht die Ausbildung der ersten und war auch nicht mit dem Behandlungsverfahren vertraut gemacht worden. Die Personen dieser Gruppe wurden angewiesen, mit einer *anderen* Patientengruppe ebenso zu verfahren wie es die erste Gruppe getan hatte. Die Auswertung des Experiments zeigte ein überraschendes Ergebnis. Bei der ersten Gruppe wurde schon nach einer fünfminütigen Behandlung eine Senkung des Angstpegels um sage und schreibe siebzehn Prozent erzielt. Die zweite Gruppe mit ihrer Scheinbehandlung brachte dagegen keine Besserung zustande. Stell dir vor: Das Ergebnis dieses Experiments wurde am 26. März 1985 im Wissenschaftsteil der *New York Times* sogar als Titelstory veröffentlicht.«

Er sah mich an. »Kannst du dir eine Erklärung für dieses Phänomen vorstellen?«

Mir schwirrte der Kopf. »Könnte es sein, dass die Energiefelder der ersten Gruppe hier eine Rolle spielten? Einfach deshalb, weil die Mitglieder ausstrahlten. Als sie mit den Energiefeldern der von Angst Geplagten in Kontakt kamen, könnte es die Gesundheit dieser Felder bewirkt haben, dass bei einigen Kranken eine Besserung ihres Zustandes eintraf.« Ich warf meinem Freund einen unbehaglichen Blick zu. »Ehrlich gesagt, vorstellen kann ich mir das im Augenblick noch nicht so richtig. Aber vielleicht hast du eine einleuchtendere Erklärung dafür.«

Satya schüttelte heftig den Kopf. »Nein, eine bessere Erklärung dafür finde ich auch nicht. Und selbst wenn man mich von *berufener* Seite aufgrund meiner Aussage für verrückt erklären würde – ich führe die beschriebene, erfolgreich verlaufene *Manipulation* allein auf die heilende Einflussnahme gesunder Strahlkräfte auf die geschwächten Energiefelder der psychisch Kranken zurück.«

Ich hob ein wenig ratlos die Schultern. »Das leuchtet mir ja alles ein. Aber mir stellt sich dabei eine neue Frage: Auf welche Weise schafften die gesunden Energiefelder die Heilung?«

Satyas Antwort kam sofort. Für mich ein Zeichen dafür, dass er sich seiner Sache völlig sicher war. Aber er begann mit Worten, die mich in Erstaunen versetzten.

»Ein anderer Fall wird dir viel besser als ich es vermag eine befriedigende Antwort geben. Bestimmt hast du schon etwas vom *Handauflegen* gehört und von den geheimnisvollen Wirkungen, die dabei immer wieder zu beobachten seien. Schmerzen verschwänden zum Beispiel wie weggezaubert und Depressionen würden sich auflösen wie dichter Nebel unter einer starken Sonneneinstrahlung.«

Meine Skepsis wuchs. »Ja, das habe ich. Aber hier muss man sich doch fragen, ob die oft triumphierend hinausposaunten Heilungserfolge sich nicht auch ohne Handauflegen ergeben hätten. Kritiker haben überdies immer wieder behauptet, diese Art der Heilungsversuche sei üble Scharlatanerie, sei nichts anderes als üble Geldschneiderei, die verboten gehöre.«

Satya schüttelte den Kopf. »Von Ausnahmen abgesehen besteht dieser Vorwurf zu Unrecht. Im Mittelalter soll diese Methode sogar sehr erfolgreich gewesen sein. Und weißt du, warum sie es war? Ich will es dir sagen: Nicht zuletzt deshalb, weil die Menschen, die sie ausübten, von der Wirkung einer solchen Behandlung zutiefst überzeugt waren. Dieser Glaube übertrug sich auf ihre *Patienten* und entfachte in ihnen die Flamme des Glaubens und der Zuversicht. Du weißt so gut wie ich, was ein starker Glaube zu leisten vermag. Doch dann nahte auf leisen Sohlen das Industriezeitalter und mit ihm die zunehmende Entseelung der Glaubensinhalte. Mehr und mehr weigerten sich die Menschen, den Worten der Glaubensverkünder zu vertrauen. Gewiss, die Menschen gingen und gehen auch heutzutage noch in die Kirche und hören der Predigt zu, aber wie viele von ihnen mögen bei den frommen Worten des Priesters an etwas ganz anderes denken, vielleicht an die letzten Aktienkurse oder an die Wonnen der vergangenen Liebesnacht. Wer kann es denn bestreiten: Der Pflege des *inneren* Menschen wird kaum noch Zeit gewidmet.« Satya schwieg. Sein Gesicht hatte sich gerötet. Ich wollte schon den Mund aufmachen und als Gegenargument die moslemische Welt erwähnen, hier konnte doch von einer solchen Abkehr kaum gesprochen werden. Aber Satya machte die mir schon bekannte, abwehrende Handbewegung. Dann fuhr er fort: »Die Schrumpfung der Glaubensbereitschaft ist natürlich Gift für eine Behandlung der Aura. Der hochmütige Verstand trägt hierfür die Verantwortung, weil er immerfort mit ablehnenden Worten dazwischen quäkt. Unter diesen Umständen kann sich die Kraft des Glaubens nicht aktivieren und deshalb die körpereigenen Abwehrkräfte auch nicht verstärken. Ich erinnere dich an das Experiment von Janet Quinn mit den zwei Gruppen und den von Ängsten heimgesuchten psychisch kranken Patienten. Warum konnte die zweite Gruppe nicht ein ähnliches Ergebnis wie die erste erzielen? Meiner Meinung nach ist die Antwort darauf sehr einfach: Weil sie aufgrund mangelnder Ausbildung und fehlender Informationen nur eine Scheinbehandlung durchzuführen vermochten. Höchstwahrscheinlich haben sie die Prozedur sogar mit innerlichem Widerwillen, also negativem Denken, gestaltet. Und genau dieses Manko drückte sich auch in ihren Energiefeldern aus. Deshalb, und nur deshalb konnten diese nicht heilend auf die Energiefelder der Kranken und damit auch nicht auf deren Psyche einwirken.« Er schwieg, fuhr dann nach einer kurzen Pause fort: »Voraussetzung für die Heilerfolge der ersten Gruppe war wohl auch, dass diese Personen in ihrer Mehrzahl an den Erfolg dieser Methode glaubten. Ich wage die Prognose: Wenn *alle* Personen dieser Gruppe daran geglaubt hätten, dann wären es wahrscheinlich mehr als siebzehn Prozent geworden. Wahrscheinlich sogar wesentlich mehr.« Er schaute mich fragend an. »Gibt es noch Unklarheiten?«

»Nein, aber was ist mit den zwei Frauen in deinem Ashram? Du sprachst davon, dass sie in der Lage seien, menschliche Energiefelder (Auren) nicht nur zu sehen, sondern sie sogar zu fühlen, und dass sie diese Fähigkeiten gezielt als Heilerinnen einsetzten.«

Satya nickte. »Das stimmt. Und sie tun das sehr erfolgreich. Einmal aber …« Er unterbrach sich. Auf seiner Stirn erschien eine dicke Falte.

»Was war da?«, fragte ich. Wie ich Satya kannte, musste es sich um ein ernstes Geschehnis handeln.

»Patty, auf diesen Namen hört die Ärztin, wurde Ende letzten Jahres telefonisch zu einer Kranken gerufen, einer Frau von sechzig Jahren. Auf Befragen erfuhr sie am Telefon von der Hausdame, dass die Kranke schon seit Tagen schweres Fieber hätte. Immer um vierzig Grad. Und dass sie ganz kraftlos und sehr abgemagert sei. Wenn nicht bald etwas geschähe, dann könnte sie für nichts garantieren.

Patty ließ sich die Adresse geben, setzte sich in ihren Wagen und fuhr hin. Das Haus war eine im Kolonialstil erbaute, pompöse Villa. Sie stand in einer gepflegten Parkanlage mit vielen alten Eichen um einen mit Wasserrosen bedeckten großen Teich. Ein herrliches Anwesen.

Patty wurde von der Hausdame empfangen. Einer älteren Frau, die schon seit mehr als dreißig Jahren in diesem Haus ihren Dienst verrichtete. Sie machte auf Patty einen völlig verängstigten Eindruck.

Die Ärztin war über den Zustand der Kranken entsetzt. Dass diese bleich, völlig erschöpft und apathisch in den Kissen lag, war schon schlimm genug. Doch ihre Ausstrahlung gab noch weit mehr Grund zur Besorgnis. Diese war fast nicht mehr vorhanden, glich einem Kerzenflämmchen, das jeden Augenblick zu erlöschen droht. Patty hat die Gabe, die Ausstrahlung anderer Menschen nicht nur zu sehen, sondern sie auch zu fühlen. Je kraftvoller diese ist, desto mehr spürt Patty sie. Manche, so sagte sie mir einmal, fühlen sich an wie zarte Seidengespinste, andere wie weicher, warmer Samt, bei wieder anderen hätte sie das Empfinden, lediglich auf den kaum merkbaren Widerstand eines dicken Nebels zu stoßen. Der Widerstand der Aura bei der Kranken war noch schwächer als der des *Nebels*. Für Patty war das ein Zeichen dafür, dass das Energiefeld der Kranken kurz vor dem endgültigen Zusammenbruch stand. Trotzdem versuchte sie, mittels ihrer Hände ihr eigenes Energiefeld ins Spiel zu bringen. Aber sie spürte nicht die geringste Reaktion.

›Die Frau ist todkrank, sie hätte schon seit Tagen ins Krankenhaus gehört‹, sagte sie vorwurfsvoll zu der Hausdame. Kaum hatte sie ausgesprochen, als ein Mann den Raum betrat. Er musste ihre Worte gehört haben, denn er fuhr sie an: ›Ins Krankenhaus kommt sie mir nicht. Sie bleibt hier, denn hier hat sie die beste Pflege.‹ Dann warf er ihr einen Blick zu, unter dem sie unwillkürlich erschauerte.«

Satya unterbrach seinen Bericht und sagte: »Ich kenne Patty gut und weiß, dass sie sich nicht leicht einschüchtern lässt. Aber dieser Kerl, er war der Stiefsohn der Kranken, hat das fertiggebracht. Sie beschrieb mir ihn und vor allen Dingen – seine Augen und seine wie in Hass getauchte Ausstrahlung. Von Liebe wäre darin nicht ein Atömchen zu spüren gewesen.

Nein, sie hätte noch nie eine solch dunkle Aura gesehen, noch nie eine derartige von einem menschlichen Energiefeld ausgehende und auf sie zielende Drohung empfunden. Die Ausstrahlung dieses Mannes hätte ihn wie eine dunkle, wabernde Wolke umhüllt, nur seine Augen seien davon unberührt geblieben. Schreckliche Augen, ohne Gefühl und so kalt wie der Raum zwischen den Sternen.« Satya machte eine kurze Pause, fuhr dann fort: »Patty überwand ihre momentane Schwäche und sagte energisch zu dem Mann: ›Ich werde meiner Pflicht folgen und sofort einen Krankenwagen bestellen. Glauben Sie mir doch, wenn die Kranke hier bleibt, dann stirbt sie Ihnen vielleicht schon in den nächsten Stunden unter den Händen weg.‹

Der Mann trat nach diesen Worten auf sie zu. So dicht, dass sich ihre Körper fast berührten. Er sagte nichts, schaute sie nur drohend an. Patty hat mir das Gefühl, das sie dabei empfand, genau geschildert: ›Ich konnte das dunkle Energiefeld jetzt noch deutlicher wahrnehmen. Es wurde von mehreren Quellen gespeist. Eine entströmte der Herzgegend, eine andere dem Genitalbereich, wieder eine andere der Gegend des Solarplexus und eine – sehr starke – der Stirn. Auch über seinem Kopf waberte der schwarze Dunst.‹«

»Chakras als Quellen, nicht wahr?«, unterbrach ich Satya.

»Ja. Doch Patty sah nicht nur die Quellen, sie konnte das ihnen entströmende Feld sogar fühlen.«

»Tatsächlich? Und was empfand sie dabei?«

»Während der Mann sich ihr näherte, hatte Patty zunehmend das ekelhafte Empfinden, in eine dunkle, schleimige Masse einzutauchen. Sie schilderte mir die Drohung, die von ihr ausging, Diese hätte während seines Näherkommens ständig zugenommen. ›Ich konnte auf einmal keinen Gedanken mehr fassen, und die Angst in mir wuchs und wuchs, entwickelte sich zur Panik. Ich musste weg von hier, konnte die Nähe des dicht vor mir stehenden Mannes und seine hassvolle Ausstrahlung nicht länger ertragen.‹«

»Ist sie gegangen?«, fragte ich Satya. Mir war eben ein kalter Schauder über den Rücken gelaufen.

»Sie wollte es, aber es kam anders. Etwas Seltsames, kaum zu Begreifendes geschah. Der Stiefsohn wandelte sein Verhalten buchstäblich von einer Sekunde zur anderen. Der drohende Ausdruck in seinem Gesicht verschwand, machte sogar einem Lächeln Platz. Unmöglich, dass dieser Wandel echt sein konnte. Patty sagte später: ›Wenn er echt gewesen wäre, dann hätte sich auch seine Ausstrahlung ändern müssen. Aber sie tat das nicht, denn die in ihr schwingende Drohung blieb bestehen.‹ Als der Stiefsohn dann sprach, sagte er genau das Gegenteil von dem, was er erst vor wenigen Minuten gesagt hatte: ›Ich habe es mir soeben überlegt. Ja, ich habe es eingesehen, Sie haben Recht. Ich fahre jetzt zum Zentralkrankenhaus und werde mit dem Chefarzt über die Einweisung meiner Stiefmutter sprechen.‹ Das tat er dann auch. Später erfuhren wir, dass die Kranke schon am nächsten Morgen zur Untersuchung ins Krankenhaus kommen sollte. Sie hatten sogar ein Bett für sie reserviert. Aber dazu kam es nicht mehr, denn sie überlebte die Nacht nicht – und der Stiefsohn erbte Millionen.«

»Glaubst du, dass er ihr das Sterben *erleichtert* hat?«

Satya zuckte die Schultern. »Es hat Untersuchungen in dieser Richtung gegeben, aber sie haben nichts gebracht. Dem Kerl war nichts zu beweisen.«

»Und Patty? Welche Meinung hatte sie?«

»Sie ist überzeugt davon, dass er sie umgebracht hat, um möglichst schnell und ohne Schwierigkeiten an das große Erbe heranzukommen. Auf welche Weise er das getan hat, das wird wohl nie geklärt werden können. Monate später erfuhren wir von der inzwischen arbeitslosen Hausdame, dass er hochverschuldet gewesen war. Ach ja, es gibt zwar für dich nichts Wesentliches mehr her, aber ich möchte es dir dennoch mitteilen: Das Schicksal schlug erbarmungslos zu. Er kaufte sich sofort nach Erhalt der Erbschaft einen brandneuen Porsche und baute schon einen Tag darauf einen schweren Unfall, der ihn auf der Stelle tötete. Aber das nur nebenbei.« Satya schaute mich fragend an. »Ich bin der Meinung, dass du diesen Fall verwerten solltest, denn eindrucksvoller lässt sich die Existenz der Ausstrahlung, sei sie positiver oder negativer Art, nicht verdeutlichen.«

»Ich werde das auch tun. Fälle wie dieser schaffen mir Beweise für das Vorhandensein des menschlichen Energiefeldes und damit auch des Charismas.«

Satya schnitt eine Grimasse. »Du musst dir klar darüber sein, dass *Beweise* dieser Art von der Mehrzahl unserer Naturwissenschaftler nur belächelt und höhnisch zerrissen werden. Immerhin, für uns dürfte es feststehen – das menschliche Energiefeld existiert, ist eine nicht mehr wegzuleugnende Tatsache!«

Wieder erfolgte die für ihn typische Handbewegung. Seine Hand tat das immer dann, wenn er ein Thema beenden wollte.

Als ich an diesem Tag zu Bett ging, kamen mir viele Gedanken. Von meinem Freund hatte ich erfahren, dass die Aura, beziehungsweise die Ausstrahlung, von besonders befähigten Menschen nicht nur gesehen, sondern dass sie sogar gefühlt werden kann. Aber nicht nur das wusste ich nun, ich wusste jetzt auch, dass die von einem gesunden Körper ausgehende menschliche Strahlungsenergie imstande ist, heilend auf Kranke einzuwirken. Auch – und vielleicht gerade – auf psychisch Kranke. Mit dem so oft geschmähten Handauflegen hatte es offenbar eine ganz besondere Bewandtnis. Aber ob diese Kraft imstande war, in jedem Fall eine heilende Wirkung zu erzielen, daran zweifelte ich. Hier spielten sicher noch eine Menge anderer, mir noch unbekannter Faktoren mit hinein. Immerhin, Satyas Bericht hatte mich sehr beeindruckt.

Viel später lernte ich eine *Anziehungskraft* ganz anderer Art kennen. Eine, die mir schwer zugesetzt hatte. Vor einigen Jahren besichtigten meine Frau und ich eine alte Burg. Sie war völlig erhalten. Wir nahmen an einer Führung teil. Immer wenn ich an sie zurückdenke, bin ich nahe daran, dass mir der kalte Schweiß ausbricht. Wir mussten eine sehr steile Steintreppe hochgehen. Sie führte auf eine drei

Meter breite Mauer, die auf der linken Seite keine Begrenzung aufwies und etwa zwanzig Meter steil abfiel. Rechts gab es eine Begrenzung in Form einer mannshohen Brustwehr, die in schmalen Abständen mit Schießscharten versehen war.

Ich hätte die Leiter meiden sollen, denn mir wird sehr leicht schwindelig. Aber ich wollte mich vor den anderen Leuten nicht schwach zeigen und ging *mutig* voran, hielt mich so nahe an der rechten Begrenzung, dass mein Arm sie immer wieder streifte. Trotzdem, viel half das nicht. Die Tiefe links von mir kam mir wie ein gefräßiges Ungeheuer vor, das immer wieder gierig nach mir schnappte. Wenn ich mich dem linken Abgrund nähern musste, um rechts einem der zahlreichen Mauervorsprünge auszuweichen, hatte ich das grässliche Gefühl, der Anziehung der Schwerkraft folgen zu müssen. Ein fremder Wille schien dann mit Gewalt nach meiner Psyche zu greifen, um das Kommando zu übernehmen.

Glauben Sie mir, die etwa fünfzig Meter lange Strecke auf der Mauer wurden für mich zu einer wahren Tortur. Ich kam mir während des schweißtreibenden Weges vor wie ein kleines, willenloses Eisenfeilspänchen unter der unbarmherzig anziehenden Wirkung eines starken Magneten.

Um bei dem Beispiel mit dem Magneten und dem Eisenfeilspänchen zu bleiben: Wenn die Gewalt des magnetischen Feldes auf ein solches Spänchen zu stark wird, dann wird es von ihm angezogen ob es das will oder nicht. Auf der Burg war ich das *Spänchen*, an dem die Schwerkraft zog und zerrte. Aber die *Anziehungskraft*, die ich spürte, griff nicht nur nach der Materie meines Körpers, nein, ich spürte es deutlich, sie griff auch nach meiner – Psyche. Der Unterschied zwischen meinem und Pattys Erlebnis? Eigentlich gab es ihn nicht, denn die Drohung in den beiden Feldern war so ziemlich dieselbe.

Die vergangenen Seiten behandelten die menschliche Ausstrahlung. Sie sollten vermitteln, dass es sich bei ihr, beziehungsweise dem Charisma einer Person, um nichts anderes als eben um eine Strahlkraft handelt. Hinsichtlich ihrer Stärke gibt es aber beträchtliche Unterschiede. An dieser Stelle ist es nützlich, noch einmal auf Albert Schweitzer und Adolf Hitler zu verweisen. Schweitzers überwältigende Güte, Nächstenliebe und seine Forderung nach Achtung vor dem Leben schlug sich selbstverständlich auch in seiner Ausstrahlung nieder. Er war sicher ein *Magnet* von einer überragenden Feldstärke. Zur Kennzeichnung dieser Persönlichkeit versagen alle Lobpreisungen und Ehrungen, und überschwängliche Worte erhalten zu leicht eine peinliche Note. Wenn er sprach, dann hörte sein Publikum diesem charismatischen Riesen andächtig zu.

Wie schon früher erwähnt, war auch Adolf Hitler ein charismatischer Riese, aber im Gegensatz zu Schweitzer war seine *Feldstärke* ein schreckliches Konzentrat satanischen Denkens und Handelns.

Ich sagte es schon an anderer Stelle: Es gibt viele Menschen, denen man eine mehr oder weniger starke charismatische Ausstrahlung nachsagt. Die allermeisten von ihnen strahlen nur ein kleines bisschen, einige etwas mehr. Aber nur einzelne leuchten wie eine lebensspendende Sonne oder sind so lebensfeindlich wie ein alles verschlingendes *Schwarzes Loch.*

Auf das *Wie* kommt es an

Charisma ist ausstrahlende Energie.
Charisma wirkt auf andere Menschen ein.
Es gibt ein Charisma durch *eigene* Bemühungen.
Dieses Buch gibt die Antwort auf das *Wie.*

Leben – was ist das?

Wem es nicht zu Kopfe will, dass Geist und Materie, Seele und Körper, Gedanke und Ausdehnung oder Wille und Bewegung die notwendigen beiden Doppelingredienzien des Universums waren, sind und sein werden, die beide gleiche Rechte für sich fordern und deswegen beide wohl als Stellvertreter Gottes angesehen werden können, wer zu dieser Vorstellung sich nicht erheben kann, der hätte das Denken längst aufgeben und auf gemeinen Weltklatsch seine Tage verwenden sollen.

Johann Wolfgang von Goethe

Die wirkliche Geschichte des Fortschritts liegt im Wachstum neuer Vorstellungen.

C. H. Hinton

»Wenn es um das Geheimnis des Lebens geht, dann sind wir vom Verstehen dieses Phänomens noch meilenweit entfernt«, sagte Satya am folgenden Tage zu mir. Ich hatte ihn nach seiner Meinung zu diesem Thema gefragt. Ehe ich antworten konnte fügte er mit einem schwachen Lächeln hinzu: »Frage wen du willst nach der Bedeutung, dem Inhalt des Wortes *Leben.* Glaube mir, niemand wird dir eine vernünftige Erklärung geben können, niemand. Du würdest dir nur sinnlos erscheinende *Definitionen* anhören müssen, wie: ›Ist doch ganz einfach. Sie sehen es doch, ich lebe und Sie auch, ebenso die Menschen auf der Straße oder die in ihren Häusern. Wenn wir nicht leben würden, dann wären wir tot, könnten uns mit diesem Thema nicht befassen. Denn das können wir doch nur, weil wir leben.‹« Satya schüttelte den Kopf. »Nein, dieses Phänomen hieb- und stichfest zu erklären, dazu ist der Verstand allein nicht in der Lage.«

»Und warum ist er das nicht?«, fragte ich.

Satya überlegte kurz, dann sagte er: »Die Antwort darauf soll dir die Meinung von einem der bekanntesten Biochemiker unserer Zeit, Erwin Chargaff, geben. Ich glaube, ich kann sie dir aus dem Gedächtnis zitieren:[9] ›*Die Hilflosigkeit der Naturwissenschaften vor dem Leben hat jedoch meines Erachtens tiefere Gründe. Es ist wahrscheinlich kein Zufall, dass unter allen Wissenschaften es die Biologie ist, die ihren eigentlichen Gegenstand nicht zu definieren vermag: Wir besitzen keine wissenschaftliche Definition des Lebens. In der Tat werden die genauesten Untersuchungen an toten Zellen und Geweben vorgenommen … unsere Unfähigkeit, das Leben in seiner Wirklichkeit zu erfassen, mag der Tatsache zuzuschreiben sein, dass wir selbst am Leben sind. Wäre dies so, dann könnten nur die Toten das Leben verstehen; aber sie publizieren in anderen Zeitschriften.*‹«

»Namhafte Vertreter der Naturwissenschaften sind da einer ganz anderen Meinung«, sagte ich.

Satya winkte ab. »Weil bei ihnen der Verstand die Rolle eines Götzen inne hat.«

»Aber es gab und gibt doch auch andere. Ich denke zum Beispiel an den weltweit bekannten britischen Astrophysiker James Jeans. Er sprach einmal davon, dass die Erkenntnissuche mehr und mehr auf eine nichtmechanische Wirklichkeit zusteuere.«

Satyas Augen blickten plötzlich zornig. »Auch Albert Einstein war dieser Ansicht. Er hat sich zeitlebens ernsthaft nicht nur mit seiner Wissenschaft, sondern auch mit der Religion und mit einem Schöpfer als Erschaffer des Kosmos auseinandergesetzt. In der Welt der Physik von heute regiert aber *Stephen Hawking*. Und dieser Physiker tut das auf eine Weise, wie sie nur menschlicher Hybris entspringen kann. Erst kürzlich behauptete er tatsächlich: ›Meine Theorie hat tiefgehende Auswirkungen auf Gottes Rolle als Schöpfer.‹

Weißt du, mag einerseits der Verstand dieses Physikers noch so hoch entwickelt sein, so offenbart sich andererseits in diesen Worten auch dessen Armseligkeit. Es ist nicht zu fassen: *Stephen Hawking* will Gott erklären, wie der zu sein hat.«[10]

Ich teilte Satyas Ansicht nicht. Schließlich gibt es Gott sei Dank die Freiheit der Wissenschaft und mit ihr der Forschung. Und diese Freiheit gibt den Wissenschaftlern das Recht, ihre Hypothesen zu publizieren, ob diese in die Irre gehen oder nicht.

Mein Freund las mir meine Gedanken gewissermaßen von der Nasenspitze ab und sagte dann langsam und betont: »Bitte, verstehe mich richtig. Ich zweifle nicht daran, dass dieser amerikanische Physiker einer der glänzendsten Naturwissenschaftler ist, die heutzutage auf unserer Erde wandeln. Was mich an seinen Worten stört, ist, dass es für ihn anscheinend kein Darüber hinaus gibt, nichts, was den Verstand zu überschreiten vermag.«

»Willst du damit sagen, dass ihm die von dir angesprochene *zweite Schiene* fehlt, jene, die allein dem Wirken der Transzendenz vorbehalten ist? Sehe ich das so richtig.«

»Ja, genau das wollte ich damit sagen. Erwin Chargaff hat das in seinem Buch *Das Feuer des Heraklit* in einem fingierten Dialog wunderschön ausgedrückt:[11]

EC (Erwin Chargaff):

Als ich jung war, war Hoffnung der Mittelpunkt meiner Welt. Es war nicht Hoffnung auf irgendetwas Bestimmtes, Bestimmbares. Es war eine Hoffnung, dass über den Wolken, oder sogar über dem blauen Sommerhimmel, eine unglaubliche Wesenheit ist, ein ewiges Darüber hinaus von unvorstellbaren Möglichkeiten. Es war die Gewissheit, dass, wenn meine Seele in finsterer Nacht war, das einzige, was zu ihr kommen konnte, Licht war; und dass dies geschehen werde.

TS (Dialogpartner): *Würdest du sagen, dass die Naturwissenschaften die Ursache des Niedergangs sind?*

EC: Ich habe aufgehört, zwischen Ursache und Symptom zu unterscheiden. Fäulnis folgt der Reife wie die Nacht dem Tag …

TS: Am Anfang war das Wort und am Ende ist Schweigen.«

Worte, die mich beeindruckten, aber sie brachten mich nicht weiter. Ich sah Satya auffordernd an.

»Sicher hast auch du in nachdenklichen Stunden hin und wieder über das Phänomen *Leben* nachgedacht und nach einer Erklärung für dieses Geheimnis aller Geheimnisse gesucht. Das hast du doch, nicht wahr?«

Er nickte. »Natürlich habe ich das, aber mein Nachdenken und mein Suchen folgte nicht einer Auffassung, die den Zufall zum Götzen erhebt.«

»Und was für eine Erklärung hast du?«

Ich sah es seinem Gesicht an, dass er angestrengt nachdachte. Wahrscheinlich suchte er nach einfachen, leicht verständlichen Worten.

»Stelle dir einen See vor, einen See, dessen Oberfläche vollkommen unbewegt ist. Kein Windhauch und kein Fisch kräuseln seine Oberfläche. Kannst du das?«

»Natürlich kann ich das, aber ich weiß nicht, warum ich das tun soll.«

»So warte doch ab. Wenn jetzt, ganz plötzlich, ein leichter Wind über die Wasserfläche weht, was passiert dann?«

»Dann bewegt sich der Wasserspiegel.«

»Kann man daraus schließen, dass die Bewegung selbst das Wasser ist?«

Ich sah meinen Freund groß an. Was sollte diese Frage? »Natürlich kann man das nicht. Die Bewegung hat zwar mit dem Wasser zu tun, denn sie besteht daraus. Aber hervorgerufen wurde sie von der Kraft des Windes.«

»Die Wasseroberfläche hat also auf die Windkraft reagiert, nicht wahr?«

»Ja, das hat sie. Und jetzt erkläre mir bitte, was du damit sagen willst. Ich sehe immer noch keinen Zusammenhang.«

Mein Freund schüttelte den Kopf. »Dieses Thema ist viel zu kompliziert, als dass man es mit wenigen Sätzen abtun könnte. Keiner kann das, und ich selbstverständlich auch nicht. Mir bleibt deshalb kein anderer Weg, als mich mit armseligen Bildern und Analogien zu behelfen und das auf möglichst anschauliche Weise.« Er machte eine kurze, nachdenkliche Pause und sagte dann langsam und sehr akzentuiert: »Höre jetzt bitte genau zu: So wie die Wasseroberfläche auf den Wind reagiert, so reagiert auch das, was wir unter *Leben* verstehen, mittels des Körpers und seiner Registriermechanismen auf Einwirkungen von außen. Jemand beleidigt dich, und du reagierst mit Zorn und einem sprunghaft ansteigendem Blutdruck. Oder du wirst befördert und erhältst eine Stellung, von der du vorher nicht einmal zu träumen gewagt hast. Als Reaktion stellt sich überschäumende Freude ein. Oder ein dir besonders nahestehender Mensch stirbt überraschend. Hier ist die Reaktion tiefe, schmerzende Trauer. Kannst du mir beipflichten?«

»Sicher kann ich das, aber ich verstehe immer weniger. Ich frage dich: Was hat der Wind und das Wasser mit Freude und Trauer zu tun?«

»Gleich wird dir Klarheit werden.« Satya erhob sich und durchmaß mit langsamen Schritten das Zimmer. Ich kannte dieses Verhalten von ihm. Im Sitzen konnte sich sein Geist nicht so entfalten wie im Gehen.

»Der Wind nimmt Einfluss auf die Wasseroberfläche, bringt sie zum Kräuseln, setzt sie also in Bewegung. Dann die drei geschilderten Fälle: die Beleidigung, die Beförderung und das Sterben eines geliebten Menschen. Was bewirken sie? Ich will es dir sagen: sie nehmen ebenfalls Einfluss, wecken als Reaktion Gefühle im betroffenen Menschen.«

»Du wolltest mir doch deine Ansicht über das Phänomen *Leben* darlegen«, sagte ich. Mein Freund konnte manchmal recht weitschweifig sein.

»Habe nur noch ein klein wenig Geduld.« Er blieb vor mir stehen und sah mich mit seinen großen, dunklen Augen an. »Was würdest du sagen, wenn jemand behaupten würde, Gefühle seien das Leben?«

»Ich würde sagen, dass es ohne Leben keine Gefühle geben kann, aber Gefühle sind nicht das Leben selbst.«

»Richtig, denn sie sind wie der Wind, der das Wasser kräuselt und hier und da kleine oder größere Wellen erzeugt. Der Wind übt durch sein Verhalten seine Wirkung auf das Wasser aus aber er ist nicht selbst das Wasser. Mit den Gefühlen verhält es sich nicht anders. Sie üben ihre Wirkung auf die Psyche und durch diese auch auf den Körper aus, aber sie sind nicht das Phänomen *Leben* selbst.«

»Und was ist das Leben? Wie würdest du es definieren?« Ich kam mir fast vor wie ein Terrier, der sich festgebissen hatte und nicht loslassen wollte.

Satya hörte mit dem Gehen auf und setzte sich wieder. Seine Augen erhielten einen träumerischen Ausdruck.

»Was das Leben ist? Man kann es mit einem tiefen See vergleichen, der ruhig und still unter der blauen Himmelskuppel liegt. Seine schweigende Tiefe ähnelt der Unergründlichkeit des Lebens. Und wenn der Sturm seine Oberfläche peitscht oder ein sanfter Wind sie spielerisch kräuselt, dann ist das vergleichbar mit dem Fühlen von Leid oder Freude. Von *Leben*, ich rede jetzt von menschlichem Leben, kann nur gesprochen werden, wenn es sich bewusst ist, *dass* es lebt, *dass* es ein ICH und damit ein Bewusstsein besitzt.« Satya hielt inne, begann dann zu lachen. Es war ein sehr spöttisches Lachen. »Vor einigen Tagen erst las ich einen Aufsatz, der die Möglichkeiten eines noch zu entwickelnden Supercomputers beschrieb. Der Verfasser, ein bekannter Physiker, berichtete triumphierend, dass ein solcher Computer zu Denkprozessen fähig sein würde, von denen ein Menschengehirn noch nicht einmal träumen könne. Ja, und das sei noch nicht alles. Es gäbe sicher einmal Computer, denen echtes Leben innewohnen würde. Alles deute darauf hin.« Er sah mich an. »Was hältst du davon?«

»Nichts, überhaupt nichts. Du lieber Gott, dass es einmal Computer geben wird, gegen die die jetzigen nur wie Produktionen aus der Steinzeit aussehen, daran glaube ich auch. Aber ich glaube nicht an *lebende* Maschinen. Unter Leben verstehe ich nicht das Reagieren von irgendwelchen Mechanismen auf bestimmte Reize, seien deren Möglichkeiten auch noch so fantastisch. Entscheidend ist für mich, dass das Leben sich in all seiner bunten Vielfalt selbt erleben kann, sich also seiner Ichhaftigkeit bewusst ist. Dann, erst dann kann von *Leben* gesprochen werden. Weißt du, die Crux vieler Naturwissenschaftler besteht meiner Ansicht nach darin, dass sie alles das, was ihr Verstand nicht fassen kann, für nicht existent oder sogar für Spökenkiekerei halten. Nicht wenige von ihnen sprechen sogar von Lug und Trug. Dass es Erkenntnisse geben könnte, zu denen man nur dann gelangt, wenn man imstande ist, über den Verstand hinauszudenken, das ist für sie undenkbar. Und was den Verfasser des Aufsatzes über einen zu schaffenden Supercomputer angeht, dieser Physiker ist anscheinend derart märchengläubig, dass er sogar an den berühmten *Geist in der Flasche* glaubt. Einen Geist, der sich nach langem Bitten seiner *Priester* gnädig herablässt, einem *Tempel* aus Blech, Chips und vielen Schaltelementen *Leben* einzuhauchen.«

»Du schießt ja aus allen Rohren«, sagte Satya lächelnd. Bei diesem Thema war er in seinem Element. Es gab auch einen ganz bestimmten Grund dafür. Das Vorkommnis lag schon mehrere Jahre zurück. Er hatte mir davon erzählt.

Anlass war die Einladung einer amerikanischen Fernsehanstalt zu einer Diskussionsrunde gewesen. Das Thema hatte gelautet: *Die Esoterik und ihr Verhältnis zur Naturwissenschaft.* Teilgenommen hatten ein Chemiker, ein Biologe, ein Physiker und Satya.

»Das war keine Diskussionsrunde, das war ein Schlachtfest«, hatte mir Satya voller Bitterkeit berichtet. »Mir wurde jedes Wort im Munde umgedreht. Von Fairness war nicht ein Jota zu spüren. Die Burschen legten es tatsächlich darauf an, mich unglaubwürdig und sogar lächerlich zu machen. Leute wie ich benähmen sich wie Heilsapostel, würden die Menschen hinters Licht führen und wären in Wirklichkeit nur hinter deren Geld her. Also ich kam mir fast vor wie ein Angeklagter. Aber ich hätte wissen müssen, dass es in amerikanischen Talk-Shows mitunter sehr rüde zugeht. Von der vielgepriesenen Sachlichkeit ist in diesen Veranstaltungen sehr oft so gut wie nichts zu spüren.« Man sah es ihm an, er fühlte sich immer noch verletzt, denn in Wirklichkeit waren ihm Scharlatane verhasst.

»Und das hast du dir so einfach gefallen lassen?«, hatte ich ihn empört gefragt. »An deiner Stelle wäre ich aufgestanden und ohne ein Wort gegangen.«

»Ich bin froh, dass ich es nicht getan habe. Wahrscheinlich hätte man mir dann Feigheit vorgeworfen.« Ein Lächeln überzog sein Gesicht und wischte Traurigkeit und Zorn hinweg.

»Lassen wir dieses Thema ruhen. Mir ist vergangene Nacht während einer Schlafpause etwas eingefallen, das mit dem *Leben* zu tun hat. Dies aber auf eine Art, die dir wahrscheinlich als Ausgeburt reiner Fantasie vorkommen wird.« Er zögerte kurz, sagte dann: »Soll ich es dir erzählen?«

»Aber gerne. Ob ich es verwenden will, kann ich später immer noch entscheiden.«

Satya nickte. »Weißt du, was ein Wachtraum ist?«

Ich sah ihn verblüfft an. Natürlich wusste ich es, aber warum fragte er mich das?

»Im Brockhaus wird er als *ein bei Bewusstsein ausgesponnenes Fantasieerlebnis* definiert. Man kann ihn aber auch als einen Traum hoher Plastizität bezeichnen, also als einen Traum, der einem ein anscheinend echtes Erleben vermittelt«, versuchte ich zu erklären.

»Richtig. Der traumhafte Charakter tritt in den Hintergrund, man glaubt tatsächlich, im echten Leben zu stehen. Wenn man in einem solchen Traum zum Beispiel in einen Bus steigt, dann passt auch alles andere dazu. Man *hört* den Motor, man *sieht* während der Fahrt Häuser, Wälder und Felder vorüberziehen und man *hört* auch die Unterhaltung der Mitreisenden.« Satya machte eine nachdenkliche Pause. Dann sagte er: »Stelle dir jetzt einmal vor, diese Plastizität während eines Wachtraums könnte noch gesteigert werden, so, wie man bei einem Fotoapparat die optimale Schärfe einstellt, um eine möglichst naturgetreue Aufnahme zu erhalten.« Satya schwieg erneut, sah mich fragend an. »Weißt du, was ich damit sagen will?«

»Leider nicht. Ich kann mir keinen Vers daraus machen.«

Ein ernster Blick traf mich. »Noch einmal: Was würde eintreten, wenn es gelänge, einem normalen Wachtraum eine vielfach höhere, oder besser, allerhöchste Schärfe zu geben?«

Jetzt ahnte ich, worauf Satya hinauswollte. »Der Träumende würde nicht nur nicht wissen, dass er träumt. Er würde den Wachtraum sogar für die alleinige Wirklichkeit halten.« Ich sah Satya an. »Aber was hat das mit dem Leben *an sich* zu tun?«

»Vielleicht mehr als du denkst. Bemühe jetzt deine Fantasie, auch wenn dir das schwer fallen wird.« Satya machte wieder eine Pause. Wohl deshalb, damit ich mich auf seinen *Hammer* gedanklich vorbereiten konnte. Dann sagte er: »Vielleicht ist unser aller Leben in Wirklichkeit nichts anderes als ein *Wachtraum* von allerdings höchster Schärfe. Ein Traum, in dem allein der Tod das Erwachen darstellt, das, wer weiß, nichts anderes ist als ein Überwechseln unserer seelischen Komponente in eine andere, höhere Dimension.«

Ich schüttelte mich. »Das Leben nur ein Traum? Wo bleibt da der Sinn? Wo die Aufgaben, die das Leben stellt oder zu stellen hat? Nichts davon bleibt doch dann übrig als nur das leere Nichts. Nein, diese Vorstellung erfüllt mich mit Grausen.«

»Du schüttest das Kind mit dem Bade aus, denn so wäre es ganz sicher nicht.«

Ich wollte etwas sagen, aber Satya macht seine gewohnte, abwehrende Armbewegung.

»In welcher Realität dich dein Karma deine Aufgaben erledigen lässt ist doch völlig gleichgültig. Hauptsache ist, dass du dein Pensum schaffst. Lasse es dir sagen: Als stumpfer Kiesel beginnt die Reise der Seele. Jedes der gelebten Leben gleicht einer Facette nach einem Schleifprozess. Und es wird einmal – wann das sein wird das weiß nur Gott – der Zeitpunkt kommen, an dem nach unendlich vielen *Schleifprozessen* aus dem Kiesel ein strahlender Brillant geworden ist. Und dann?« Satya hob seine Schultern. »Ich sagte es schon: Das weiß nur Gott.« Er schwieg, aber ich sah es seinem Gesicht an, dass es in ihm arbeitete. Suchte er nach einer weiteren Analogie? Ich hatte richtig vermutet. Satya sagte: »Es gibt das Leben des Körpers und das unendlich umfassendere Leben der Seele. Letzteres ist wie ein dickes Buch mit ebenfalls unendlich vielen Seiten. Jede Seite in dem Buch gleicht *einem* körperlichen Leben. Aber erst das gesamte Buch stellt das Leben der Seele dar, mit Seiten, deren Anzahl allein von der Ewigkeit begrenzt wird.«

Mit diesen Worten endete unsere heutige Diskussion. Aber ihre Spuren hatten sich derart tief in mein Bewusstsein eingegraben, dass ich in der folgenden Nacht keinen Schlaf fand, denn in meinem armen Schädel fand ein heilloses Durcheinander statt. Ich versuchte, darin Ordnung zu schaffen. Aber das gelang mir nicht, eher wurde es mir noch wirrer im Kopf. Ich fragte mich: Kann das Leben tatsächlich nur ein Wachtraum höchster Plastizität sein? Aber was blieb dann von der Realität übrig? Gab es diese überhaupt? War das, was wir als Wirklichkeit bezeichnen, tatsächlich nur die *Realität des Wachtraums?* Aber wer war dann der Träumende und wer zeichnete verantwortlich für den Traum?

Eine neue Frage drängte sich in den Vordergrund meines Denkens: Was hat das Leben mit der Ausstrahlungskraft des Charismas zu tun? Was mit seiner Verstärkung durch *eigene* Bemühungen? Fragen, die nach einleuchtenden Antworten verlangen.

Wir sprachen von der Strahlkraft *alles* Lebendigen, denn nur Lebendiges kann ausstrahlen. Diese Grundausstrahlung müssen wir akzeptieren, wenn wir zum Zweck einer Erhöhung des Charismas auf sie aufbauen wollen. Tun wir das nicht, dann versagt sie sich uns. Ob *leblose* Materie, ob das Leben in der Pflanzen- und Tierwelt oder in der Welt der Menschen – es kommt ganz entscheidend auf die Akzeptanz an. Sie ist die Münze, mit der bezahlt werden muss.

Genau an dieser Stelle hatte der Schlafgott ein Einsehen mit mir und breitete fürsorglich seine warme Decke über mich aus.

Alles ist mit allem verwandt

Gewinnen Sie die Überzeugung, dass alles lebt, alles Leben strahlt und alles mit Ihnen – jawohl, auch mit Ihnen – auf geheimnisvolle Weise verwandt ist! Wo Sie auch sind – in der Einsamkeit eines Waldes oder im Getriebe einer Großstadt – überall begegnen Ihnen Ihre *Brüder* und *Schwestern*, pulsiert das Leben. Werden Sie sich dessen mehr und mehr bewusst! Denn nur mit Hilfe des Sie umgebenden Lebens werden Sie eine Stärkung Ihres persönlichen Charismas erfahren können.

Tod – was ist das?

Ich starb als Stein und wurde Pflanze, ich starb als Pflanze und wurde Tier. Ich starb als Tier: da wurde ich Mensch. Warum also den Tod fürchten? Wurde ich jemals schlechter oder geringer wenn ich starb? Einmal sterbe ich als Mensch und werde ein Wesen aus Licht, ein Engel des Traums.

Djelal ed din Rumi

Auf Satyas nächsten Besuch musste ich eine ganze Woche lang warten. Ich verbrachte die Zeit damit, Ordnung in mein Manuskript zu bringen, das bereits Geschriebene immer wieder durchzulesen und es dabei zu redigieren. Die Ausbesserei wollte und wollte kein Ende nehmen. Aber ich gestand es mir ein – ich tat es gerne.

Kaum hatten wir es uns bei einem starken Kaffee bequem gemacht, da fragte ich ihn: »Wie denkst du über den Tod? Was ist er und was kommt danach? Denn ein Danach muss es doch geben, oder bist du anderer Ansicht?«

Seine Antwort ließ nicht lange auf sich warten. Ein Beweis dafür, dass ihm dieses Thema nicht fremd war, er sich schon oft damit beschäftigt hatte.

»Du brauchst doch nur die Vorgänge in der Natur zu beobachten, um eine Antwort zu erhalten. Wohin du auch blickst, überall siehst du das Werden und mit ihm auch das Vergehen. Alles ist diesem *Gesetz* unterworfen: Pflanzen, Tiere und auch wir Menschen. Ebenso Metalle und Mineralien, obwohl bei letzteren das Werden und auch das Vergehen viele Millionen Jahre dauert.«

Ich war mit dieser Antwort nicht zufrieden denn sie war mir zu allgemein.

»Ich will meine Frage anders stellen. Warum gibt es den Tod für uns Menschen? Er muss doch einen Sinn haben, wie alles im Kosmos seinen Sinn hat. Oder etwa nicht? Ich jedenfalls vermag an einen Kosmos, der keinen Sinn in sich birgt, nicht zu glauben.«

Satya nickte. »Du kennst doch den Spruch: *Nur was du schwarz auf weiß besitzt, kannst du getrost nach Hause tragen.* Er griff nach seiner Aktentasche und holte ein schmales, schon abgegriffenes Büchlein heraus und schlug eine durch ein Lesezeichen gekennzeichnete Seite auf. Dann sah er mich fragend an. »Ich möchte dir etwas vorlesen. Ist dir das recht?«

Ich nickte. »Aber sicher.« Satya begann zu lesen: »Goethes *Fragment über die Natur:*

›Natur! Wir sind von ihr umgeben und umschlungen … wir leben mitten in ihr und sind ihr fremd. Sie spricht unaufhörlich mit uns und verrät uns ihr Geheimnis nicht … Gedacht hat sie und sinnt beständig; aber nicht als ein Mensch, sondern als Natur. Sie liebt sich selber und haftet ewig mit Augen und Herzen ohne Zahl an sich selbst. Sie hat sich auseinander gesetzt, um sich selbst zu genießen. Immer lässt sie neue Genießer erwachsen, unersättlich sich mitzuteilen … Ihr Schauspiel ist immer neu, weil sie immer neue Zuschauer schafft. Leben ist ihre schönste Erfindung, und der Tod ist ihr Kunstgriff viel Leben zu haben.‹«[12]

Satya sah mich forschend an. »Na, haben dir diese wenigen Zeilen etwas gebracht?«

Das hatten sie. Besonders die letzten Worte … *der Tod ist ihr Kunstgriff viel Leben zu haben.* Meinte Goethe mit ihnen die Reinkarnation? Ich fragte Satya.

Er nickte. »Ich bin mir ganz sicher, dass er das so meinte. Ihm war bewusst, dass wir aus dem Dunkel der *Wartehalle* kamen und nach jedem gelebten Leben wieder in das Dunkel der *Wartehalle* zurückkehren müssen. Ein Prozess, der sich so lange wiederholt, bis aus dem eben erwähnten stumpfen *Kiesel* nach vielen Schleifvorgängen endlich ein strahlender Brillant geworden ist.«

»Habe ich dich richtig verstanden? Unter *Wartehalle* verstehst du das Warten der Seele auf eine neue Verkörperung?«

»Ja. In ihr wird festgelegt, welche Aufgaben im nächsten Leben zu bewältigen sind. Der dazu passende Körper muss sorgfältig ausgesucht werden.«

»Das kann manchmal wohl sehr lange dauern?«

Satya schüttelte den Kopf. »In dieser Dimension ist die Zeit nicht existent. Das ist sehr schwierig zu verstehen, denn das menschliche Gehirn ist dafür nicht angelegt. Aber es ist so.«

»Der Tod ist also nichts Endgültiges, nicht das Einmünden in das Nichts?«

Mein Freund runzelte die Stirn. »So ein Unsinn. Ein Nichts gibt es nicht und hat es noch nie gegeben. Denn wenn alles Bewusstsein hat, dann kann es den Zustand des Nichts nicht geben; gibt es nirgendwo ein Versteck für diese Hilfskonstruktion unzulänglicher menschlicher Gehirne. Ein *Nichts* ist genauso unmöglich wie das Herstellen eines vollkommen leeren Raumes. Selbst der sternenlose Raum zwischen den Galaxien kennt das absolute Nichts nicht. Auch hier spricht die Wirklichkeit eine ganz andere Sprache.«

»Nur das Körper-Ich geht also nach dem Tod verloren, fällt der Zersetzung anheim, wird wieder zu Erde.«

Satya führte meinen Gedanken zu Ende: »Ja. Aber das, was überlebt, ist das eigentliche Ich, das seelische Ich, eben das Über-Ich. Dieses seelische Ich ist unsterblich, steht über den Dimensionen, ist multidimensional.«[13]

»Den nachtodlichen Seinszustand zu erforschen dürfte für die Wissenschaft eine große, wenn nicht die größte Herausforderung darstellen.« Ich sah Satya fragend an. »Der amerikanische Arzt Raymond A.Moody hat zu diesem Thema ein Buch geschrieben. Es heißt: *Leben nach dem Tod* und ist ein großer Renner geworden.«[14]

»Ich habe es gelesen«, sagte Satya. »Mir sind auch jene Stimmen bekannt, die in ihrer polemischen Kritik gegen das Buch Sturm laufen. Meine Sicht der Dinge hat sich aber dadurch nicht geändert. Ich bin froh, dass es dieses Buch gibt. Es ist für Menschen geschrieben, die sich geistig öffnen können. Für Menschen, die das enggewordene *Stützkorsett* alter Anschauungen abwerfen wollen. Besonders für Menschen, in denen die Sehnsucht übermächtig geworden ist, zu *neuen* Ufern zu schwimmen und die alten endlich hinter sich zu lassen.«

Ich blickte meinen Freund an und fragte: »Das ist ja alles sehr interessant, aber was haben Tod und nachtodliche Existenz mit unserem Hauptthema, mit dem Charisma, zu tun?«

Satya liebte es, während eines Gesprächs ab und zu kleine Pausen einzulegen. Dann saß er still da, mit abwesendem Gesicht und Augen, die in eine weite Ferne zu blicken schienen. Ich fragte ihn einmal, was seinen Geist in solchen Augenblicken beschäftigen würde. »Meistens denke ich dann über das bisher Gesprochene nach, analysiere es«, war seine Antwort gewesen. Doch diesmal währte die Pause nur wenige Sekunden. In seine Augen war ein Funkeln getreten.

»Was sie damit zu tun haben? Gleich wirst du es erfahren. Ich werde dir jetzt eine Geschichte erzählen die Eingang in dein Manuskript finden könnte. Sie bringt Klarheit, treibt den Einstimmungsprozess voran, erleichtert das Verständnis für das mehr oder weniger starke Auftreten des *persönlichen* Charismas. Ich versichere es dir: Du brauchst nicht skeptisch zu sein. Höre dir die Geschichte doch erst einmal an. Danach kannst du immer noch entscheiden, ob du sie bringen willst oder nicht.«

»Ist es eine wahre Geschichte?«

»Ja. Aber das hat nicht viel zu besagen. Ihr Erkenntniswert wird davon nicht berührt! Es ist die Geschichte eines Mannes, der bereits klinisch tot war und dessen Geist im

Drüben Unfassliches erlebte. Dass er zurückgeholt werden konnte, erschien selbst den Ärzten als ein Wunder. Hinsichtlich seiner sozialen Stellung und seines Namens habe ich einige Änderungen vorgenommen, um einer Entdeckung seiner Person vorzubeugen.« Er zwinkerte mir zu. »Die Heerscharen der Reporter würden sonst über ihn herfallen wie Bienen über eine soeben entdeckte Honigquelle.«

In einer höheren Dimension

Vergiss es nicht, Mensch! Alles was du bist, alles was du willst, alles was du sollst, geht von dir selber aus.

Heinrich Pestalozzi

»Wir sind, was wir denken«, sagte Buddha. »Alles, was wir sind, entsteht aus unseren Gedanken. Mit unseren Gedanken erschaffen wir die Welt.« … »Wenn ihr Glauben habt … wird euch nichts unmöglich sein«, sagt die Bibel.[15]

Zit. nach Michael Talbot

Die Worte meines Freundes wollten mir nicht so recht schmecken, und ich sagte ihm das auch: »Du musst es doch wissen: Veröffentlichungen über Nah-Toderlebnisse hat es in den letzten Jahren haufenweise gegeben. Fast eine Überschwemmung. Weißt du, ich beabsichtige nicht, meine Leser damit zu langweilen.«

»Ich weiß. Alle diese Geschichten ähneln sich, und das ist auch begreiflich, denn wenn es sich anders verhielte, jede Geschichte einen anderen Inhalt hätte, dann verlören sie mit Recht jedwede Glaubwürdigkeit.« Satya räusperte sich kurz, sagte dann: »Vertraue mir, die Geschichte, die ich dir erzählen werde, birgt wertvolle Erkenntnisse gerade im Hinblick auf den Untersuchungsgegenstand *Ausstrahlung*. Und ich bürge dir dafür: Der Mann, der dieses Erlebnis gehabt hat, ist absolut glaubwürdig.«

Ich ließ nicht locker. »Handelt es sich bei ihm um einen bekannten Mann?«

»Ja. Aber frage mich bitte nicht nach seinem Namen. Ich dürfte ihn dir nicht nennen. Frage mich also nicht, wer mir die Geschichte erzählt hat. Aber sei versichert, in ihr spiegeln sich nicht nur Leben und Tod. In ihr spiegelt sich auch die Ausstrahlung und damit auch die des Charisma. Es ist die Geschichte eines Mannes, dem ich den Namen James Cooper gebe. Wenn du meine Meinung hören willst: Ich halte Coopers Aussagen – auch über die Strahlkraft – für derart wichtig, dass ich an deiner Stelle nicht zögern und sie unbedingt in deinem Buch bringen würde. Ja, ich möchte sogar noch weitergehen: Geschichten wie die von James Cooper eignen sich hervorragend dazu, dem Phänomen der Ausstrahlung näher zu kommen. Doch erlaube mir noch eine kurze Vorbemerkung: Sie soll dazu dienen, etwaige Skepsis in dir hoffentlich ein wenig auszuräumen. Und jetzt höre mir bitte gut zu:

Sicher ist es dir nicht unbekannt geblieben: Die Vermutung, dass es sich bei den Nah-Toderlebnissen um eine universelle Erscheinung handelt, erlangt trotz vieler Widerstände besonders aus den Kreisen der Naturwissenschaftler mehr und mehr den Charakter der Gewissheit. Unterstützt wird dies durch das verblüffend hohe Maß an Übereinstimmungen in den Berichten jener Menschen, die Nah-Toderfahrungen gemacht haben. Dies lässt darauf schließen, dass die Betroffenen während ihres todähnlichen Zustandes tatsächlich in eine andere Realitätsschicht eingedrungen sind. Einige tiefer, andere weniger tief. Man bedenke – schon im 2 500 Jahre alten ägyptischen Totenbuch sowie im tibetanischen Totenbuch aus dem 8. Jahrhundert wurde über Nah-

Toderfahrungen berichtet. Von Bedeutung ist auch, so meine ich, eine Aussage von Georg Gallup jr., Präsident des berühmten Gallup-Instituts, zu diesem Thema.[16] Er äußerte sich aufgrund einer Umfrage von 1981 wie folgt: *Eine wachsende Zahl von Forschern hat Berichte von Personen, die seltsame Nah-Toderfahrungen gemacht haben, zusammengetragen und ausgewertet. Die vorläufigen Ergebnisse legen den Schluss nahe, dass es sich dabei um eine Art von Begegnung mit einem extradimensionalen Wirklichkeitsbereich handelt. Unsere eigene Erhebung, die letzte einschlägige Untersuchung, offenbart ebenfalls gewisse Trends, die auf irgendein paralleles Universum hindeuten.«*

Satya lächelte. »Damit ich nicht Gefahr laufe, dass du mich des Ausuferns beschuldigen kannst, jetzt zu der Geschichte:

James Cooper war Generaldirektor einer weltbekannten amerikanischen Software-Firma. Ein Mann, der über ein Bündel von Eigenschaften verfügte, von denen bereits jede einzelne außerordentlich bemerkenswert war. In ihm vereinigte sich hohe Intelligenz mit an Besessenheit grenzendem Fleiß und schrankenloser Ehrgeiz mit einem fanatisch zu nennendem Machtstreben. Eine wahre Dampfwalze, die alles, was sich ihr entgegenstellte, gnadenlos überrollte. Das Wort Mitleid war ein Fremdwort für ihn. Der fünfzigjährige, kerngesunde und bärenstarke Mann war unverheiratet. ›Eine Familie kostet mich zuviel Zeit, denn ich bin mit meiner Firma verheiratet und mit niemandem sonst‹, sagte er einmal in einem Interview. Aber er war weiß Gott kein Weiberfeind, denn seine erstaunliche Manneskraft verlangte gebieterisch nach dem weiblichen Geschlecht. Und die Frauen, bildschöne Frauen, flogen ihm nur so zu. Und das beileibe nicht allein wegen seines Reichtums oder seiner machtvollen sozialen Stellung – es war seine Ausstrahlung, sein überwältigendes Charisma, Ergebnis seiner durch und durch gesunden Physis und wohl auch seines nach Macht gierenden Willens. Die Mächtigkeit dieser Ausstrahlung wirkte, als sei er selbst ein superstarker Scheinwerfer. Die weiblichen Antennen wurden in seinem *Licht* förmlich gebadet, sprachen willig darauf an und signalisierten diesem Prachtstück von Mann eine schier grenzenlose Bereitschaft zu allem, was er von ihnen verlangte. Ja, James Cooper war sich dessen bewusst und nutzte diese Gottesgabe weidlich aus. Und das nicht nur beim schönen Geschlecht, sondern auch in seinem sonstigen Umgang. Die Frauen himmelten ihn an, und die Männer machten, wenn sie in seiner Nähe waren, vorne einen tiefen Diener und hinten heimlich eine Faust in der Hosentasche. Alle, buchstäblich alle empfanden in seiner Nähe das bedrückende Gefühl der Unterlegenheit, fühlten sich wie kleine Sandhügel neben einem Riesenberg. Sie ließen sich willig von ihm führen, aber lieben – nein, lieben taten sie ihn nicht.« Satya machte an dieser Stelle eine Pause. Für mich bot das den Anlass zu einer Frage.

»In der Ausstrahlung seines Charismas war wohl ebenfalls nichts von Liebe zu spüren?«

»Ganz richtig, überhaupt nichts. In ihr mischten sich allein sein rücksichtsloses Streben nach Macht mit unbändigem Ehrgeiz und nicht zuletzt mit schier grenzenloser Eigenliebe. Eigenschaften, die von seinem hervorragend arbeitenden Verstand an passender Stelle mit großem Erfolg in den Einsatz geschickt wurden.«

»Das heißt wohl auch: Für die Nächstenliebe gab es in seinem Inneren ebenfalls nicht das kleinste Plätzchen?«

Satya wiegte seinen Kopf. »So hart will ich es nicht sagen. Vielleicht war sich James Cooper der Existenz dieses kleinen Pflänzchens in seinem Inneren nur nicht bewusst. Deshalb hegte und pflegte er es nicht, ließ es verkümmern. Anders gesagt: Seine berufliche Tätigkeit ließ ihm, seinen Worten zufolge, einfach keine Zeit zu menschenfreundlichen Taten. Wahrscheinlich tröstete er sich mit dieser Ausrede, wenn, was sicher nur sehr selten geschah, ihm eine innere

Stimme wegen seines unbarmherzigen Verhaltens in bestimmten Fällen Vorhaltungen machte.«

Satya räusperte sich, sah mich bedeutsam an. »Doch dann passierte es! Ausgerechnet während einer wichtigen Konferenz. Der granitene *Turm* James Cooper begann mitten in seiner Begrüßungsansprache zu schwanken, fiel einfach um und regte sich nicht mehr.«

Schlaganfall! konstatierte später nach eingehender Untersuchung der Arzt.

Und dann lag James Cooper im Koma. Die besten Ärzte bemühten sich Tag und Nacht um ihn. Aber als die Tage vergingen und sich nicht die Spur einer Besserung zeigte, schwand allmählich die Hoffnung auf eine Wiederherstellung des prominenten Patienten. Doch dann, wie zur Antwort, geschah das für unmöglich Gehaltene – James Cooper wachte auf, ganz unvermittelt. Und er wachte auf, ohne die geringste Behinderung zu spüren. Sein Geist war so klar, wie er vor dem Schlaganfall gewesen war, und auch sein Körper zeigte kaum Beschwerden. Ein namhafter Psychologe fragte ihn, ob er während des Komas geträumt hätte und wenn, was das für Träume gewesen seien. Doch James Cooper verneinte es, geträumt zu haben. Ihm sei die Zeit, angefangen vom Absturz in die Dunkelheit bis zum Aufwachen, so schnell vergangen wie ein über den Himmel huschender funkelnder Blitz. Die zweite Sensation folgte schon wenige Tage später. James Cooper gab in einer Pressekonferenz den staunenden Journalisten seinen Entschluss bekannt, aus dem Unternehmen auszuscheiden und sich völlig ins Privatleben zurückzuziehen. Ein gewaltiges Rauschen im Blätterwald war die Folge. Schier endlose der nach *Wahrheit* lechzenden Reportagen der Medien schlossen sich an. Alle Journalisten waren sich einig – und ließen ihre zum Teil sehr beträchtliche Fantasie kräftig sprießen. Es müsse doch einen Grund für diesen unmöglichen Entschluss geben, einen logisch einleuchtenden Grund. Handelte es sich bei James Cooper doch um einen Mann, der eher dem Teufel seine Seele verschreiben würde als die Brücke des mächtigen Firmenschiffs zu verlassen. Das Rätseln nahm kein Ende. War er vielleicht das Opfer einer Intrige? Gab es eine schwarze Stelle im Leben des Tycoons, den einer seiner vielen Neider entdeckt und mit deren Veröffentlichung gedroht hatte, falls er nicht schnellstens in der Versenkung der Anonymität verschwände?

Keine Frage, es musste eine andere Wahrheit geben. Eine, die er verschwieg. Aber warum tat er das? Irgendetwas musste geschehen sein, das für diesen unmöglichen Entschluss verantwortlich war – irgendetwas, aber was? Doch James lächelte nur – und blieb trotz allem Gebohre eisern bei seiner ersten Erklärung. Unter der Sucherschar der Journalisten gab es natürlich auch Zweifler. Diese hielten die geäußerten Vermutungen schlicht für Sensationsmacherei, aber diese wenigen waren ungefähr so selten wie Rosen in der Wüste.«

Satya schwieg kurz. Dann sah er mich bedeutsam an, fuhr mit leicht erhobener Stimme fort: »Doch einen Menschen gab es, dem er sich anvertraute, und dieser Mensch war – ich. Warum das so war, interessiert jetzt nicht. Das zu erzählen würde viel zu weit führen. Mir schenkte James Cooper jedenfalls rückhaltloses Vertrauen, gab mir lückenlos Auskunft über ein Erleben, das ihn zu einem völlig anderen Menschen umgeformt und aus dem Kokon seines nur ökonomisch orientierten Denkens und Verhaltens herausgerissen hatte.

Und ich glaubte ihm, so fantastisch sich sein *Erlebnisbericht* auch anhörte, glaubte ihm eine Geschichte, die sich weit eher wie ein fantasievolles Märchen anhörte als wie ein tatsächliches Erlebnis.

Doch ich wollte noch auf eine andere, mir wichtig erscheinende Frage Antwort erhalten. Ich fragte ihn: ›Hast du wirklich die Absicht, deinen sagenhaften Job aufzugeben? Großer Gott, ich glaube dich genügend zu kennen, um mir ein Urteil zu erlauben: Ohne Arbeit, ohne harte Arbeit kannst du nicht leben. Verrate mir bitte deine Zukunftspläne. Ich weiß es doch ohne Pläne würdest du einem Steuermann gleichen, der die Schiffsbrücke verlässt ohne sich um den weiteren Kurs des Schiffs zu kümmern. Und das könntest du nicht, nie könntest du das.‹

Cooper hatte anerkennend gelächelt. ›Du kennst mich anscheinend in- und auswendig. Ja, du hast Recht, ich habe einen Plan. Bitte glaube mir, ohne mein Koma-Erlebnis hätte ich ihn sicher nie gefasst, nie fassen können.‹«

Satya hielt in seiner Erzählung kurz inne, sagte dann: »Das war nur der Vorspann. Jetzt folgen James Coopers Erlebnisse im Jenseits.«

Rasch nutzte ich die Gelegenheit. »Ich darf dich daran erinnern: Der Titel meines Buches lautet: *Charisma.*«

Satya schnitt eine drollige Grimasse. »Keine Sorge, ich werde mich bemühen und Coopers Erlebnisse ohne zusätzliche Einschübe von mir so wiedergeben wie er sie mir erzählt hat. Selbstverständlich auch mit den Fragen, die ich ihm stellte und die er alle ausführlich beantwortete. Aber ich verspreche, das auszulassen, was für dich unwesentlich ist.« Er sah mich fragend an. »Ist dir das recht?«

Ich nickte lächelnd.

»Dann will ich sofort beginnen.

James Cooper fiel also um, und seine Psyche verließ den Körper, kippte förmlich aus ihm heraus. Und dann passierte das Unbegreifliche, das Unheimliche: Cooper sah sich selbst auf dem Boden liegen, war außerhalb seines Körpers, schwebte wie eine Wolke über ihn. Es war ein Zustand, den genau zu beschreiben mir die Worte fehlen. Er spürte eine grenzenlose Leichtigkeit und einen Frieden, den er in dieser wundervollen Dichte noch nie empfunden hatte. In seinen Geistkörper kam Bewegung. Er schwebte durch einen dunklen Tunnel, hin zu einem unirdischen Licht, das schnell immer größer wurde und ihn endlich in sich aufnahm. Ein Gefühl des Geborgenseins durchströmte ihn, das er in dieser Stärke noch nie empfunden hatte. Und dann durchlebte er noch einmal entscheidende Phasen seiner Vergangenheit und bewertete sie, fügte nichts hinzu und nahm auch nichts davon weg. Danach nahm sich ein Geistwesen seiner an. Sein Körper war dem eines Menschen nachgebildet, besaß aber nicht dessen Dichte, sah aus wie dünner Nebel. Ihn umgab ein weißblaues, unirdisches Leuchten. Noch nie in seinem Erdenleben hatte Cooper ein solch strahlendes Licht gesehen. Doch die geheimnisvolle Wesenheit sandte nicht nur Licht aus, Cooper fühlte, dass sie auch Kraft ausströmte, Kraft, die in ihm eindrang, jede Fiber seines ätherischen Körpers in Beschlag nehmend. Und Cooper überfiel die Erkenntnis, dass diese intensiv leuchtende Ausstrahlung ein Abglanz jener Kraft war, sein musste, die das Universum geschaffen hatte und ohne die es nie hätte geboren werden können. Einer Kraft, die alle bekannten und unbekannten Kräfte in sich vereinigte: die Kraft der Liebe! Und er wusste, dass er sich ihr beruhigt anvertrauen konnte. Nichts konnte ihm passieren – absolut nichts!

Und James Cooper erkannte, dass er in seinem bisherigen Leben für die Entwicklung seines inneren Menschens nur wenig getan hatte. Diese Erkenntnis war plötzlich da, ganz unvermittelt und auf eine Weise, die verstandesmäßiges Denken ausschließt. Er wusste es einfach, und er wusste auch, dass dieses Wissen unangreifbar, weil absolut war. Es ließ ihn klar erkennen, dass seine seelische Bewusstseinslage im umgekehrten Verhältnis zu meiner irdischen sozialen Stellung gestanden hatte. So hoch letztere auch gewesen war, seine innere Entwicklung hatte an diesem Aufstieg *nicht* teilgenommen, glich immer noch einem winzigen Flämmchen, das einfach nicht wachsen wollte. Wie ein Sturzbach überfiel ihn das Wissen, dass er zugunsten des äußeren Lebens dem Wachstum seiner Innerlichkeit keine Beachtung geschenkt hatte. Doch damit war der Prozess der Erkenntnisgewinnung noch lange nicht zu Ende, denn immer leichter fiel ihm in seinem jetzigen Seins-Zustand das Verstehen selbst der komplexesten Zusammenhänge und staunend erfuhr er, dass sein seelisches Gehirn seinem körperlichen Gehirn unendlich überlegen war. Und je mehr er von diesem neuen Wissen in sich aufnahm, desto mehr wurde es ihm bewusst, dass die Grundsubstanz für alles Geschaffene die Liebe ist – dass Gott die Liebe und die Liebe Gott ist! Sein bisheriger Lebensweg? Sicher war es ihm bestimmt gewesen, ihn zu gehen – aber während des *Gehens* auch zu lernen. Doch leider hatte er sich nur der Außenseite des Lebens gewidmet und dabei die innere als unproduktiv eingeordnet und daher völlig außer Acht gelassen. Und wie klein fühlte er sich erst, als ihm bewusst wurde, dass sein jetziges Leben nur eines unter unendlich vielen war und erst alle Leben zusammen das eigentliche Leben, das *seelische* Leben, ausmachen. In jedem einzelnen davon soll zu dem bereits vorhandenen Fundus an Wissen neues Wissen hinzugefügt werden, weil der weitere Aufstieg der Seele auch von ihrem Schatz an Wissen abhängt. Es ist aber ein anderes Wissen als das, was Menschen unter *Wissen* verstehen.«

Ich unterbrach Satyas Bericht und fragte ihn: »Was für ein Wissen mag Cooper gemeint haben?«

Mein Freund nickte. »Gedulde dich. Ich komme an anderer Stelle noch darauf zu sprechen. Jetzt aber kommt die Passage, die für dich wichtig ist: Sie gibt Auskunft über die Rangfolge, über die Stufung jener Wesenheiten, mit denen James Cooper es zu tun gehabt hat und die in einer höheren Dimension ihr Zuhause haben. In den irdischen Berufen gibt es zum Beispiel ungelernte Arbeiter, Lehrlinge, Gesellen, Meister und höhere Ränge. Rangstufen gibt es aber auch da, wo Coopers Seelenkörper gewesen ist. Sie machen sich erkennbar an der Mächtigkeit sowie an der Färbung der Aura.« Satya blickte mich an.

»Ich hatte dir schon über das menschliche Energiefeld, der Aura berichtet, nicht wahr?«

»Ja. Du erzähltest mir von der heilenden Wirkung eines gesunden menschlichen Energiefelds auf psychisch Kranke und anschließend von dem bösen Stiefsohn, der auf das Erbe seiner todkranken Stiefmutter aus war.«

James nickte. »Es gibt aber noch mehr über die Aura zu berichten. Sie stellt sich als ein den menschlichen Körper umgebendes eiförmiges Energiefeld dar. Ohne Zweifel ist es höherdimensionaler Art, denn es gehört nicht zu den uns bekannten Energiearten wie sie zum Beispiel die Elektrizität darstellt. Jeder Mensch ist von diesem nebelhaften Gebilde umgeben, der eine stärker, der andere schwächer. Alles Lebendige strahlt, denn alles Lebendige hat Bewusstsein und jedes Bewusstsein strahlt aus. Es ist eine Strahlung, die dem Wissenden Auskunft über die körperliche und seelische Beschaffenheit eines anderen Menschen geben kann. Gedanken der Liebe weiten die Aura und lassen sie heller leuchten. Bei Gedanken des Hasses zieht sie sich zusammen und verdunkelt sich. Je mehr die Entwicklung voranschreitet, umso mehr gewinnt das Bewusstsein an Erfahrungen und an – Reife. Je tiefgreifender durch eigenes Bemühen das eigene *Meer des Bewusstseins* wird, desto mehr verändert sich das Aussehen und die Färbung der Aura. Sie kann, je nach dem Rang des betreffenden Geistwesens, die verschiedenartigsten Färbungen und die unterschiedlichste Leuchtkraft annehmen. Ein hoch über dem Durchschnitt der Masse angesiedeltes Bewusstsein verfügt in der Regel über eine Aura von besonderer Leuchtkraft. Eine solch starke Ausstrahlung wirkt zum Beispiel anziehend oder aber abstoßend auf die Auren anderer Menschen. Natürlich gibt es zwischen diesen beiden Extremen viele Grautöne. Ein besonders hohes Bewusstsein strahlt weißblau und ist von außergewöhnlich hoher Strahlkraft.«

Ich unterbrach Satya erneut und fragte: »Muss man Charisma mit Aura gleichsetzen?«

Er brauchte nicht lange zu überlegen. »Auf deine Frage habe ich zwei Antworten parat. Ja, aber auch Nein! Zuerst das Nein: Auren sind Energiefelder. Sie geben Auskunft über die Lebensenergie, über Gesundheit, Gefühlslage, mentale Entwicklung. Charisma verlangt aber nach mehr. Um eine Aura aber charismatisch werden zu lassen, braucht es zusätzlich einen Magnetismus besonderer Art. Und es ist dieser *magnetische Strom*, der den Samen des Pflänzchens Charisma wachsen und gedeihen lässt. Wo dieser Strom fehlt oder wo er nur schwach fließt, da ist von charismatischer Wirkung der Ausstrahlung nur wenig oder sogar nichts zu spüren.

Und jetzt das Ja: Eine Analogie wird dein Verständnis schärfen: Der Eisenkern in einer Spule wird erst magnetisch, wenn Strom durch die Spule fließt. Denn erst dann wird im Eisenkern eine Gleichrichtung der winzigen Elementarmagnete erzeugt und der sich dann einstellende Magnetismus kann seine Kraft, sein *Charisma*, entfalten und die von ihm geforderte Arbeit leisten. Die Erzeugung menschlichen Charismas ist ähnlicher Natur. Auch hier wird *Strom* benötigt. Dieser hat die Aufgabe, die *Elementarmagnete* der Psyche gleichzurichten und einen *Magnetismus besonderer Art* zu entfalten. Jenen Magnetismus, den wir entweder als positives oder als negatives Charisma einer Persönlichkeit bezeichnen. Schön und gut, aber was für ein Strom ist das? Bezogen auf das positive Charisma lautet die Antwort: der Strom der *Spiritualität*. Dieser, und nur dieser allein, erzeugt den Magnetismus des positiven Charismas. Und nur er kann uns aus der Froschperspektive befreien und auf einen Horizont blicken lassen, der grenzenlos ist, weil er in die Unendlichkeit einmündet. Und was das negative Charisma angeht: auch hier erzeugt ein bestimmter Strom einen bestimmten Magnetismus. Es ist ein mächtiger Strom, denn er vereinigt in sich alles Gemeine, alles Boshafte und alles Grausame auf dieser Welt. Der von ihm erzeugte Magnetismus ist der Minuspol.«

An dieser Stelle hatte Satya verwundert den Kopf geschüttelt und Cooper gefragt: Ich kenne dich und kann es beurteilen – vor deiner Krankheit hattest du von diesen Dingen überhaupt keine Ahnung. Und jetzt auf einmal dieses Wissen … Er hatte Cooper fassungslos angesehen.

Der Unternehmer hatte bestätigend genickt und geantwortet: »Auch mir kommt das, was ich während des Komas erlebte, wie ein Wunder vor. Du hast Recht. Ich wusste wirklich nichts von diesen Dingen, mein jetziges Wissen wurde mir erst in dieser Dimension vermittelt.«

»Damit ist der Bericht über James Cooper zu Ende«, sagte Satya abschließend zu mir. »Ich hoffe, dass er dir nützt.«

Ich setzte zu einer Frage an, aber mein Freund kam mir zuvor: »Etwas sehr Wichtiges darf nicht vergessen werden. Ich hatte dir von Patty erzählt, dieser Ärztin.« Er schaute mich abwartend an.

»Die imstande war, die Aura nicht nur zu sehen, sondern sie auch zu fühlen, nicht wahr?«

»Ja. Jetzt höre und staune: Sie kannte James Cooper. Es war keine enge Bekanntschaft, sondern eher eine aus der Ferne. Wochen vor seinem Schlaganfall sagte sie einmal zu mir: ›Coopers Aura ist ein Mischmasch aus Machthunger und sexueller Gier.‹ Satya schüttelte den Kopf. »Nach seinem sensationellen Aufwachen aus dem Koma nahm sie sich die Gelegenheit zu einem flüchtigen Kontakt. Ich fragte sie nach ihrem neuerlichen Eindruck. Sie sagte zu mir: ›Das ist die Aura eines total veränderten Menschen, eines Mannes, der seine Triebe überwunden hat und den ich als vergeistigt bezeichnen möchte. Seine Aura war auch danach. Sie zeigte nur helle Farben. Alle dunklen waren aus ihr verschwunden.‹

Ich musste mich erst mühsam sammeln. Coopers Erlebnis und Pattys Bericht trugen daran die Schuld. Leise, noch überwältigt von dem Gehörten, sagte ich: »Meine Freunde würden mich für verrückt halten, wenn ich ihnen das alles erzählen würde, besonders Coopers Erlebnisse in der Dimension des Jenseits.«

»Sie würden hoffentlich wissen, dass das Wort *Dimension* für Ausdehnung steht«, sagte Satya mit einer Spur Spott in seiner Stimme. »Eben die Ausdehnung in der Länge, der Breite und der Höhe.«

Ich musste unwillkürlich lachen. »Als Beispiel würde ich ein x-beliebiges Zimmer anführen: Bei zunehmender Breite oder Länge würde es sich doch vergrößern, nicht wahr? Dasselbe gilt auch für die Höhe als dritter Dimension. Wenn sie zur Länge und Breite hinzutritt, dann handelt es sich um eine dreidimensionale Ausdehnung. Einen Strich nennt man eindimensional, eine Fläche zweidimensional und einen Raum dreidimensional.«

Mein Freund hob die Schultern. »Das ist sehr leicht zu verstehen. Aber wenn man von Dimensionen spricht, die höher sein sollen als die uns bekannten, dann ist das mit dem Verständnis eine ganz andere Sache. Die Sinne allein können das nicht fassen.« Seine Augen zogen sich zusammen. »Genau darauf beruht ja die falsche Denkungsweise vieler Naturwissenschaftler. Sie befinden sich im Gefängnis der Sinne und halten dieses Gefängnis für die allein existierende Realität. Und das, obwohl sich aufgrund neuerer Erkenntnisse aus der Physik das Tor in die Freiheit und damit zu einer anderen Denkungsweise weit geöffnet hat. Aber mir kommt es so vor, als ob diese Wissenschaftler das nicht sehen wollten, denn ihrer festgezurrten Denkungsweise nach hat das geöffnete Tor keine Realität, kann also nicht existieren, ist nur eine Illusion. Wenn man intensiv darüber nachdenkt, dann könnte man kleinmütig werden«, sagte er leise und mehr zu sich selbst. »Nur wenige werden den Mut aufbringen durch das Tor zu gehen und das unbekannte Land dahinter zu betreten. Man sollte es sich immer wieder vor Augen halten: Für das seelische Leben gibt es kein Ende, denn es umfasst unendlich viele körperliche Leben. Das menschliche Gehirn dagegen funktioniert nur für *ein* Leben und ist in seiner Kapazität viel zu gering, die Ereignisse vieler Leben speichern zu können. Noch entscheidender ist etwas anderes. In jedem Einzelleben gibt es Erfahrungen der Freude, aber auch solche des Leids. Stelle dir die Berge der Erfahrungen vor, die sich über viele Leben hinweg ansammeln. Berge der Freude, aber auch Berge des Leids. Beide sind für die Formung der Seele notwendig, sollen sie vorbereiten auf den Wechsel in eine höhere Dimension. Ein menschliches Gehirn würde von all diesen Erfahrungen erdrückt werden, nicht aber der Verstand der Seele. Dieser hat als Speichermedium die Aufnahmefähigkeit des ganzen Universums zur Verfügung.«

Satya griff nach der Mineralwasserflasche auf dem Tisch, goss davon in ein Glas und trank es in einem Zug aus. Das Erzählen musste ihn durstig gemacht haben. In seinem Gesicht zeigte sich Erschöpfung.

Ich wollte die Pause nutzen und fragte: »Ist die Entwicklung des Bewusstseins von entscheidender Bedeutung für die Zunahme an Strahlkraft und damit auch für die Zunahme des Charismas?«

Mein Freund winkte ab. »Heute bitte nicht mehr. Ich bin derart müde, dass ich auf der Stelle einschlafen könnte. Aber morgen ist ja auch noch ein Tag.«

Als Satya gegangen und ich wieder allein war, überfielen mich die Gedanken. Sie widmeten sich ausschließlich James Cooper. Für mich gab es keinen Zweifel: Sein Koma-Erlebnis hatte wie ein vorwärtsstoßender Impuls auf sein Bewusstsein gewirkt, es einer Formung unterzogen, für die es sonst wohl mehrere Leben gebraucht hätte. Wie anders wäre sein

Wissen über Dinge zu erklären, von denen er vorher nicht die mindeste Ahnung gehabt hatte? Ein Akt der Gnade? Warum nicht? Mir waren Berichte von Menschen bekannt, die ähnliche Erlebnisse wie James Cooper gehabt hatten. Nach ihrem Wiedereintritt ins normale Leben hatten sie fast durchweg die Angst vor dem Tod verloren. Und noch etwas war ihnen anzumerken gewesen: Ihre Ausstrahlung hatte sich geändert, sogar bedeutend geändert. Nicht die der Macht oder der sexuellen Kraft, es war die der Weisheit, also der Intelligenz der Seele. Leider fristet letztere oft nur ein Eckensteherdasein. Zur Erinnerung: Der körperliche Verstand – mit seinem Sitz im Gehirn – gehört dem Ich, dient als Werkzeug für die Bewältigung des Lebens. Der seelische Verstand ist dem körperlichen Verstand übergeordnet, gehört dem Über-Ich! Seine Lenkungsfunktionen übt es mittels Intuitionen aus. Deren Häufigkeit wiederum ist abhängig von der herrschenden seelischen Bewusstseinslage des betreffenden Individuums. Aber was sind Intuitionen, fragte ich mich. Mir fiel während des Nachdenkens eine passende Definition ein, die ich irgendwo und irgendwann einmal gelesen hatte. Intuitionen seien Sendungen aus einer übergeordneten Dimension, die wir nur im Zustand des Geöffnetseins, zum Beispiel während des Meditierens, empfangen könnten. Denn nur in diesem Zustand gelänge uns die Einstellung auf die entsprechende *Frequenz*. Umgekehrt verhielte es sich während eines inbrünstigen Gebets. Dann empfingen wir nicht, dann würden wir senden. Hier sei es die Inbrunst, die uns die richtige Sendefrequenz finden ließe.

Ich überlegte weiter. Was das Charisma anbetraf, sah ich jetzt klarer als vorher. Besonders im Hinblick auf die Stufungen in diesem Bereich. Unwillkürlich fiel mir Satya ein, plötzlich, ganz unvermittelt, ohne dass ich vorher über ihn nachgedacht hatte. War es nicht verblüffend, wie sehr und auf welche Weise er mir bisher geholfen hatte und sicher auch weiter helfen konnte? Ich gestand es mir ein: Ohne ihn wäre ich noch nicht so weit vorgedrungen, hätte ich mit der Recherche große Schwierigkeiten gehabt. Und von James Coopers Erlebnissen in der Dimension des Jenseits hätte ich mit Sicherheit überhaupt nichts erfahren. Hoffentlich konnte Satya morgen kommen, war er nicht durch eine plötzliche Sinnesänderung eines seiner Kunden geschäftlich verhindert.

Meine Sorgen erwiesen sich als unnötig. Schon gegen Mittag den nächsten Tages war er bei mir. Kaum war er da, da kam er auch schon zur Sache.

»Ich habe mich vor dem Einschlafen noch mit deiner letzten gestrigen Frage beschäftigt«, sagte er. »Erinnerst du dich? Du fragtest mich, ob die Entwicklung des Bewusstseins von entscheidender Bedeutung für die Zunahme an Strahlkraft und damit auch für die Zunahme des Charismas sei.«

»Und – hast du eine Antwort gefunden?«

»Ja, und sie ist sehr einfach. Ich sagte es schon: Alles Leben strahlt. Und ich sagte auch: Alles Leben hat Bewusstsein. Je entwickelter dieses ist, desto stärker wird auch die Strahlkraft und mit ihr – das Charisma sein.« Er sah mich an. »Habe ich deine Frage damit beantwortet?«

Ich nickte. »Das hast du. Mir fällt dazu ein Vergleich ein.«

»Was für einer?«

»Das Bewusstsein gleicht dem Feuer. Es soll Wärme spenden, darf nicht ausgehen. Wie verhindert man das? Sicher nur durch Zufuhr von Brennmaterial.«

»Und was für ein *Brennmaterial* ist imstande, die Entwicklung des Bewusstseins voranzutreiben?«, fragte Satya lächelnd.

Die Antwort fiel mir nicht schwer. »Dieser *Brennstoff* heißt Glauben und eigenes Bemühen!«

»Deine Aussage leitet über zu der Frage nach dem Ursprung der Strahlkraft«, sagte Satya nachdenklich.

Ich nickte. »Wir wollen versuchen, diese Frage wenn schon nicht zu lösen, sie so doch verständlich zu machen.«

Ihr Glaube ist der Brennstoff für Ihren inneren Motor

Der Glaube gleicht auch einem Geländer, das einem in Stunden der Not Halt bietet und neue Kraft schenkt. Ohne ihn treibt der Mensch wie ein willenloses Blatt im Winde – dahin, wohin es nicht soll.

Wer an sich glaubt, an die eigene Stärke, der gibt seinem Leben einen Sinn.

Fegen Sie den Unrat des Zweifels und der Resignation aus Ihrem Inneren hinaus! Schenken Sie Ihren Bemühungen, Ihr Charisma auf eine höhere Stufe zu heben, Vertrauen. Sie werden es schaffen, wenn Sie es mit heißem Herzen wollen.

Streichen Sie das Wort *Unmöglich* aus Ihrem Wortschatz.

Existieren *Lebensatome* bereits in der Materie?

Die Natur steigert sich fortwährend, zunächst vom mechanischen und chemischen Wirken des unorganischen Reiches zum Vegetabilischen und seinem dumpfen Selbstgenuss, von da zum Tierreich, mit welchem die Intelligenz und das Bewusstsein anbricht und nun von schwachen Anfängen stufenweise immer höher steigt und endlich durch den letzten und größten Schritt bis zum Menschen sich erhebt, in dessen Intellekt also die Natur den Gipfelpunkt und das Ziel ihrer Produktionen erreicht, also das Vollendetste und Schwierigste liefert, was sie hervorzubringen vermag.

Arthur Schopenhauer

Logisch gesehen, müssen wir entweder Leben und Vernunft in allem, in der ganzen »toten Natur« anerkennen oder sie vollkommen verneinen, sogar IN UNS SELBST

P. D. Ouspensky

»Eigentlich können einem die *modernen* Naturwissenschaftler leid tun«, sagte Satya zu mir.

Ich sah ihn fragend an. »Was willst du damit sagen?«

Er nickte. »Weil sie sich meiner Meinung nach in keiner beneidenswerten Lage befinden.«

»Und warum?«

»Weil sie nur dem Realität zuerkennen, was ihnen die Sinne zeigen, sich allem verschließen, was über das Erkenntnisvermögen der Sinne hinausgeht. Und das oft auf eine Art, die an Fanatismus grenzt.«

»Erkläre mir bitte, was daran falsch sein soll.«

»Eben ihre Sicht der Dinge. Nehmen wir beispielsweise die Elektro-Energie. Du kannst sie nicht anfassen, nicht sehen, nicht schmecken, riechen oder hören. Trotzdem wird ihr von den Naturwissenschaftlern der Status der Realität zuerkannt. Natürlich ist das richtig, denn sie übt wie alle anderen Formen der Energie eine reale Wirkung aus. Daran zu zweifeln wäre höchst unrealistisch. Warum also dieses Beispiel? Nun, mit ihm soll lediglich gezeigt werden, dass Dinge auch dann real sein können, wenn sie mit den Sinnen *nicht* wahrgenommen werden. Und was für die Formen der Energie gilt, das besitzt ebenfalls Geltung für alle jene existierenden Dinge, die im Reich der Transzendenz ihr Zuhause haben. Dass diese nicht mit unseren Sinnen wahrgenommen werden können, müsste doch einsehbar sein, denn das ist genauso unmöglich wie das naive Unterfangen, einen Körper in nur zwei Dimensionen darstellen zu wollen. Mit anderen Worten: Die Naturwissenschaft hat sich mit ihrer *Praxis* ins Gefängnis der Sinne begeben. Und sie wird so lange darin eingesperrt bleiben, bis sie endlich anerkennt, anerkennen muss, dass weit hinter der winzigen *Ortschaft* des bloßen Verstandes noch ein ganzer spiritueller *Kontinent* sehnsüchtig darauf wartet, endlich erforscht zu werden!« Satya unterbrach sich und sah mich fragend an.

»Du kennst doch den führenden New-Age-Denker Ken Wilber?«

»Natürlich kenne ich den. Zwar nicht persönlich, aber ich habe seine Bücher gelesen. Mehrfach sogar sein Buch: *Halbzeit der Evolution.*«

Satya nickte. »Aus diesem Buch werde ich dir eine Stelle zitieren, die von bestechender Klarheit ist. Wilber schreibt: *Die Tragödie besteht darin, dass Wissenschaft zum Szientismus* wird, wenn sie sagt: Es gibt keinen Sinn, weil die Wissenschaft ihn nicht messen kann. Es gibt nämlich auch keinen wissenschaftlichen Beweis dafür, dass nur wissenschaftliche Beweise real sind.«*

Ein Gedanke kam mir, der mich lachen ließ. Satya schaute mich verwundert an. »Kommen dir meine Worte denn so komisch vor, dass du über sie lachen musst?«, fragte er. Ich sah es seinem Gesicht an, dass er verletzt war.

»Aber nein«, beeilte ich mich ihm zu versichern, »ganz und gar nicht. Mir huschte eben nur eine Vorstellung besonderer Art durchs Gehirn. Sie war es, die mich lachen ließ.«

»Da bin ich aber neugierig. Was für eine war das denn?«

»Ich stellte mir gerade vor, du würdest deine Ansichten in einer Forumsdiskussion mit bekannten Naturwissenschaftlern vortragen und habe mir die voraussichtlichen Reaktionen der *Hochgelehrten* vorgestellt. Ihre Antworten … ihre Gesten … allein über diese Vorstellung musste ich lachen.«

Ich wechselte das Thema.

»Wir haben uns in den vergangenen Tagen über das Phänomen *Leben* unterhalten, hauptsächlich über das mensch-

---

* Unter Szientismus wird eine geistige Haltung verstanden, die alles auf wissenschaftlichem Weg erkennen und begründen will.

liche Leben sowie über dessen Strahlkraft. Aber wo fängt das Leben an? Wo ihre Strahlkraft? Gibt es bereits Splitter davon in der so genannten unbelebten Materie?«

Satya hob die Schultern. »Annahmen dazu sind nach wie vor höchst hypothetischer Natur. Nur eines wissen wir ziemlich genau: Das Leben begann tatsächlich schon vor 3 500 Millionen Jahren. Ich will dir nicht lange damit kommen, dass es auf Nukleinsäuren und Proteinen basiert, denn das fördert bei uns Laien nicht gerade das Verständnis. Meine Überzeugung geht einen völlig anderen Weg. Und zwar geht sie von der Annahme aus, dass die ganze Erde ein lebendiger Organismus ist. Eine Auffassung übrigens, die mittlerweile schon von vielen Millionen Menschen geteilt wird. Und ich bleibe bei dieser Auffassung, auch auf die Gefahr hin, als wundergläubiger Naivling verspottet zu werden.«

»Was hat dich zu diesem Glauben gebracht«, fragte ich. Satya offenbarte mir immer wieder neue Seiten seines Geistes.

»Was mich dazu gebracht hat? Ich kann mich auf keine hochwissenschaftlichen Untersuchungen stützen, auf keine blutleeren mathematischen Modelle, sondern auf ein Wissen, das nur durch Intuitionen gewonnen werden kann. Ihnen verdanke ich meine Überzeugung, dass es eine Schöpfung gegeben hat, und dass der Kosmos seine Existenz nicht einem Zufall verdankt. Ist es nicht zum Lachen? Viele Naturwissenschaftler halten den Glauben an einen Schöpfergott für ein Hirngespinst, für reinen Kinderglauben. Aber dafür – wir erörterten dieses Thema schon – haben sie sich einen neuen *Gott* auserkoren, den – Zufall. Dieser spielt bei ihnen die Rolle eines Götzen. Sie tragen ihn als Gottesersatz stolz vor sich her und sehen in ihm den eigentlichen *Schöpfer*. Aber wenn man an sie die Frage richtet, ob es nicht denkbar wäre, dass dieser Zufall veranlasst sein könnte, veranlasst von einer höheren Macht aus einer übergeordneten Dimension, dann erntet man bestenfalls ein verständnisloses Kopfschütteln, nicht selten aber Hohn und Spott.«

Ungeduld machte sich in mir breit. »Schön und gut. Aber ich wollte von dir wissen, ob es vielleicht schon in der Materie winzige Splitter des Lebens und damit auch ›Splitter‹ der Ausstrahlung gegeben hat. Ich verwendete für sie den Ausdruck *Lebens-atome.*«

Satya lächelte nachsichtig. »Schöpfung bedingt, dass alles, aber auch wirklich alles, geschaffen wurde ...«

»Vom Schöpfergott, meinst du?«

»Natürlich, von wem denn sonst? Und weil das so ist, deshalb gibt es in allem und jedem den berühmten *göttlichen Funken.* Den Funken des Lebens, denn wo Gott ist, da ist auch Leben, gibt es keine Leblosigkeit. Und das beantwortet auch deine Frage. Wo du auch hinblickst – Leben ist überall! Selbst im Atom ist es als *Göttlicher Funken,* als *Splitter des Lebens,* als *Lebens-atom,* vorhanden. Und dieses Leben baut sich stufenförmig auf – angefangen von der reinen Bewegung in den atomaren Sonnensystemen der Materie über das Empfindungsbewusstsein in der Pflanzenwelt zum Instinktbewusstsein im Reich der Tiere bis hin zum entwickelteren Bewusstsein des Menschen. Ihnen allen ist eines gemeinsam: die Schwingung des Lebens! Ein anderes Beispiel wird dir den Aufstieg von Stufe zu Stufe besser verdeutlichen: Nach dem Tod von Myriaden Pflanzen werden beträchtliche seelische Energien frei. Diese verdichten sich und bilden nunmehr eine neue, wesentlich größere psychische Einheit. Diese dringt in einen noch im Embryonalstadium befindlichen Körper zum Beispiel eines Wurmes ein – und belebt ihn! Ein Prozess, der sich von Stufe zu Stufe wiederholt. Unmengen von Wurmleben wiederum schließen sich zu einem neuen, größeren Wesen zusammen, vielleicht zu dem einer Katze oder eines Eichhörnchens. Doch die zusammengefasste seelische Energie dieser Tiere gibt sich auch damit noch nicht zufrieden, denn sie will noch höher hinaus, gehorcht damit dem geheimnisvollen Zwang, von Stufe zu Stufe voranzuschreiten. Auch von ihnen vereinigen große Mengen ihre seelischen Energien. Das geschieht so lange, bis wiederum die erforderliche Energiemenge erreicht ist und eine neue Stufe, jetzt die menschliche, betreten werden kann.«[17]

»Das Leben beginnt also mit der Schöpfung. Was für eine Vorstellung hast du denn vom Schöpfer?«

»Bestimmt nicht die von einem alten Mann mit einem langen Rauschebart«, antwortete Satya lächelnd. »Meine Vorstellung ist die von einer Wesenheit, die alle Energie und alles Bewusstsein des Kosmos in sich vereinigt und sie beim Schöpfungsakt als eine Art Samen verströmt. Ursprung von allem, was es gibt. Ursprung der nur scheinbar unbelebten Materie und der des Lebens in all seiner bunten Vielfalt. Der Nobelpreisträger John C. Eccles schreibt dazu in seinem Buch: *Das Wunder des Menschseins – Gehirn und* Geist: [18]

Es ist von großem Interesse, dass bis zum heutigen Tage alle lebenden Formen – Mikroorganismen, Pflanzen und Tiere – die gleichen Hauptbestandteile in ihrem genetischen Material und die gleichen 20 Aminosäuren in ihren Proteinen haben. Das spricht für einen absolut einzigen Ursprung des Lebens, auf den die ungeheure Mannigfaltigkeit zurückgeht, und zugleich für die äußerst große Unwahrscheinlichkeit dieses Ursprungs. Anscheinend war dieses transzendente Geschehen ein einmaliges Ereignis.«

Nach einer nachdenklichen Pause fügte Satya mit Nachdruck hinzu: »Für mich ist dieses Ereignis gleichbedeutend mit dem Schöpfungsakt.«

»Eine *Energie* also, die über ein multidimensionales Bewusstsein verfügt, verfügen muss, welches über der Zeit steht. Solche Gedanken können leicht das Gefühl der Einsamkeit in einem erzeugen, meinst du das?«

Satya schüttelte den Kopf. »Das ist nur dann der Fall, wenn du das Leben im Kosmos und damit natürlich auch dein Leben nur als Produkt eines Zufalls ansiehst, du dann nichts mehr hast, auf das du dich stützen kannst, wenn deine Seele in Not ist.« Er hielt inne. Ich sah es seinem Gesicht an, dass er das Thema noch nicht für abgeschlossen hielt. Ich hatte mich nicht getäuscht.

»Ich hatte gesagt, dass die Schöpfung durch das Verströmen der *Göttlichen Energie* und des *Göttlichen Bewusstseins* bewirkt wird. Das ist die Phase des Werdens, jene Phase, in der sich das Weltall ausdehnt. Wenn du in einer klaren Nacht hinausgehst und die Sternkonfigurationen im schwarzen Samt des Himmels betrachtest, dann kann leicht ein Gefühl der Ehrfurcht nach dir greifen. Du siehst Sternbilder, deren Licht Millionen Jahre braucht, um zu uns zu gelangen. Doch das ist noch gar nichts gegen das, was dir ein Blick durch ein großes Teleskop bieten würde. Du könntest dann Sternbilder sehen, die Milliarden Lichtjahre von uns entfernt sind. Unfassbar dieser Raum- und Zeitabgrund, nicht wahr? Hier offenbart sich besonders deutlich die Anmaßung des menschlichen Verstandes, wenn dieser dem Herrgott vorschreiben will, wie er zu sein hat. Es gibt aber nicht nur die Phase des Werden, sondern auch die des Vergehens. Bis sie eintritt, das expandierende Weltall vielleicht wieder in sich zusammenfällt, kann es noch viele Millionen Jahre dauern. Aber was bedeutet schon Zeit im Universum? Die indische Philosophie hat hierfür einen Vergleich gefunden, der die Unfasslichkeit des kosmischen Geschehens in nur zwei ergreifende Worte kleidet. Sie bezeichnet das Werden und Vergehen des Universums als – *Atemzüge Gottes!«*

Ihr Charisma ist wie ein Licht

Legen Sie sich hin und entspannen Sie sich. Schließen Sie die Augen. Denken Sie daran, dass alles ausstrahlt, auch Sie. Konzentrieren Sie sich. Werfen Sie alle störenden Gedanken hinaus.

Meditieren Sie. Vergleichen Sie Ihr Charisma mit einer Lichtquelle, deren Leuchtkraft nur wenige Meter weit reicht. Ihr Bestreben ist es, einen größeren Umkreis auszuleuchten. Doch die Batterie ist dafür viel zu schwach.

Versuchen Sie, eine noch größere Konzentrationstiefe zu erreichen. Schicken Sie Ihren Geistkörper auf die Reise und legen Sie eine stärkere Batterie in das dafür vorgesehene Fach der Lampe. Knipsen Sie das Licht an – das Licht Ihres Charismas. Strahlende Helligkeit flutet weit. Sie haben es geschafft.

Wiederholen Sie diese Übung jeden Tag.

Das mechanistische Weltbild der Naturwissenschaften

Das neue Wissen zwingt uns, unsere flüchtigen ersten Eindrücke, dass wir in ein Weltall gestolpert seien, das sich entweder um Leben nicht kümmere oder dem Leben direkt feindlich sei, zu revidieren. Der alte Dualismus von Geist und Materie … scheint zu verschwinden: nicht dadurch, dass die Materie irgendwie schattenhafter oder unkörperlicher wird als bisher, oder dass der Geist zu einer Funktion der Tätigkeit der Materie wird, sondern dadurch, dass körperliche Materie zu einer Schöpfung und Offenbarung des Geistes wird.

James Jeans

Wir können außerhalb der Bedingungen des dreidimensionalen Querschnitts nicht logisch denken. Daher muss alles, was in einer der unseren nicht analogen Weise lebt, denkt und fühlt, tot und mechanisch erscheinen. [19]

P. D. Ouspensky

Vierzehn Tage waren vergangen, als Satya mich wieder besuchte. Ich freute mich, denn ich hatte ihn sehr vermisst. Und es war wie immer: Kaum war er da, waren wir auch schon mitten im Gespräch über mein Manuskript.

»Weißt du, worüber ich oft nachdenken muss?«

»Worüber denn?«

Seine Antwort klang bitter: »Mir kommen manche Naturwissenschaftler vor wie im finsteren Mittelalter die *Priester* der Inquisition. Ebenso, wie sich damals allen Ernstes die hohe Geistlichkeit darüber stritt, wie viele Engel auf der Spitze einer Nadel tanzen könnten, so streiten sich auch heute noch die Hohepriester der Wissenschaft in ihren hehren Tempeln. Die einen – die philosophischen Wissenschaftler – rufen laut: ›Das Leben ist göttlichen Ursprungs. Gott hat alles erschaffen was es gibt – auch die Materie.‹ Die anderen rufen mit Donnerstimme zurück: ›Als Wissenschaftler sind wir aufgerufen, nach Beweisen zu suchen. Aber ihr habt keine. Nicht den klitzekleinsten habt ihr, ihr seid hoffnungslose Fantasten, wollt die Wirklichkeit nicht sehen. Mit ernster, forschender Wissenschaft hat eure Denkungsweise nichts zu tun, überhaupt nichts.‹«

»Erstere werden garantiert nicht in der Mehrzahl sein«, warf ich ein.

»Das ist richtig. Der Grund dafür besitzt wahrlich für alle Zeiten Gültigkeit und ist nicht anstrengender als Griesbrei essen. Du weißt es doch so gut wie ich: Wer sich gravierende Abweichungen von dem jeweils herrschenden wissenschaftlichen Zeitgeist erlaubt, der läuft Gefahr, aus der Gemeinschaft der *Rechtgläubigen* ausgestoßen und in seiner wissenschaftlichen Existenz vernichtet zu werden. Und das gilt nicht nur für den Bereich der Wissenschaft, sondern auch für die Politik und ebenso für die Welt der Kunst. Ich meine die berühmten bösen Ecken, in die man Andersgläubige hineindrängt, um sie dann mit dem Schmutz der eigenen Denkungsweise zu bewerfen.« Mein Freund schwieg kurz. Als er weitersprach, hatten sich seine Augen vor Zorn verdunkelt.

»Die mechanistische Welt der Naturwissenschaft hat mit dem Glauben an eine Seele Schluss gemacht. Leben in der Materie? Strahlkraft des Lebendigen? Purer Unsinn. Es sei doch nicht abzustreiten – wonach die Naturwissenschaft in der unfasslichen Weite des Universums auch immer geforscht hatte, sie fand nie etwas anderes als Materie. Die Schlussfolgerung lautete deshalb für die Meute der *Rechtgläubigen:* Deshalb kann auch das Leben nur materieller Natur sein; wir Menschen sind lediglich biologische Maschinen, nicht weniger, aber auch nicht mehr.« Wieder schüttelte er den Kopf. »Hier offenbart sich für mich glasklar das Unvermögen des Verstandes, über seine Grenzen hinweg zu schauen. Er fühlt sich nur in der Froschperspektive wohl und verteidigt diese Sicht mit Zähnen und mit Klauen als die für die Naturwissenschaft allein richtige.«

»Mit der *Froschperspektive* meinst du sicherlich die Betrachtung aus der Dreidimensionalität unseres Daseins heraus, nicht wahr? Denn die Welt, in der wir leben, kennt schließlich nur drei Dimensionen: die Länge, die Breite und die Höhe.«

»Ja. Und da der Verstand seinen Sitz im Gehirn hat, und das Gehirn selber nur ein dreidimensionaler *Klumpen* ist, kann der Verstand auch nicht darüber hinausdenken.«

Ich nickte. »Ich bin schon lange dieser Ansicht. Aber was würdest du jenen sagen, die der Meinung sind, dass mittels der Materie alles und jedes zu erklären ist – das Genie Mozarts ebenso wie das Einsteins?«

Satya hob die Schultern. »Für mich gilt hier das Goethewort: *Was du nicht fühlst, du wirst es nie erahnen.* Aber zurück zu deiner Frage: Menschen wie Mozart, Goethe, Einstein wurden nicht nur ab und zu von den Sonnenstrahlen der

Intuition getroffen, sondern in diesem Licht wieder und immer wieder gebadet. Brennstoff ohne Ende für das Feuer ihres Geistes. Und sie glaubten an sich. Ich meine den tiefen, ernsten Glauben, der den Charakter der Gewissheit haben kann. Die Tragik unserer Zeit ist darin zu sehen, dass unsere dem Quotendenken verhafteten Medien mit ihrem ach so geistreichen Geschwätz über diese Dinge nichts unversucht lassen, den Glauben an ein Darüber hinaus als eine Art Kindlichkeitsglauben abzuqualifizieren. Der zunehmende Werteverlust mit der einhergehenden Entseelung der Außenwelt ist nicht zuletzt auch darauf zurückzuführen. Wer die Kraft des Glaubens kennt, sie vielleicht am eigenen Körper erfahren hat, der weiß, was ein solcher Verlust bedeutet. Menschen bedürfen eines *Geländers*, an dem sie sich festhalten können wenn sie in seelischer Not sind.« Satya unterbrach sich und lachte spöttisch. »Weißt du, der philosophische Materialismus stellt sich eigentlich selbst ein Bein.«

»Sich selbst? Und warum tut er das?«

»Das ist sehr leicht zu verstehen. Für ihn hat allein die materielle Welt Wirklichkeitscharakter. Geistige Prozesse? So ein Unsinn. Alles, wirklich alles, das Bewusstsein eingeschlossen, lässt sich frei nach Demokrit aus dem Zusammenspiel der Atome erklären.«

Ich schüttelte den Kopf. »Für mich ist das eine unmögliche Vorstellung. Allein der Mensch soll über Bewusstsein verfügen und alles, was ihn umgibt, wäre auf irgendeine unbeseelte Mechanik im Ablauf der Dinge zurückzuführen.«

Satyas Stimme gewann an Lebhaftigkeit. »Diese Geisteshaltung führt zum Beispiel im politischen Bereich zu einer ganz bestimmten Konsequenz. Rupert Sheldrake hat das in seinem bereits erwähnten Buch so ausgedrückt:[20] *Als politische Doktrin setzt der Materialismus sich das materielle Wohlergehen und den materiellen Fortschritt zum obersten Ziel. Im alltäglichen Sinne schließlich ist er die mehr oder weniger ausschließliche*

Ausrichtung auf materielle Bedürfnisse und Wünsche und lässt geistige Werte in den Hintergrund treten. In jeder Spielart des Materialismus ist die materielle Welt die einzige Wirklichkeit – jedenfalls die Wirklichkeit, auf die es letztlich ankommt.«

Er hob die Hand. »Mit anderen Worten: Der Materialismus ist in seiner ausschließlichen Jagd nach materiellen Wohltaten nicht imstande, den Hunger der Seele nach geistigen Inhalten zu stillen – mit fatalen, leider immer deutlicher werdenden Auswirkungen gerade auf junge Menschen.«

Satya ging heute früher. Aber ich wollte in meiner kleinen Wohnung nicht allein bleiben. Mich zog es mit aller Gewalt hinaus. Draußen hatte die Dämmerung eingesetzt. Der Sonnenball war schon hinter dem Horizont verschwunden. In der Luft lag jene samtige Weichheit, wie sie oft nach einem heißen Tag in der Kühle unter Bäumen und hohen Sträuchern wohltuend empfunden wird.

Nach einer Viertelstunde hatte ich meinen Lieblingsplatz, die Bank an dem kleinen Waldsee, erreicht. Ich setzte mich und lehnte mich bequem zurück. Immer wenn ich hier weilte, überkam mich ein Gefühl tiefen Friedens.

Wie jeden Tag, wenn Satya gegangen war, dachte ich auch heute über unsere Gespräche nach. Was hatten sie mir gebracht? Hatte ich durch sie fehlende Mosaiksteine zum Bild meines Manuskriptes über das *Charisma* gefunden? Waren die Gespräche nicht – das fragte ich mich allen Ernstes – zu weitschweifig gewesen? Denn diese Gefahr bestand bei der Vielschichtigkeit solcher Themen sehr leicht. Andererseits, die notwendige Einstimmung, die Suche nach der unbedingt notwendigen Resonanz, bedingte doch die Schaffung einer gewissen Tiefe. Diese war aber unmöglich nur durch eine flüchtige Wischiwaschi-Schnellbleiche zu erreichen. Auf diese Weise zum Erfolg zu kommen halte ich für ausgeschlossen.

Und wieder dachte ich, wie schon so oft in den vergangenen Tagen, über die geheimnisvolle Kraft nach, die man als Charisma, als Ausstrahlung einer Persönlichkeit, bezeichnet. Und erneut wurde es mir bewusst: Menschen gleichen Magneten unterschiedlichster *Feldstärke*. Zwerge an charismatischer Kraft viele, in der Mittelklasse schon mehrere, aber Riesen gibt es nur wenige in dieser *Disziplin*.

Ein persönliches Erlebnis fiel mir dazu ein. Eine Wahlveranstaltung anfangs der fünfziger Jahre, die ich auf Anraten eines Bekannten besuchte. »Da spricht ein junger, hoffnungsvoller Nachwuchspolitiker, den du dir unbedingt anhören musst«, hatte er mir vorher mit leuchtenden Augen vorgeschwärmt. »Er ist erst fünfundzwanzig Jahre alt und trotz seiner Jugend schon ein hundertprozentiger Profi, der genau weiß, worauf es ankommt. Ob du es mir glaubst oder nicht, wenn er spricht, dann fühlt man sich wie von einer Kraftwoge erfasst und von ihr fortgerissen – in eine Richtung, die allein er bestimmt. Ich habe es erlebt, und du wirst es gleich auch erleben und garantiert aus dem Staunen nicht herauskommen.«

Mein Bekannter hatte uns einen Platz in der zweiten Reihe besorgt. Von hier bis zum Podium waren es vielleicht sechs oder höchstens sieben Meter. Als der junge Mann unter lautem Applaus die Rednerbühne betrat, war ich ein wenig enttäuscht. Das schmächtige, nur mittelgroße Kerlchen sah ganz und gar nicht wie ein Volkstribun aus. Seine Bewegungen waren eckig, wirkten zerfahren, vermittelten den Eindruck eines Menschen, der unter starkem Lampenfieber leidet. Und das sollte ein *hoffnungsvoller* Nachwuchspolitiker sein? Ich begriff die enthusiastischen Worte meines Bekannten nicht.

Ich sollte mich mit meiner ersten Beurteilung schwer geirrt haben, denn schon mit seinen ersten Worten begann ein erstaunlicher Prozess. Zuerst schienen sie sich nur widerwillig von seinen Lippen zu lösen, besser gesagt: zu quälen. Aber das änderte sich zu meiner großen Überraschung sehr bald. Seine sonore Stimme gewann zusehends an Kraft, füllte den Saal binnen weniger Minuten bis in den letzten Winkel aus. Und nicht nur das geschah, sie drang auch in mich ein, so tief, dass sie mein Denken beeinflusste. Waren die Thesen, die der junge Politiker mit meisterhafter Rhetorik aufstellte, denn nicht vernünftig? Pure Dummheit, an ihrer Richtigkeit zu zweifeln.

Doch nicht nur mir erging es so! Ich las es deutlich in den Gesichtern der mich umgebenden Menschen, die Gewalt dieser Stimme zog sie immer stärker in ihren Bann. Auch die Art, *wie* der Redner seine Worte vortrug, hatte an ihrer Wirkung ihren gehörigen Anteil. Vorbei war die anfängliche Eckigkeit der Bewegungen, vorbei alle Zerfahrenheit. Der junge Mann schlüpfte mehr und mehr in die Rolle eines begnadeten Magiers, der mit seiner Stimme und seiner blendenden Redekunst die Menschen in dem großen Saal buchstäblich verzauberte. Der Inhalt seines Vortrags? Ich hatte das Empfinden, dass die meisten ihn gar nicht verstanden und es ihnen auf das Verstehen auch gar nicht ankam. Sie wollten *ihn* sehen, *ihn* erleben, allein auf das schien es ihnen anzukommen. Und wieder beobachtete ich die Gesichter um mich herum. Von wenigen Ausnahmen abgesehen las ich Begeisterung und schier grenzenloses Vertrauen in ihren Augen.

Doch das war noch nicht alles. Mein Bekannter und der Redner schienen sich gut zu kennen, denn nach Schluss der Veranstaltung unterhielten sich die beiden. Ich wurde sogar dem jungen Politiker vorgestellt. Es war ein Augenblick, in dem ich die Macht der persönlichen Ausstrahlung, des Charismas, besonders stark spürte. Und das nicht allein psychisch, als Angerührtsein der Seele, sondern auch körperlich, denn alle meine Fibern registrierten die überwältigende Kraftwoge, die von diesem jungen Menschen ausging.

Ich hörte lange nichts mehr von dem jungen Politiker. Erst Jahre später erfuhr ich, dass er das Opfer einer schändlichen Parteiintrige geworden sei und verbittert in die USA ausgewandert war. Er hatte dort eine atemberaubende Karriere gemacht. Schon nach weiteren zwei Jahren war er in den Vorstand einer großen Firma berufen worden – und seinem Schicksal wahrscheinlich sehr dankbar darüber gewesen, dass er dem heuchlerischen, lügengetränkten Morast der Politik und dem nur wenig bewirkenden, eintönigen Gefasel ihrer kantenlosen, weil glattgeschliffenen und sehr oft fremdbestimmten Repräsentanten auf eine sehr erfolgreiche Weise entkommen war. Ich musste an die anfangs erwähnten Zwillinge denken. Auch sie hatten über eine kraftvolle Ausstrahlung verfügt, aber im Vergleich zu der des jungen Politikers war sie eher gering zu nennen.

Am nächsten Tag redete ich mit Satya über meine Erinnerung an den jungen Redner.

Seine Antwort war aufschlussreich. »Solche *Schwergewichte* kannst du mit der Lupe suchen. Und wenn sie positiver Natur sind, dann wird die Masse alles daransetzen, sie wieder zu sich herunterzuziehen. Weißt du, die Masse verträgt keine Eliten, denn sie will selber Elite sein, so verrückt sich das auch anhören mag. Eliten sind ihr suspekt und werden bekämpft.« Er sah mich lächelnd an. »Und jetzt kommst du mit deinem Buch und den darin aufgeführten Empfehlungen, die eine Steigerung der persönlichen Ausstrahlung bewirken sollen. Eine Frage dazu: Wie weit kann eine solche Verstärkung denn überhaupt gehen?«

»So weit ihn die Füße seines Geistes tragen«, sagte ich. Ehe er antworten konnte, sprach ich weiter: »Jede genommene Sprosse der charismatischen Leiter verschafft dem Sucher eine größere *Feldstärke*, also einen stärkeren *Magnetismus*. Dieser wiederum wirkt beeinflussend auf jene Menschen ein, die für das Vorwärtskommen des Betreffenden von entscheidender Bedeutung sein können. Es zeigt sich auch hier: Je stärker die Kraft der Persönlichkeitsausstrahlung ist, desto mehr erhöhen sich auch die Erfolgschancen der betreffenden Person.«

Ein freundlicher Blick traf mich. »Ich bin damit sehr einverstanden und habe keine andere Antwort von dir erwartet.« Satya wischte mit der Hand durch die Luft wie er es immer tat, wenn er ein Thema für abgehakt hielt. Dann sagte er: »Wir sprachen schon ziemlich ausführlich darüber, aber lasse mich trotzdem noch ein paar ergänzende Worte über die mechanistische Welt der Naturwissenschaft sagen. Sie kann leider den traurigen Ruhm für sich in Anspruch nehmen, ein Dogmengebäude errichtet zu haben, in dem die Seele keinen Platz mehr findet. Der Urgrund alles Lebendigen wurde aus diesem Gebäude hinausgeworfen, und der Krieg gegen andere Denkweisen nahm und nimmt immer erbittertere Formen an.« Er schwieg, sah mich bittend an, sagte: »Entschuldige die Abschweifung, aber das musste noch hinaus.« Der für ihn charakteristischen, abschließenden Handbewegung folgten die Worte: »Mir kommt jetzt die Erinnerung an eine vom Fernsehen übertragene Diskussion zwischen einem Esoteriker und führenden New-Age-Vordenker und einem weltbekannten Physiker. Dem Naturwissenschaftler wurde die Frage gestellt, ob er die Natur für lebendig halte.«

»Jetzt bin ich aber neugierig«, platzte ich heraus.

Satya reagierte nicht auf meinen Einwurf. »Der Physiker hielt diese Fragestellung für unwissenschaftlich, weil für irrational. Er bestritt, dass es zwischen einem *lebenden* und toten Organismus überhaupt einen wesensmäßigen Unterschied gäbe. Beide Zustände seien den Gesetzen der Chemie und der Physik gleichermaßen unterworfen. Nichts, aber auch gar nichts würde bei einem toten Körper darauf hindeuten, dass ihm nun etwas fehle, jenes Etwas, dass nach

Meinung der Esoteriker vorhanden sein müsse, um ihn zu beseelen. Und er drückte das so aus: … *die Organisation eines lebendigen Organismus beruht nicht auf irgendeinem über diese Gesetze hinausgehenden immateriellen Prinzip; sie ergibt sich vielmehr – in einer Weise allerdings, die nach wie vor niemand aufzuzeigen vermag – irgendwie aus komplexen physikalisch-chemischen Wechselwirkungen.*« [21]

Satya schüttelte den Kopf. »Damit werden die Ausstrahlungen der Aura und des Charismas zu bloßen Nullitäten degradiert. Nach dem Motto: *Weil nicht sein kann, was nicht sein darf.*«

Er öffnete seine Ledermappe und entnahm ihr ein Buch, schlug eine Seite auf.

»Ich muss dir unbedingt noch ein paar Zeilen aus dem Buch von Erwin Chargaff: *Unbegreifliches Geheimnis* vorlesen. In lapidarer Kürze weisen sie auf den großen und meiner Meinung nach folgenschweren Irrtum des mechanistischen Weltbildes hin: *Dabei ist der wahre Sinn des Forschens verloren gegangen. An die Stelle der Gelehrtenrepublik ist ein Ameisenstaat getreten, und die Weisheit, die zutage gefördert wird, ist Ameisenweisheit. Wir werden elender, weil wir wissender werden, denn was wir Wissen nennen, ist nicht das rechte. Der lydische Tantalus dürstete nach Wasser. Wonach aber dürsten wir?*«[22]

Ich nickte. »Aus diesem Grund kann das mechanistische Weltbild auch keine Antwort auf die Frage nach dem Sinn des Lebens geben. Dem italienischen Physiker Galileo Galilei wird der Wahlspruch zugeschrieben, der der Naturwissenschaft zur Richtschnur geworden ist. Er lautet: *Alles was messbar ist, messen, alles, was nicht messbar ist, messbar machen.*« Ich schüttelte den Kopf. »Aber den Sinn kann man doch beim besten Willen nicht messen, und Gefühle sind ebenfalls nicht messbar. Die Esoterik – ich meine die ernste Esoterik – fragt anders als die Naturwissenschaft, fragt nach dem Innen einer Erscheinung.«

Satya lachte spöttisch auf. »Helmut Gebelein hat dazu in seinem Buch *Alchemie* einige treffende Worte gesagt: *›Die Naturwissenschaftler geben sich mit der Beschreibung der Tatsachen zufrieden. Sie sind Erklärungswissenschaften, keine Verstehenswissenschaften. Und so können wir immer mehr erklären und verstehen immer weniger.‹«* [23] Erregt stand er auf und begann damit, im Zimmer auf und ab zu gehen. Bei ihm trat diese Reaktion immer dann ein, wenn ihn ein Thema besonders fesselte, er es durch körperliche *Bewegung* verarbeiten wollte.

»Die Hauptattribute der Seele bleiben dabei ausgesperrt, so, als gäbe es sie nicht«, fuhr er fort. »Was übrig bleibt, ähnelt mehr einem hervorragend rechnenden Computer als einem lebenden Wesen. Hier bleibt aber die Frage: Wer schreibt die Programme für den *Computer*?« Er unterbrach sich und sah mich an. »Hast du dir schon einmal die Frage gestellt wann der Irrweg der mechanistischen Naturwissenschaft begann?« Ehe ich meinen Mund aufmachen konnte, gab er die Antwort selbst: »Dieser Sündenfall geschah im 17. Jahrhundert. Nach der Meinung der damaligen Wissenschaftler wäre die Materie zwar von Gott erschaffen worden, aber sie wäre unbelebt und würde wie eine Maschine Gottes ewigen Gesetzen folgen. Damit hatte die Natur ihre Heiligkeit verloren. Doch dabei blieb es nicht. Denn wenn ewige Gesetze den Ablauf der Natur bestimmten, wozu brauchte es dann noch einen Gott?

Und immer weiter schritt die Entwicklung. Binnen weniger Jahrzehnte wurde die Materie zu einem Götzen aufgebaut. Die Materie war der einzig wahre Ursprung von allem, was es gab. Sie, die Materie, war die Mutter, aus der alles Leben hervorging. Auch das Bewusstsein.«

Ich ergriff das Wort: »Die *moderne* Naturwissenschaft wird aus der von ihr gebauten Sackgasse kaum heraus können. Mit ihren Fragestellungen erklären sie lediglich die Wirklichkeit in unseren gewohnten Dimensionen. Ihr Kreuz ist, dass sie diese Wirklichkeit für die alleinige hält. Ich erwähnte es schon einmal: Mir kommt diese Haltung vor, als hätte jemand die Absicht, ein Gebäude in nur zwei Dimensionen zu errichten und würde sein Vorhaben gegen alle Einwände der Vernunft mit fanatischem Eifer verteidigen. Ich sage es noch einmal: Man kann es drehen und wenden wie man es will: Um über die uns bekannten drei Dimensionen hinauszugelangen braucht es weit mehr als nur die Beherrschung der Grundrechenarten. Ich ...«

Satya unterbrach mich. »Der philosophische Materialismus ist nichts anderes als eine Art *religiöser* Glaube jener Naturwissenschaftler, die Religion mit Wissenschaft verwechseln.«

Ich sah Satya an. »Jetzt stellt sich mir die Frage, was der physische Körper eigentlich ist und welche Aufgaben er zu erfüllen hat?«

Satyas Antwort kam sofort: »Was der Körper ist? Man kann ihn als gefrorene Energie bezeichnen, dazu bestimmt, unserer Seele solange als Tempel zu dienen, wie diese ihn für die begrenzte Zeit ihres Erdenlebens braucht. Ist diese Zeitspanne vorüber, dann hat der treue Diener seine Pflicht getan und wird zerfallen, wieder zu Erde werden.«

»Du hast mir damit noch nicht die Frage beantwortet, welche Aufgabe das menschliche Leben hat.«

Satya lächelte. »Sei doch nicht so ungeduldig, ich komme noch darauf zu sprechen. Vorher aber einige Worte zu diesem Thema von Ken Wilber, einem führenden Kopf der New-Age-Bewegung in den USA. In seinem Buch *Halbzeit der Evolution* schreibt er:[24] *Die Seele befindet sich auf halbem Weg zwischen dem Tier und den Göttern. Sie hat sich aus dem tierischen Zustand befreit und auf den Weg zum Himmel gemacht, klettert in einer evolutionär aufsteigenden Kurve in Richtung Unsterblichkeit. Aber sie hat diese Tatsache erst in jüngster Zeit entdeckt.«*

»Ist damit ein Prozess gemeint, der das Tierhafte im Menschen überwinden will?«, fragte ich.

»Ja, genau das. Und er findet statt über die Entwicklung, oder, anders gesagt, über die *Evolution* des Bewusstseins. Ein Prozess, der sich über Jahrmillionen erstreckt. Das Gesamtbewusstsein von allem, was es gibt, gleicht einem Diamanten mit unzähligen Facetten. Jede davon ist im Verlauf von vielen Millionen Jahren einem intensiven Schleifprozess ausgesetzt gewesen. Die geschliffenste davon stellt das menschliche Bewusstsein dar.«

»Wo mag diese Entwicklung noch hinführen? Ob es die Menschheit nach weiteren Millionen Jahren noch gibt?«

»Wenn die Ausbeutung, ja Vernichtung der Natur so weitergeht, dann sicher nicht. Glaube mir, auch der allerletzte Baum stünde in Gefahr, ökonomischen Interessen, besser gesagt: menschlicher Gier, geopfert zu werden. Und die fortschreitende Vergiftung der Meere folgt diesem Vernichtungskrieg gegen die Natur. Schließlich – wir wollen leben, wollen alles haben, was wir kriegen können. Die Natur? Sie hat uns zu dienen und damit basta! Unsere Nachkommen? Wir sind doch Optimisten. Die werden sich garantiert ebenso zurechtfinden wie wir es auch getan haben. Nein, da brauchen wir uns keine Sorgen zu machen. Ah, es ist zum Haare ausraufen. Die Menschheit ist dabei, den Ast abzusägen, auf dem sie sitzt. An ihrem verderblichen Tun kannst du die niedrige Bewusstseinsstufe vieler Menschen erkennen. Auf sie ist das Bibelwort zugeschnitten: *Denn sie wissen nicht, was sie tun.* Leider ist der herrschende Zeitgeist immer noch dabei, die Stimmen der Warner mit seinem geisttötenden Gedudel zu übertönen, das da heißt: Wir leben schließlich in einer Spaßgesellschaft, nicht wahr? Wehe denen, die uns unsere lustigen und hyperintelligenten Späßchen verderben wollen. Wir sind in der Mehrheit, deshalb müsst ihr kuschen.«

Satyas Gesicht hatte sich vor Erregung gerötet und seine Augen funkelten in einem heißen Licht. Ich sah es ihm an, dass er diese Gedanken noch weiter ausspinnen, seinen *Bogen* noch erweitern wollte, deshalb unterbrach ich ihn: »Bleiben wir doch noch eine Weile bei der modernen Naturwissenschaft. Huldigt sie vielleicht der Überzeugung, ihre Bewusstseinsstufe sei bereits so hoch angesiedelt, dass für sie die Religion nur noch purer Aberglaube und der gesamte Kosmos nichts anderes als eine riesige Maschine sei, deren Funktionieren mechanischen Gesetzen folgt?«

»Damit triffst du den berühmten Nagel mitten auf den Kopf. Aber diejenigen, die dieser Meinung sind, geben damit nur kund, dass sie die Entwicklung des Bewusstseins in einem völlig falschen Licht sehen, vom Sinn dieses Prozesses so gut wie nichts verstanden haben.«

»Was hätten sie denn darunter verstehen sollen?«, fragte ich. Ich fühlte es deutlich, er kam jetzt zu einem sehr wichtigen Punkt.

»Jeder Vergleich hinkt, auch der, den ich jetzt anführe. Weißt du, auch die Entwicklung des Bewusstseins, also ihre Evolution, kann mit einer Münze verglichen werden.«

»Willst du damit sagen, dass die Evolution des Bewusstseins nicht nur eine biologische, sondern auch eine psychische Seite hat?«

»Ja, das will ich, wobei ich betone: die psychische Seite ist die übergeordnete, verursachende Seite und die biologische die Folge von ihr.«

»Könntest du das etwas genauer sagen?«

»Aber gerne. Gehen wir zuerst davon aus, dass jede neue Inkarnation auch mit neuen Aufgaben verbunden ist. Aufgaben, die jeweils nach einer bestimmten körperlichen Ausstattung verlangt. Diese sich auszusuchen ist die Aufgabe der psychischen Seite. Sie tut das mit großer Sorgfalt, der Forderung gehorchend: *Das Höhere formt das* Niedrigere.«[25]

So ganz war ich mit seiner Erklärung nicht einverstanden.

»Du redest von Entwicklungen auf zwei verschiedenen Seiten, von der physischen und von der psychischen Entwicklung. Aber es gibt doch nur *eine* Evolution und nicht deren zwei. Ist es denn nicht so, dass diese *eine* beide Seiten durchdringt, die psychische und die physische ebenso?«

Satya nickte. »Du hast natürlich Recht. Die Evolution durchdringt tatsächlich alles. Es gibt wirklich nichts, das von diesem Prozess *nicht* erfasst wird. Zu dem Beispiel mit der Münze habe ich deshalb gegriffen, weil es mir am besten dazu taugt, die Einheit der Evolution darzustellen. Ihr Ziel ist es, fortlaufend das Höhere aus dem Niedrigeren zu entwickeln. Und das so lange, bis die Menschheit das Tierhafte in sich überwunden hat.«

»Dann wäre der Mensch göttergleich«, unterbrach ich ihn.

Er nickte zustimmend. »Das oberste Ziel ist die Evolution des Bewusstseins. Was der Menschheit bevorsteht, wenn sie einmal die letzte Sprosse der Bewusstseinsleiter betreten hat …« Er hielt inne, hob die Schultern.

»Es fragt sich, ob das jemals der Fall sein wird«, warf ich ein. »Wenn die Menschheit ihren jetzigen Weg fortsetzt, dann kann man nicht so recht daran glauben.«

Satya schüttelte den Kopf. »Eigentlich solltest du es inzwischen besser wissen. Die Evolution des Bewusstseins gleicht dem strapazenreichen Vorhaben eines Bergsteigers, den lockenden Gipfel zu erreichen. Je höher er kommt, desto tiefere Abgründe tun sich seitlich vor ihm auf. Weißt du, jene, die ein gleichmäßiges, ruhiges Leben führen, brauchen sich davor nicht zu fürchten. Wie könnte das auch der Fall sein bei ihren Wanderungen nur durch die *Täler* des Lebens. Die Entwicklung verlangt aber danach, nicht nur die Täler, sondern auch die Höhen aufzusuchen. Höhen, die links und rechts tiefe, mit waberndem Dunkel angefüllte Abgründe aufweisen. Unter den Abgründen verstehe ich zum Beispiel die zunehmende Entwertung der Werte, das Abnehmen des Unrechtsbewusstseins verbunden mit der steigenden Zunahme der Gewaltbereitschaft, die selbst vor Kindern und alten Menschen nicht halt macht. Aber die Menschheit darf nicht stehen bleiben, muss da hindurch, muss auf dem Weg nach oben die tiefen, lichtlosen Schluchten der Lügen und Gemeinheiten hinter sich lassen. Nur so kann sie seelisch wachsen und ihr Bewusstsein eine höhere Stufe erreichen. Meine Sorge ist, dass sie der Anziehungskraft der Abgründe erliegt und ...« Satya stockte, sprach nicht weiter.

Ich meldete mich wieder zu Wort: »Das war eben ein Gemenge von optimistischen und pessimistischen Worten. Du sprachst voller Empörung von der Vernichtung der Natur durch den Menschen, und dass die Menschheit mit Eifer dabei sei, sich den Ast, auf dem sie sitze, selber abzusägen. Das klingt doch zutiefst pessimistisch, meinst du nicht auch?«

Satya nickte, tatsächlich, er nickte. Hatte ich ihn falsch verstanden? Und dann sagte er: »Du hast Recht, ich fühle mich hin und her gerissen wenn ich an diese Abgründe denke, die sich der Menschheit entgegenstellen und durch die sie hindurch muss. Ob sie das schafft das kann nur Gott beantworten.«

Mit nachdenklicher Miene fügte er hinzu: »Wir haben in den vergangenen Tagen viele Themen behandelt – die Strahlkraft, die Aura, das Charisma, das Leben, die Sicht der Naturwissenschaft, um nur einige zu nennen. Für morgen schlage ich dir ein Thema vor das sich meiner Meinung nach ebenfalls hervorragend zur Einstimmung eignet.«

»Welches meinst du?«, fragte ich ihn gespannt.

Als Satya antwortete, schlug er, wie bei ihm üblich, zuerst einen großen Bogen. Ich ließ ihn gewähren, denn inzwischen wusste ich es – seine *Bögen* waren notwendig für das Verständnis seiner Ausführungen.

»Es ist dir sicher so klar wie mir: Eine Verstärkung des Charismas kann nur durch Zufuhr von Kraft, von psychischer Kraft, erreicht werden«, sagte er. »Soviel ich weiß, hast du die Absicht, diese Kraft, diese spirituelle Energie aus allem, was dich umgibt, zu beziehen. Besser gesagt: aus dem *Kraftwerk* der Natur. Sehe ich das so richtig?«

»Ja. Ohne diese *Zufuhr* geht es nicht. Das Problem dabei ist: Wo verbergen sich die Stecker und wo die *Anschlüsse* für die Kraftaufladung und auf welche Weise stelle ich den Kontakt mit ihnen her, damit der *Stromkreis* geschlossen werden und die *Kraft* fließen kann?«

»Du weißt, wie das anzustellen ist?«

»Ich bin noch ein Sucher wie andere Menschen auch. Aber es hat schon vor Tausende von Jahren Menschen gegeben, die es gewusst haben. Die ältesten heiligen Schriften Indiens, die Veden, geben Zeugnis davon. Ihre Verfasser waren tiefgläubige Seher. Sie errichteten keine Systeme, keine blutleeren Dogmengebäude, sie berichteten lediglich über ihre Visionen und Erlebnisse. Für den gläubigen Hindu waren ihre Erzählungen Ausdruck göttlicher Wahrheit. Immer mehr von ihnen glaubten daran.[26] Ein Prozess, der verglichen werden kann mit der schnellen Ausbreitung eines Ölflecks auf dem Wasser. Aber um die Ausbreitung des Wissens über das Kraftwerk Natur voranzutreiben, muss es einen solchen *Ölfleck* erst geben.«

Satya nickte. »Genau darüber habe ich mir Gedanken gemacht. Zur Erzeugung eines solchen *Ölflecks* schlage ich deshalb vor, dass wir uns die Entwicklung der Anziehungskraft, von der Natur bis hin zum Charisma bei den Menschen, noch einmal zu Gemüte führen.«

Ich war verblüfft. »Wir hatten das Thema doch schon abgehakt.«

»Ich bin trotzdem dafür, es uns noch einmal vorzunehmen. Glaube mir, du wirst mir später Recht geben. Bedenke – diejenigen, die dein Buch lesen werden, sollen den Inhalt auch verstehen können. Mit Fremdwörtern gespicktes Professorendeutsch ist das aber nicht zu schaffen. Engländer und Amerikaner verstehen das viel besser als wir. Die zwingen sogar in Fachbücher die Freude am Lesen hinein.«

Ich sah das ein und war einverstanden. Außerdem – ich vermutete, dass Satya noch aus einem weiteren Grund diesen Vorschlag gemacht hatte. Ich drängte ihn, mir darüber Aufschluss zu geben, aber er schüttelte nur den Kopf. »Gib mir bitte bis morgen Zeit. Ich habe vor, meine Gedanken zu konkretisieren. Denn was hättest du davon, gewännest du morgen den Eindruck von mir, ich würde nur mit der Stange im Nebel herumfuchteln.«

Nachdem Satya sich verabschiedet hatte, verlief der Abend wie alle Abende vorher. Stunden um Stunden grübelte ich über die bisherigen Aussagen meines Freundes nach, klopfte, soweit ich es vermochte, sie hinsichtlich ihrer Glaubwürdigkeit sorgfältig ab. Denn ich war mir bewusst, auf welch schwankendem Terrain ich mich befand. Andererseits – warum sollte ich jene Stimmen fürchten, die mein Werk später mit an Wollust grenzender Freude zerreißen würden. Na und?! Sollten sie doch. Ich war überzeugt davon: Es würde auch das Lager jener geben, die mir zustimmten und bereit waren, den vorgeschlagenen Weg zu gehen.

Ich dachte in den folgenden Stunden immer wieder über Satyas Vorschlag nach. Erneute Zweifel wurden in mir wach. Großer Gott, war sein Ansinnen nach Wiederholung nicht höchst überflüssig? Wir hatten das Thema doch schon mit gebotener Sorgfalt durchgesprochen, warum es also noch einmal behandeln? Ich suchte nach einem einleuchtenderen Grund als den, den mein Freund mir genannt hatte, fand aber keinen. Endlich siegte die Müdigkeit über meine hin und her schwirrenden Gedanken und ich schlief ein.

Am nächsten Tag musste ich meine Ungeduld noch lange Stunden zügeln, denn Satya hatte bis in den späten Mittag in seiner Auftragsfirma zu tun und erschien erst zur Kaffeestunde.

Endlich, bei einer Tasse des duftenden und belebenden Getränks, kam er auf seinen gestrigen Vorschlag zu sprechen. Meine Ungeduld schien ihn zu amüsieren, denn um seinen Mund spielte ein humorvolles Lächeln als er mich fragte: »Sicher hast du dir schon gehörig den Kopf über meinen Vorschlag zerbrochen, habe ich Recht?«

Ich nickte. »Ja, das habe ich und ich bin deshalb auch kaum zum Schlafen gekommen. Hast du inzwischen deine Gedanken, hm, konkretisieren können?«

Sein Lächeln vertiefte sich. »Ja, das habe ich.«

Ich sah ihn auffordernd an. »Dann beginne, ich kann dir gar nicht sagen wie gespannt ich bin.«

II

Die Ausstrahlung der Natur

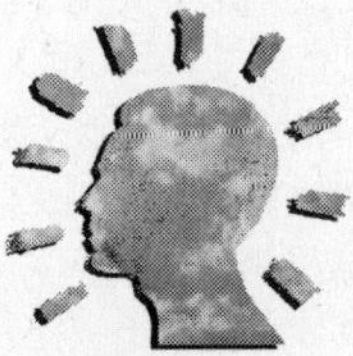

Was wär' ein Gott, der nur von außen stieße
Im Kreis das All am Finger laufen ließe?
Ihm ziemts, die Welt im Innern zu bewegen,
Natur in Sich, Sich in Natur zu hegen,
So dass, was in Ihm lebt und webt und ist,
Nie seine Kraft, nie seinen Geist vermisst.

Johann Wolfgang von Goethe

Gaia als Quelle

... Insbesondere findet der Gedanke, dass die Erde ein lebendiger Organismus ist, Gaia oder Mutter Erde, bei Millionen von Menschen ein positives Echo. Er erneuert die Verbindung zu unserer persönlichen intuitiven Naturerfahrung und zum traditionellen Verständnis der Natur als lebendig.

Rupert Sheldrake

Das wissenschaftliche Verständnis des Stoffes, aus dem die Natur besteht, ist ständig erweitert worden und hat immer neue und komplexere Formen erfasst ... Es ist tatsächlich möglich, dass die Naturwissenschaft entdecken wird, dass die Ebene des Geistes und die der Materie aus einem gemeinsamen Ursprung entstehen.

F. David Peat

»Über die Aura und über das menschliche Charisma haben wir uns bereits ausführlich unterhalten«, sagte Satya. »Aber wir haben dabei die Ausstrahlung der Natur kaum gestreift, obwohl ich in ihr die Quelle dieser geheimnisvollen Kraft sehe, sehen muss.« Er schwieg, sah mich an, wie ein Lehrer seinen Schüler.

»Die Natur als Quelle? Ich kann mir zwar vorstellen, was du damit meinst, aber welche Bedeutung soll das für mein Thema haben?«

»Eine weit größere als du es dir vielleicht vorstellen kannst. Hast du als kleiner Junge gerne Märchen und Sagen gelesen?«

Ich sah ihn verständnislos an. »Märchen und Sagen? Jetzt verstehe ich überhaupt nichts mehr.«

»In ihnen ist von Wesenheiten die Rede, die in Wäldern, Bergen, Flüssen und Seen zu Hause sein sollen. Von Feen,

Zwergen, Trollen und anderen, die den Menschen entweder halfen oder sich ihnen feindlich entgegenstellten, und ihnen, wo es immer nur ging, Schaden zufügten.«

»Ja ja, ich weiß das, denn ich habe als kleiner Junge solche Geschichten geradezu verschlungen.«

»Und du kannst dir nicht denken, worauf ich hinaus will?«

»Nein, beim besten Willen nicht.«

»Überlege doch! Wieso kam es dazu, dass unsere Altvorderen so dachten, dass sie an diese Wesenheiten glaubten und ihnen übermenschliche Kräfte zuschrieben? Denke an den Zwergenkönig Laurin, der sich angeblich unsichtbar machen konnte oder an Merlin, den Zauberer und Propheten des Artuskreises. Irgendeinen Grund für diesen bedingungslosen Glauben muss es doch gegeben haben. Und sie glaubten nicht nur an diese Wesenheiten, sie glaubten auch an die Kraft der Bäume, an die Kraft der Pflanzenwelt insgesamt, ja sogar an die Kraft, die ihrer Überzeugung nach selbst in den Steinen wohnt.«

Ein wahrer Seifensieder ging mir auf. Ich ärgerte mich, dass ich nicht selber darauf gekommen war. Die Worte flogen mir förmlich von den Lippen: »Vielleicht hatten sie auf intuitivem Wege die Überzeugung gewonnen, dass es nicht nur das *menschliche* Bewusstsein, sondern auch ein *anderes*, ein vollkommen *anderes* Bewusstsein, ein *anderes* psychisches Leben als das unsrige, gibt? Zum Beispiel das von Bergen, Tälern, Wäldern, Flüssen und Seen. Unsere Vorfahren waren im Gegensatz zu uns modernen Menschen noch in der Lage, dieses *andere* Bewusstsein psychisch *erfühlen* zu können.« Überwältigt von diesem Gedanken sprang ich auf, denn ich konnte nicht mehr sitzen bleiben, ging rasch hin und her, sagte dann mehr zu mir selbst:

»Ja, so kann man das sehen. Leider huldigt unsere *moderne* Naturwissenschaft immer noch der Auffassung, die Natur besäße kein psychisches Leben, gehorche allein mechanistischen Gesetzen.« Kaum hatte ich diese Worte ausgesprochen als mich die Erinnerung an eine Passage meines Buchs *Die Kraft der Wünsche* geradezu überfiel. Für mich hatte sie Beweischarakter. Die Freude über diesen *Fund* war so intensiv, dass sie mir fast den Atem verschlug. Endlich hatte ich mich gefangen. Dann sagte ich rasch entschlossen: »Ich übernehme eine Passage aus meinem Buch *Die Kraft der Wünsche*, denn ich glaube, sie kann als ein wichtiger Beweis dafür angesehen werden, dass auch die Pflanzenwelt eine Welt des Lebens ist.«[27] Ich nahm das Buch vom Bücherbord und schlug die betreffende Stelle auf »Bist du einverstanden?«, fragte ich.

Satyas Handbewegung drückte Zustimmung aus. Ich begann:

»In seinem Buch *Was gestern noch als Wunder galt*, berichtet Werner Keller von einem Experiment des New Yorker Wissenschaftlers Cleve Backster. Forschungsgegenstand war die Frage nach der Kommunikationsfähigkeit der Pflanzenwelt. [28] Gab es sie oder gab es sie nicht? Dieses Experiment scheint aufgrund seines Ausgangs ein Tor aufgestoßen zu haben, das auf die Existenz *paranormaler Wahrnehmungen bei Pflanzen* hindeuten könnte. Es fand im Jahre 1968 statt und erregte großes Aufsehen in der wissenschaftlichen Welt. *An den Blättern eines Philodendrons wurden die Elektroden eines Polygraphen befestigt, der in mehreren Kurven die normalen rhythmischen Lebensäußerungen der Pflanzen aufzeichnet. Danach kam es zu einem wahrhaft unglaublichen Vorfall:*

In dem Augenblick, in dem Backster den Gedanken fasste, ein Feuerzeug anzuzünden und es brennend an ein Blatt zu halten, registrierte der Polygraph einen auffallenden Ausschlag! Da Backster sich selbst nicht bewegt und auch die Pflanze nicht berührt hatte, lag die Vermutung nahe, dass bereits die Absicht, der Pflanze einen Schaden zuzufügen, die Reaktion ausgelöst habe. Backster schloss daraus, dass im ›pflanzlichen Leben eine noch undefinierbare primäre Wahrnehmung existiert‹.

Mit anderen Worten: Pflanzen sind empfindungsfähig, reagieren in einer subtilen Art und Weise, die uns noch unbegreifbar erscheint.«

Ich lehnte mich bequem zurück und sah Satya fragend an. »Was ist deine Meinung zu Backsters Experiment?«

Seine Antwort verblüffte mich nicht: »Schon als kleiner Junge habe ich mit Bäumen, Sträuchern und Blumen gesprochen wie mit meinesgleichen und habe ihre Antworten er-fühlen können. Wenn mir damals einer gesagt hätte, diese Dinge seien unbelebt, könnten nicht fühlen, den hätte ich für dümmer als nur für dumm gehalten.«

Satya hielt kurz inne, fuhr dann fort: »Die Fähigkeit des *Er-fühlens* traf aber nicht als zündender Blitzstrahl das irdische Leben. Sie ist das Ergebnis einer Milliarden Jahre andauernden Evolution. Doch bleiben wir beim Menschen. Gehen wir zurück zu jener Menschheit, die noch nicht imstande gewesen war, Feuer zu machen. Aber dafür konnte sie schon etwas anderes: die gewaltige Kraft des *anderen* Bewusstseins und dessen Strahlkraft erahnen und anbeten.«

Ich unterbrach ihn und sagte skeptisch: »Der griechische Philosoph Demokrit bezog einmal dazu Stellung, indem er sagte: *Nur die Furcht vor den Naturgewalten lässt die Armseligen beten.«*

Satya nickte. »Ich will das nicht abstreiten. Die Furcht hat sicher eine große Rolle gespielt. Trotzdem – diese Frühmenschen, die sich auf den Erdboden warfen und voller Demut die Sonne, den Mond oder meinetwegen den Gipfel eines Berges um Hilfe in der Not anflehten, waren sicher der festen Überzeugung gewesen, dass es darin etwas gab, das *anbetungswürdig* war, denn sonst hätten sie es doch nicht getan. Und jetzt stellt sich mir folgende Frage: Woher hatten sie diese Überzeugung? Sie allein mit dem Gefühl der Furcht abtun zu wollen, halte ich für ungenügend.«

»Und was folgerst du daraus?«, fragte ich.

In Satyas Augen glühte das Feuer der Begeisterung. »Die Frühmenschen glaubten mit allen Fasern ihrer Seele an das psychische Leben in den Gipfeln der Berge, glaubten es auch im Rasen des Sturms, im Tosen der Wasserfälle und im geheimnisvollen Dämmerlicht der Wälder zu finden.« Eine nachdenkliche Pause entstand. Sicher suchte mein Freund nach verständlichen Worten. Endlich schien er sie gefunden zu haben.

»Von dem Glauben an diese *Teilgottheiten* bis hin zur Verehrung einer höheren Gottheit war es dann nicht mehr weit. Und diese höhere Gottheit hieß – Gaia, die Erde, Leben spendende aber auch Leben vernichtende Mutter Natur! Gaia, Quelle allen Lebens und damit auch Ursprung aller Ausstrahlungen.«

Ich konnte nicht mehr an mich halten. »Kann man sagen, dass dieser Glaube, dieses Er-fühlen, so etwas wie eine Antwort, wie ein Echo auf Gaias gewaltige psychische Kraft darstellte? Sie strahlte aus wie eine Sonne, hüllte die Menschen ein in ihren warmen Schein, spendete den von Angst und Not gepeinigten Menschen neue Kraft und eine schier grenzenlose Zuversicht.«

»Ja, so sehe ich es. Bedenke: Damals begann der menschliche Geist erst zu erwachen. Der Verstand der Frühmenschen war noch nicht in der Lage, sie daran zu hindern, die Naturgötter anzubeten. Er spielte noch nicht die Rolle des ewigen Besserwissers, der aus der Enge seiner Dreidimensionalität hochmütig die gesamte Schöpfung in seinen beschränkten Rahmen pressen will. Jetzt wirst du verstehen, warum ich darauf aus war, bis zur Quelle der Ausstrahlung vorzustoßen.«

Ich wollte ihm zustimmen, aber da sprach er schon weiter: »Wenn ich eben das Wort *Quelle* gebrauchte, dann ist das nicht ganz richtig.« Er hob den Kopf und lächelte wie gewohnt, wenn er mir eine Frage stellte.

»Kannst du dir vorstellen, warum ich das sage?«

Ich dachte nach. Ein Gedanke kam mir. »Soll das heißen, dass diese Quelle ihr Dasein wiederum einer anderen *Quelle* verdankt?«

»Ja. Der gesamte Kosmos ist Quelle, denn alles in ihm lebt, und Leben bedeutet Strahlung!«

Ein Gedanke drängte sich mir in den Vordergrund: War die Schwerkraft, also die Gravitation, die Mutter, besser gesagt die Urmutter aller Anziehungskräfte, die wir kennen, der physischen und der psychischen ebenso? War es dann nicht berechtigt, die anziehende Kraft der Schwere als eine Art *Frühform* der *Liebe* – besser gesagt: als die schon der Materie innewohnende *Möglichkeit* der *Liebe* – zu bezeichnen? Eine Frühform, die im Reich der Körperwelt begann, um anschließend auf leisen Sohlen die psychische Seite der Schwerkraft – und damit einen wahren Kosmos der Liebe – zu erschaffen und nach ihrem Gusto zu gestalten. Diese Entwicklung, dieses Hinüberbringen der *magnetischen* Kraft aus dem physischen in den psychischen Bereich hinein, erschuf die edelste Leidenschaft der Seele, die *seelische Schwerkraft* – die Liebe! Und sie tat das auf zwei parallelen Bahnen – auf der einen als physische Sexualität in der Körperwelt zur Sicherung der Arterhaltung, und auf der anderen als psychische Sexualität. Letztere ist weit mehr als reiner Sex, obwohl die Posaunenbläser des Zeitgeistes nichts unversucht lassen, jene, die so denken, als verklemmte Narren hinzustellen. Mein Gott, mit diesem *Kompliment* können wir leben oder etwa nicht?

»Es gibt sehr viele Naturwissenschaftler und Psychologen, die die Liebe allein von der Sexualität bestimmt sehen, aber Liebe verlangt doch nach weit mehr als nur nach Paarung zur Sicherung des Nachwuchses.« Gespannt wartete ich auf Satyas Antwort.

»Ich sehe das auch so und möchte noch etwas hinzufügen«, sagte mein Freund. »Die Entwicklung *musste* voran schreiten, *durfte* nicht stehen bleiben, sondern musste die Entwicklungsleiter hochklettern, musste die Welt der Psyche gestalten und schuf dabei die – Liebe. Ich bin wie du der Ansicht, dass sie die edelste Ausprägung dieser Ur-Kraft, dieser Ur-Anziehung ist. Und da das Charisma zu den *magnetischen* Kräften gezählt werden muss, ist es ebenfalls ein *Produkt*, besser gesagt: eine Weiterentwicklung dieser Ur-Kraft.« Satya hielt kurz inne. Als er weitersprach, klang seine Stimme feierlich.

»Damit wäre die vom Urknall geschaffene Schwerkraft die älteste tätige Kraft im Universum überhaupt, Wurzel aller physischen und psychischen Kräfte. Ich glaube fest daran: Alle Kräfte leiten sich von dieser *einen* Kraft ab. Die physischen Kräfte des Magnetismus und die psychischen Kräfte wie die der Liebe ebenso. Und die Kraft des Charisma gehört ebenfalls in diese Rubrik hinein.«

Satya verließ mich heute früher als sonst. Als er gegangen war, blickte ich aus dem Fenster. Der Sonnenball stand noch hoch im makellosen Blau des Himmels. Ein Spaziergang zu meinem Lieblingsplätzchen würde sich noch lohnen.

Und dann saß ich wieder auf der kleinen Bank vor dem Waldsee und sah dem Tanz der Libellen zu, die, in ihrer Färbung, fliegenden Juwelen gleich, pfeilschnell durch die Luft schossen.

Wie so oft an dieser Stätte, überfielen mich auch heute die verschiedensten Gedanken. Einer fragte mich ironisch, wie weit ich denn mit meiner Arbeit gekommen sei. »Du schlägst einen zu großen Bogen«, hielt er mir erneut vor. »Du gleichst damit einem Reisenden, der von Hamburg nach München fahren will und einen Umweg über den Nordpol für notwendig hält.«

Ein Vorwurf, den ich mir schon mehrmals gemacht hatte und der mich auch heute erschreckte. Und wieder fragte ich mich – bestand dieser zu Recht? Ich dachte angestrengt nach, führte mir sorgfältig alles bisher dazu Geschriebene vor Augen. Es stimmte, der Bogen war weit gespannt. Aber musste er das nicht sein? Mein Gott, sicher wäre alles anders, wenn die Einstimmung nicht so dringend zur Resonanzerzeugung notwendig wäre. Bestünde diese Forderung nicht, dann könnte sich das Thema *Charisma* allein auf die im letzten Kapitel beschriebenen wenigen Empfehlungen beschränken. Aber würde sich dann auch der ersehnte Erfolg einstellen? Aufgabe der Einstimmungsprozedur sollte es doch sein, das Resonanzvermögen zu verstärken und den Glauben an ein Gelingen unseres Vorhabens zu einer hellen Flamme anzufachen, um dem stets skeptischen Verstand durch eigene Bemühungen Paroli zu bieten. Die Hinweise allein? Nein, ausgeschlossen. Ich war nach wie vor der Überzeugung, dass nur auf diese Weise die erforderliche Empfänglichkeitsdichte zur Aufnahme der von den Hinweisen ausgehenden spirituellen Strömungen erreicht werden kann. Hier bot sich der Vergleich mit einem Wasserrad an, das von einer starken Strömung in Drehung gehalten wird und über Zahnräder und Transmissionsriemen seine Bewegungsenergie an die entsprechenden Arbeitsstellen verteilt. Aber was war, wenn der Wasserpegel aufgrund einer Trockenperiode so tief absank, dass das Rad zwangsläufig zum Stillstand kam, es keine Energie mehr liefern konnte? Hier ist die Antwort sehr einfach: Die Produktion kam zum Erliegen.

Ähnlich verhält es sich mit den *spirituellen Strömungen*. Wenn sie abbrechen, dann gibt es ebenfalls keinen Nachschub von jenem *Brennstoff*, der das Feuer unserer Begeisterung und Zuversicht am Brennen hält. Und was ist dann? Nichts ist mehr. Nur Asche bleibt dann übrig – kalte, wirkungslose Asche.

Meine Gedanken wechselten zu einem weiteren Thema. Zu Satyas Behauptung, das Charisma sei, wie die Liebe, ein Abkömmling der *ersten* kosmischen Kraft, der – Schwerkraft.

Für mich war das weit mehr als nur eine Hypothese. Für mich hatte diese Aussage den Charakter der Gewissheit. Mein Verstand war an dieser Einsicht nicht beteiligt, wie hätte er das auch können sollen? Dazu fiel mir etwas ein – die durch Einstein gewonnene und bewiesene Erkenntnis, das Newtons Schwerkraftstheorie bereits überholt sei, weil diese auf eine andere Ursache zurückgeführt werden müsse. Den folgenden Absatz bitte ich zu entschuldigen, er dient nur der Vervollständigung, wird aber nicht weiter behandelt, denn wir wollen uns nicht im Dickicht der Abstraktionen verlieren.

Albert Einstein ging nicht von der Fiktion *einer* Schwerkraft aus. Seine Forschung wies *Schwerkraft**felder*** nach. Allein diese seien für das Phänomen der Schwerkraft verantwortlich. In der Nähe von Materie verliefen sie gekrümmt, und die *Schwerkraft* sei eine Folge dieser Krümmung.

Für uns hat diese Erkenntnis keine Bedeutung. Welche Ursache auch für das Wirken der *Schwerkraft* verantwortlich ist, der Apfel wird deshalb wie immer vom Baum auf den Boden und nicht irgendwo anders hinfallen, und auch der gute Mond wird unbeeindruckt weiter seine Bahnen um die Erde ziehen.

»Unsere Intuition sagt uns, dass die Natur ein Charisma, also eine machtvolle Ausstrahlung besitzt«, sagte Satya bei seinem nächsten Besuch.

»Für die Wissenschaft sind solche Vorstellungen nur belächelte Relikte einer längst vergangenen Zeit«, warf ich ein.

»Es wird nur noch wenige Jahrzehnte dauern, bis diesen Herrschaften das überhebliche Lächeln vergangen sein wird«, entgegnete Satya. »Es kann doch nicht geleugnet werden: Die Wissenschaft ist dabei, die mechanistische Naturtheorie zu überwinden. Ein neues Denken bricht sich allmählich Bahn. Es ist ein Denken, das sich die Erde nicht mehr als eine leblose Materiekugel, sondern als einen schutzwürdigen Organismus vorstellt. Ein Organismus ist aber keine Maschine. Ein Organismus hat Bewusstsein. Sicher ein völlig anderes als wir Menschen es haben. Und dieses Bewusstsein kann schöpferisch tätig sein. Eine Maschine kann das nicht, sie kann lediglich Programme umsetzen, die von Menschen entworfen wurden. Gewiss, das kann sie – aber sie weiß nicht, *dass* sie das kann. Und eben das ist der gewaltige Unterschied zwischen einer Maschine und dem Bewusstsein eines Menschen. Der englische Philosoph und Theologe George Berkeley, ein grimmiger Feind des Materialismus, drückte das in der ihm eigenen, machtvollen Sprache so aus:[29] *All die Chöre des Himmels und die Einrichtungen der Erde, kurz alle Körper, die den mächtigen Bau der Welt bilden, haben keine Substanz ohne das Bewusstsein … Sobald sie nicht durch uns wahrgenommen werden und in meinem oder dem Bewusstsein eines anderen Geschöpfes existieren, würden sie gar keine Existenz haben, wenn sie nicht im Bewusstsein eines Ewigen Geistes bestünden.*

Meiner bescheidenen Meinung nach vermag nur hohe dichterische Eingebung folgendes kleine Gedicht von William Blake zu formulieren, das in seiner Aussagekraft seinesgleichen sucht:[30]

Erkenn eine Welt im Körnchen Sand,
einen Himmel im Blumenmunde,
Fass Unendlichkeit in der Schale der Hand
und Ewigkeit in einer Stunde.«

»Du hast behauptet, die Intuition würde uns sagen, dass die Natur ausstrahlt«, sagte ich zu Satya bei seinem nächsten Besuch.

»Ja, das sagte ich. Und ich sagte noch mehr. Ich sprach davon, dass sie auch Charisma besäße.«

Er schwieg und blickte nachdenklich vor sich hin. Ich sah es seinem Gesichtsausdruck an, dass er nach einer möglichst einfachen Erklärung für seine Hypothese suchte. Kaum hatte ich diesen Eindruck von ihm gewonnen, als er auch schon weitersprach:

»Hast du dich einmal in einer Industriestadt aufgehalten?«, fragte er mich.

Ich war verblüfft. Was sollte diese Frage? »Ja. Und das nicht nur für wenige Stunden oder Tage, sondern für Jahre. Ich besuchte damals noch die Grundschule.«

»Kannst du dich noch an den Eindruck erinnern, den du von dieser Stadt gewonnen hattest?«

»Ja, es war leider kein guter. Wir wohnten in einem schon arg heruntergekommenen Haus. Es lag ausgerechnet an einer stark befahrenen Fernstraße. Der Gestank der Kraftfahrzeuge, die übelriechenden Industrieabgase …« Ich schüttelte mich.

»Und wohin seid ihr in Urlaub gefahren?«

»Ich erinnere mich gut. Meine Eltern waren arme Leute. Einen Urlaub so mit allem, was nach landläufiger Meinung unbedingt dazu gehörte, konnten wir uns nicht leisten. Aber wir hatten Glück. Mutters Schwester wohnte in einem Dorf in den Bergen. Sie war dort verheiratet und lebte mit ihrem Mann in angenehmen Verhältnissen. Sie lud uns jedes Jahr, wenn ich Ferien hatte, zu sich ein. Dann streifte ich einen ganzen Monat durch die Wälder und spielte mit den dorfansässigen Buben. Es war eine herrliche Zeit.«

»Und welchen Eindruck hattest du dort von der Natur gewonnen?«

»Damals? Eigentlich keinen. Mein Gott, ich war doch noch ein Kind. Erst vor einem Jahr war ich wieder dort. Eine nostalgische Reise in die Vergangenheit. Einen ganz bestimmten Abend werde ich wohl nie vergessen.«

»Was für ein Abend war das?«

»Es war einer jener nicht gerade häufigen Tage, an denen sich der blaue Himmel in seiner ganzen Schönheit zeigt. Nicht das winzigste Wölkchen bedeckte ihn. Die imposante Alpenkette lag fast zum Greifen nahe vor mir, von der Abendsonne in ein unwirklich goldenes Licht getaucht. Glaube mir, der Anblick ging mir buchstäblich unter die Haut. Ich weiß, das klingt kitschig, aber ich fühlte mich in dieser Stunde wie verzaubert.«

Satya nickte ernst. »Eine Verzauberung, deren Ursache in dem dort herrschenden Charisma der Natur zu suchen ist. Die Ausstrahlung einer Schönheit, die in schroffem Gegensatz zu der Hässlichkeit der Industriestadt stand, in der du und deine Eltern gewohnt hattest. Habe ich Recht?« Ich antwortete nicht, nickte nur.

Satyas Miene war bitter, als er fortfuhr: »Wenn der Mensch sich der Natur nicht endlich *annimmt,* dann wird aus ihrem schönen Antlitz sehr bald eine hässliche Fratze. Ihre Aura leidet unter den zum großen Teil nur vom Gewinnstreben bestimmten menschlichen Eingriffen und mit ihr leidet auch ihr – Charisma. Ihr positiver Magnetismus nimmt ab, geht vielleicht ganz verloren, dafür wächst der negative. Aus einem Paradies wird mit einem fast naturgesetzlichen Zwang allmählich eine stinkende Kloake.«

»Damit halte ich das Thema *Gaia* für abgeschlossen«, sagte Satya nach seiner düsteren Prognose. Er sah mich fragend an. »Bist du einverstanden?«

Ich zögerte kurz, sagte dann: »Ganz abgeschlossen wohl nicht. Wir werden im Kapitel *Der Kosmos – ein Kraftgewebe* erneut auf *Gaias* Rolle in diesem Gewebe zu sprechen kommen.«

»Ganz sicher werden wir das. Wir hatten diese *Rolle* ja schon hier und da angesprochen. Schließlich spielt Mutter Erde ja überall mit hinein. Ohne sie geht nichts. Doch jetzt wollen wir uns mit der menschlichen Anziehungskraft, aber auch mit der menschlichen Abstoßungskraft, näher befassen. Beide Kräfte, die positive wie auch die negative, wirken in ihrer Stärke bestimmend auf die Strahlkraft des Charismas ein. Ich erinnere dich an die Ärztin Janet Quinn und an die heilende Manipulation der Energiefelder ihrer Patienten. Und dann gab es da noch die Ärztin Patty, die zu einer schwerkranken Frau gerufen wurde sowie die verbrecherische Rolle, die ihr Stiefsohn spielte. Doch es gibt noch andere Facetten. Wir sollten sie uns ansehen.«

Schließen Sie eine neue Freundschaft

Betrachten Sie die Natur nicht als Ausbeutungsobjekt.

Suchen Sie den Kontakt zu Pflanzen. Scheuen Sie sich nicht, mit ihnen zu reden. Über Ihre Freuden, über Ihre Nöte, aber auch über die Ihrer neuen Gesprächspartner, denn Pflanzen können empfinden. Je öfter Sie mit Ihnen kommunizieren, umso beglückender wird dieses Tun für Sie sein. Sie werden neue Freunde gewinnen und von ihnen als Geschenk Freude erhalten.

Bitten Sie um Hilfe bei Ihren Bemühungen zur Steigerung Ihres Charismas.

Vergessen Sie niemals, sich zu bedanken.

Die Liebe als menschliche Anziehungskraft

Liebe besitzt nicht und lässt sich nicht besitzen.
Denn Liebe genügt der Liebe …
Und denke nicht, du könntest der Liebe Lauf lenken,
denn Liebe, so sie dich würdig schätzt,
lenkt Deinen *Lauf.*

Khalil Gibran

»Liebe ist ein kosmisches Phänomen«, sagte Satya. »Sie ist die stärkste Kraft im Universum, die es gibt, das Zentrum allen Geschehens, Ursprung aller schöpferischen Tätigkeiten des Menschen, die alles bewegende Kraft.«

»Und was ist mit der Liebe *zwischen* den Menschen«, fragte ich. »Haben jene Stimmen Recht, die sie allein im Dienst der Arterhaltung sehen? Wir sprachen schon darüber.«

Satya hob protestierend den Arm. »Aber nein, ich kann es nur wiederholen: Liebe ist weit mehr als allein das fröhliche Praktizieren des Beischlafs. Wenn zwei Menschen lustvoll in die ozeanische Wonne geschlechtlicher Liebe eintauchen, dann ist das selbstverständlich Liebe, körperliche Liebe. Ob es mehr ist, ob auch die Seele daran beteiligt ist, das ist eine andere Frage. Es kann der Fall sein, muss es aber nicht; dann dient dieses *Praktizieren* lediglich der Triebbefriedigung. Aber auch sie ist von der Natur gewollt, dient sie doch der Lust an der *Tätigkeit* der Fortpflanzung. Denn ohne Lust …«

Ich sah ihn fragend an. »Hast du noch nie in deinem Leben – besonders in deinen Jünglingsjahren – das unbeschreiblich beseligende Gefühl erlebt, wenn dich der Blitz der Liebe traf, ganz unvermittelt, von einem Augenblick zum anderen?«

Satya lächelte. Ich kannte dieses Lächeln gut genug, um mir denken zu können, dass er jetzt die Absicht verfolgte, mich zu provozieren.

»Ich weiß. Dieser *Blitz* dient der Schaffung eines Kontakts. Du lieber Himmel, wo passiert denn ein Beischlaf ohne einen vorherigen Kontakt?« Sein Lächeln wurde zu einem spöttischen Grinsen. »Doch wohl nur im Rotlicht-Milieu. Der *Blitz* ist also nicht mehr, aber auch nicht weniger, als ein dienliches Werkzeug zum Zweck der Arterhaltung. Oder bist du da anderer Ansicht?«

Jetzt hatte er mich da, wo er mich hinhaben wollte. »Ja, sogar einer total anderen Ansicht. Und das aufgrund eigenen Erlebens.«

»Ach, dann schildere mir doch bitte dieses *eigene* Erleben. Ich kann es kaum erwarten.«

Die Vergangenheit hatte mich wieder und zauberte Bilder der Erinnerung vor meinen geistigen Augen. Bilder, die mich immer bewegten, wenn sie mir hin und wieder ins Gedächtnis kamen. Ich räusperte mich kurz, begann dann zu erzählen: »Du weißt, dass ich im II. Weltkrieg Soldat war. Ein sehr junger Soldat. Mit gerade erst siebzehn Jahren wurde ich im Oktober 1942 eingezogen. Ich wurde verwundet und kam in ein Lazarett. Dort wurde mir von einer jungen Laborantin Blut abgenommen. Ich werde nie den Augenblick vergessen, als ich die Tür zum Labor öffnete. Das Mädchen, es hieß Anneliese, war gerade mit der Blutabnahme eines anderen Mannes fertig geworden. Sie hob genau in dem Augenblick ihren Kopf, als ich die Tür öffnete.« Ich hielt kurz inne und lächelte, sprach dann weiter:

»Und dann geschah es! Nie werde ich den folgenden aufwühlenden Augenblick vergessen: Sie blickte *mich* an, ich blickte *sie* an – und der Funke sprang über! Und das mit einer Gewalt, die mich mitten ins Herz traf. Ich weiß, solche Worte hören sich pathetisch an, klingen in der heutigen Zeit manchem sogar kitschig in die Ohren, aber ich schwöre dir, es war ein Augenblick, der mich verzauberte. Unsere Augen hielten sich fest, konnten sich nicht abwenden, waren gebannt von einer Kraft, die viel stärker war als unser Wille.« Ich hielt erneut inne, noch im Banne meiner Erinnerungen.

»Und dann, was war dann?«, fragte Satya. Ich sah es ihm an, seine Spannung war echt.

»Dann?« Trotz meiner Jahre fühlte ich, dass ich rot wurde. »Hm, in den Tagen danach schrieb ich glühende Liebesbriefe. Natürlich in Reimform. Alles andere wäre doch viel zu prosaisch gewesen – dachte ich. Ich könnte sie dir jetzt noch auswendig vortragen.«

»Und wie hat Anneliese darauf reagiert?«

»Mit Signalen, die eigentlich nicht miss zu verstehen waren.« Ich stockte kurz. »Mit der kaum spürbaren Berührung ihres Körpers, wenn sie dicht an mir vorüberging und mich dabei wie zufällig streifte, oder wenn sie mir mit sanftem Druck die Hand gab und sie gerade so lange festhielt, dass dahinter die Absicht zu erkennen war. Und wenn sie mich anblickte, meine Augen festhielt, sie nicht loslassen wollte … heute weiß ich es – sie hätte sich nicht gewehrt, wenn ich sie in den Arm genommen hätte. Wahrscheinlich wartete sie sogar darauf … aber ich war damals die Schüchternheit in Person. Es ist unglaublich, einfach nicht zu begreifen – nie fiel das erlösende Du zwischen uns.«

»Hast du denn kein körperliches Begehren gespürt, denn das hätte doch als starker Antrieb gewirkt, wirken müssen.«

Ich schüttelte den Kopf. »Gewiss hat es ein solches Gefühl in mir gegeben, schließlich war ich kein empfindungsloser Holzklotz. Aber mir kam damals die körperliche Seite der Liebe als unwürdig vor. Oh, ich Fantast wollte mehr, wollte weiter in den – von mir angenommenen – *Höhen* der Liebe schweben, verstand unter der Sexualität nicht die Höhen, sondern nur die *Täler* der Liebe, ihre tierische Seite. Ja, ich war damals ein dummer Tropf.«

Aus Satyas Gesicht verschwand das Lächeln. Auch seine Stimme klang anders als er mir antwortete: »Nein, das warst du nicht, ganz und gar warst du das nicht. Deine damaligen Empfindungen haben gezeigt, dass die Liebe zwischen zwei Menschen ebenfalls einer Münze gleicht. Eine Seite gehört der Seele, die andere dem Körper. Du hattest Anneliese mit der seelischen geliebt, obwohl du die körperliche garantiert auch gerne gehabt hättest, denn du warst schließlich ein gesunder junger Mann. Keine Seite ist der anderen überlegen, denn beide gehören zusammen, weil nur beide *die ganze Münze sind.« Satya lachte laut auf, ehe er fortfuhr: »Mit der seelischen allein hätte es die Menschheit nie gegeben, aber ohne sie wären auch die geistigen Höhenflüge der Menschheit nie möglich gewesen und damit auch nicht die Evolution des menschlichen Bewusstseins.«*

Ich meldete mich zu Wort: »Die körperliche Liebe kann doch so oder auch so vollzogen werden, entweder als reiner Geschlechtsakt zur Triebbefriedigung ohne seelische Bindung, oder als Erfüllung der seelischen Liebe *durch* den Geschlechtsakt. Das ist doch ein gewaltiger Unterschied. Je mehr ich darüber nachdenke, desto mehr wächst die Überzeugung in mir, dass die wahre Liebe nach dem *Erleben* der *ganzen* Münze verlangt. Sie gleicht der Seerose, die sich erst dann zu entfalten beginnt, wenn sie von den ersten Sonnenstrahlen geküsst wird.«

In Satyas Gesicht erschien ein höhnischer Zug. »Die Zeit, in der wir leben, scheint das leider mehr und mehr zu vergessen: Die geschlechtliche Liebe genießt heutzutage Priorität, ist zu einem bloßen Konsumartikel verkommen. Wer den Mut hat, auf die Bedeutung auch der seelischen Liebe hinzuweisen, der gilt bestenfalls als verklemmt, als ein Jemand, der im Vorvorgestern lebt und die Zeichen der modernen Zeit nicht erkannt hat oder nicht erkennen will. Haha! Wir haben es wahrlich weit gebracht. Warum gibt es denn die hohe und immer mehr zunehmende Scheidungsrate? Weil viele von diesen Paaren allein die körperliche, aber nicht die seelische Liebe gekannt haben. Doch dann zog bei ihnen der Alltag ein, und mit ihm die Gewöhnung, die Desillusionierung … Und wenn dann nichts anderes als nur die geschlechtliche Befriedigung mehr da ist, nichts, das dann noch imstande ist, *Mörtel* für die rissig gewordene Ehemauer zu sein, dann … ja dann ist meistens alle Mühe für die Katz. Abgesehen davon, warum lange traurig sein? Man braucht doch nur fleißig Umschau zu halten. Neue Partner gibt es wie Sand am Meer. Das Leben muss schließlich Spaß machen. Hoch lebe der Orgasmus! lautet die Devise dieser sich in ständiger Nabelschau befindlichen Ego-Bewegung. Wer von denen weiß schon, dass die Seele nach einem höheren Erleben als allein der körperlichen Ekstase hungert, eben nach dem Genuss der *ganzen* Münze.«

Ehrlich gesagt, ich war fassungslos. Von dieser Seite kannte ich Satya nicht.

»Das klang sehr negativ. Du kannst unmöglich nur Erfahrungen dieser Art gesammelt haben. In deinem Ashram schon gar nicht. Oder sehe ich das falsch?«

»Nein. Aber du brauchst dich doch nur umzuschauen. Wenn du das tust, dann siehst du genug.« Seine Hand fuhr wie abschließend durch die Luft. »Du hast Recht, ich habe ein Erlebnis gehabt, das ich nie vergessen werde. Es hat mir die Liebe in seiner bewegendsten Form gezeigt.«

Ich lehnte mich bequem zurück. »Dann schildere mir dieses Erlebnis. Ich bin schon jetzt davon überzeugt, dass ich es in mein Manuskript einbauen werde.« Ich zwinkerte ihm zu. »Du sicher auch, oder nicht?«

Er lächelte nur, begann dann mit seiner Geschichte:

»Vor ungefähr zehn Jahren lernte ich ein älteres Ehepaar kennen. Wertvolle Menschen. Kurz vorher hatte Edmund vorteilhaft seine Firma, einen kleinen Metall verarbeitenden Betrieb, verkauft. Er und seine Frau Doris lebten in angenehmen Verhältnissen, brauchten nicht zu sparen. Schon nach wenigen Wochen schlossen wir Freundschaft miteinander. Einmal sagte er mit beklommener Miene zu mir: ›Wir sind so glücklich, so sehr glücklich, das ich Angst davor habe, die Götter könnten neidisch werden.‹ Wenn ich heute an Edmunds damalige Worte zurückdenke, dann muss ich sie als ahnungsvoll bezeichnen.«

»Traf sie ein Unglück?«, fragte ich.

»Ja. Ein schreckliches Unglück! Ihr hübsches, behagliches Haus stand am Stadtrand. Es war von einer dichten Buchenhecke umgeben. Sie war über zwei Meter hoch und verwehrte den Einblick in das Dahinter. Aber damit verband sich auch ein großer Nachteil. Wenn ein Einbrecher einmal hinter der Hecke war, dann konnte der von außen nicht mehr gesehen werden, und ungestört sein ganzes verbrecherisches Tun entfalten.« Satya schwieg. In seinen Augen las ich Kummer.

Ich ahnte Schlimmes. »Wurde bei ihnen eingebrochen?« Eine Frage, die ich für berechtigt hielt. In den vergangenen fünf Jahren hatte sich die Zahl dieser Delikte mehr als verdoppelt. Meistens waren ältere Leute die Opfer gewesen.

Als Satya antwortete, tat er es mit düsterer Miene. »Ja. Es geschah während der Mittagszeit. Edmund und Doris hielten um diese Zeit ihr gewohntes Mittagsschläfchen. Sie hatten keine Chance gegen die zwei maskierten Männer, die plötzlich vor ihren Betten standen und mit schweren Knüppeln auf die vor Schreck erstarrten beiden alten Menschen einschlugen. Nicht den kleinsten Schrei konnten sie von sich geben. Als sie sich nicht mehr regten, ließen die Lumpen von ihnen ab, raubten Geld und wertvollen Schmuck. Dann verschwanden sie.«

»Und was war dann?«, fragte ich. »Überlebten sie?«

»Ja. Aber ich bezweifelte damals, dass dieses Weiterleben noch als Leben bezeichnet werden konnte. Aber ich sollte mich sehr getäuscht haben.«

»Warum?«

»Edmund kam wieder auf die Beine, aber Doris …« Satya schüttelte sich und schwieg.

»Was ist mit ihr?«

»Die Schläge hatten ihr schwere Hirnschäden zugefügt. Sie lebt und lebt doch nicht, starrt den ganzen Tag auf einen imaginären Punkt an der Wand. Edmund pflegt sie mit einer Liebe, die man sich kaum vorstellen kann. Er füttert sie, badet sie, tut alles für die geliebte Frau. Irgendwie scheint er immer wieder neue Kraft aus seiner Liebe zu schöpfen.«

»Empfindet Doris das?«, fragte ich.

»Edmund glaubt jedenfalls fest daran. Einmal sagte er zu mir: ›Sie liegt da wie eine Tote. Kein Zucken in ihrem Gesicht, kein schnelleres Atmen und kein noch so leises Seufzen deuten darauf hin, dass sie mich spürt, und doch weiß ich, dass ihre Seele meine Liebe fühlt. Ja, sie empfindet meine Nähe und ist glücklich, wenn ich an ihrem Bett sitze und ihre Hand halte. Das ist keine Belastung für mich, keine Arbeit, ich liebe Doris und werde sie immer lieben. Für sie ist mir nichts zuviel. Die Hauptsache für mich ist, dass wir beide zusammen sind und ich sie umsorgen kann, das ist mir Lohn genug.‹«

»Du glaubst nicht, dass er sich etwas vormacht was in Wirklichkeit nicht ist?«

Satya schüttelte den Kopf. »Nein. Ich glaube sogar fest daran, dass sein Fühlen ihm die Wahrheit sagt. Weißt du, seelische Regungen brauchen sich nicht mittels körperlicher Reaktionen mitzuteilen. Dafür gibt es andere Kanäle. Ich bin davon überzeugt: Für Edmund bedeutet seine aufopferungsvolle Liebe keine Anstrengung, keine Belastung, durch sie schöpft er im Gegenteil immer wieder neue Kraft und Stärke.« Sein Gesicht verzog sich zu einer bitteren Grimasse. »Ein solches Tun, wie es Edmund gezeigt hat und noch immer zeigt, kannst du sonst mit der Lupe suchen. Ab mit den Alten ins Pflegeheim, lautet heute sehr oft die seelenlose Devise.« Ein Lachen folgte, das meinen Widerspruch herausforderte.

»So etwas wird sicher immer wieder vorkommen, aber ich glaube nicht, dass dieses Abschieben zur Regel wird. Soll ich dir über die Tat einer Nächstenliebe berichten, die auch den eigenen Tod nicht gescheut hat?«

Satya lehnte sich zurück. »Gerne. Erzähle!«

»Sicher hast du schon Ähnliches erlebt. Jemand macht eine Bemerkung, und blitzartig fällt einem eine schon lang zurückliegende Begebenheit ein. Genau das geschah mit mir während deiner Geschichte von Edmund und Doris. Mich überfiel dabei die traurige Erzählung meines Vaters über seine Soldatenzeit während des I. Weltkriegs. Er war damals Augenzeuge einer todesverachtenden Nächstenliebe gewesen.

Es geschah während des Angriffs eines deutschen Infanterieregiments auf eine feindliche Stellung an der Somme. Ein Unteroffizier riss eine Stielhandgranate ab und wollte sie werfen. Doch wohin er auch blickte – er war von lauter Kameraden umgeben. Sie waren schneller als er nach vorne gestürmt. Mein Vater war an seiner Seite gewesen und sah das Verhängnis kommen. Dann würde die Handgranate explodieren und Tod und Verderben bringen. Da warf sich der Unteroffizier auf den Boden und deckte mit seinem eigenen Körper die Handgranate zu. Die Explosion tötete ihn auf der Stelle. Mein Vater und die anderen kamen mit dem Schrecken davon.«

Ich sah meinen Freund an. »Ich glaube nicht, dass es eine größere Nächstenliebe gibt als die eben von mir geschilderte.« Satya nickte. »Da kann ich dir nicht widersprechen. Heutzutage geht man mit dem Wort Held sehr sparsam um. Doch dieser Unteroffizier war einer.«

Mir fiel etwas ein. »Konnten die Einbrecher bei Edmund und Doris gefasst werden?«

»Ja. Hier half der berühmte Kommissar Zufall kräftig mit. Die beiden jungen, erst sechzehn Jahre alten Täter wurden noch am selben Tag festgenommen. Als sie nach dem Motiv für ihre schreckliche Tat befragt wurden, gaben sie zur Antwort: ›Wir brauchten Geld. Außerdem wollten wir sehen, wie lange es dauert, bis Menschen totgehen wenn man sie mit dicken Knüppeln schlägt.‹«

Ein kalter Schauder rieselte über meinen Körper. Junge Menschen und solche seelenlosen, rohen Worte! Das Grauen in mir wurde derart übermächtig, dass ich lange kein Wort herausbrachte. Großer Gott, was war die Ursache für so eine schreckliche Tat? Was hatte sich in den jungen Burschen seelisch abgespielt, als sie auf die beiden hilflosen, alten Menschen so lange einschlugen, bis diese sich nicht mehr regten? Mir kam ein ähnlicher Fall während der Fußballweltmeisterschaft in Frankreich in den Sinn. Junge Männer hatten einen Polizisten zu Boden geschlagen, und immer weiter auf den am Boden liegenden, schon bewusstlosen Mann eingeschlagen, hatten nicht aufgehört mit ihrem furchtbaren Tun. Auf einen Menschen, der am Boden liegt und sich nicht wehren kann, noch einschlagen?! Wie seelenlos müssen Menschen sein, die so etwas tun?!

Und wieder, wie schon so oft in den vergangenen Jahren, stellte sich mir die Frage: Wo liegen die Ursachen für eine solch beispiellose Verrohung? Waren sie vielleicht in der fast ausschließlichen Anbetung des Götzen Konsum zu suchen? Einer Anbetung, die für nichts anderes mehr Raum lässt? Eines Götzen, der seinen Anbetern weismachen will, es gäbe kein anderes Ideal als nur ihn? Aber wie hieß es schon bei den alten Römern: *Der Mensch lebt nicht vom Brot allein.* War es das? Bot die Sucht nach hemmungsloser Genussbefriedigung in unserer Spaßgesellschaft jungen Menschen zu wenig? Litten ihre Seelen Hunger? Hunger nach was? Ich fragte Satya.

»Ganz bestimmt tun sie das«, gab er mir zur Antwort. »Sie hungern zum Beispiel nach *echten* Idealen und echten Vorbildern. Und was erhalten sie? Was gibt man ihnen, damit sie ihren psychischen Hunger stillen können? Es ist zum Verzweifeln: Sie erhalten eine Nahrung, die überreichlich mit Lügen, Korruption und maßlosem Eigennutz gewürzt ist. Und die wenigen, die sich diesem Tun nicht verschreiben und ehrlich bleiben, die nicht gewillt sind, eine solche

Nahrung zu sich zu nehmen, was ist mit denen?« Satya brach ab und lachte höhnisch. »Ich will es dir sagen: Das sind die Dummen und sie werden voller Spott von den *Genießenden* als Dumme bezeichnet.« Seine Augen blickten verächtlich. »Und was ist mit unseren Volksvertretern? Ich möchte gerne wissen, wie groß die Anzahl derer ist, die fremdbestimmt sind. In den Staaten sind die Parlamentarier verpflichtet, ihre Nebentätigkeiten offen zu legen. Mit dieser Maßnahme will man der Fremdbestimmung durch Dritte, zum Beispiel durch mächtige Konzerne, einen Riegel vorschieben.« Er sah mich fragend an. »Wird das hier auch so gehandhabt?«

Ich hob die Schultern. »Soviel ich weiß, ist das bei uns nicht der Fall. Ab und zu wird über hochdotierte Beratungsverträge gemunkelt und dass diese sogenannten Verträge nicht anderes seien als saftige Zuwendungen, Lohn für besonders eifriges Lobbyistentum. Ist das der Fall, dann spricht man von Fremdbestimmung. Der betreffende Abgeordnete fungiert dann nicht mehr als Volksvertreter, der nur seinem Gewissen verantwortlich ist, er funktioniert dann als willkommenes Werkzeug für irgendeine Interessengruppe.«

Lange Minuten saßen wir schweigend in unseren Sesseln, trüber Gedanken voll. Waren die Ehrlichen meistens die Dummen?, fragte ich mich zornig.

Satya sagte in meine Gedanken hinein: »Ich habe mir gerade die Auren von Edmund und die von dem Unteroffizier vorgestellt. Die Mächtigkeit ihrer Ausstrahlungen … ihre Färbungen …«

»Mit welchem Ergebnis?«

»Der Schnee könnte nicht weißer sein. Aber wir sollten allmählich zum Gegenpol der Liebe kommen, zum Hass.«

»Der wird im nächsten Abschnitt behandelt«, gab ich ihm Auskunft. »Er behandelt den Hass als menschliche Abstoßungskraft.«

Säen Sie Liebe

Die Liebe ist die stärkste charismatische Kraft im Kosmos. Ihre Ausstrahlung dringt machtvoll in die dunkelsten Winkel der Seele. Sie öffnet dort weit die Fenster, reinigt, wirft das stickige Dunstgemisch aus Hass, Neid und Missgunst hinaus.

Wie ist es um Ihre Liebesfähigkeit bestellt? Kennen Sie den Bibelspruch: Denn was ein Mensch säet, das wird er auch ernten?

Nehmen Sie sich vor, ab dem heutigen Tag mehr Liebe zu *säen* als bisher. Und das nicht nur mit wenigen Körnern, sondern täglich mit einem gefüllten Sack. Seien Sie sich dessen bewusst: Je häufiger Sie dieses Tun fortsetzen, desto stärker wird Ihre Ausstrahlung, Ihr Charisma, werden. Meditieren Sie über das Charisma von Mahatma Gandhi und von Mutter Teresa und wodurch sie es erwarben.

Zuerst müssen Sie bei sich selbst anfangen. Achten Sie im Gespräch mit anderen Menschen darauf, dass Sie Liebe ausstrahlen müssen, wenn Sie Liebe ernten wollen. Reden Sie nicht schlecht über andere. Sicher, manche liebt man in der Nähe, manche mehr aus der Ferne. Senden Sie auch Letzteren gute Gedanken.

Schwierigkeiten werden sich Ihnen in den Weg stellen, denn in jedem Menschen wohnt tief in seinem Inneren auch ein Feind. Dieser ist ein grimmiger Gegner der Liebe, will nicht, dass sie die Herrschaft übernimmt. Bekämpfen und besiegen Sie ihn, denn überwundene Schwierigkeiten machen Sie noch stärker.

Die abstoßende Kraft des Hasses

Gib niemals an das Objekt deines Hasses die Verantwortung für dieses Gefühl ab. Wenn du das tust, wirst du dich ohnmächtig fühlen und deshalb noch mehr hassen. Spürst du Hass, so wende dich nicht dem Objekt dieses Hasses zu. Geh dahin, wo der Hass herkommt. Geh zu dem inneren Punkt, an dem der Hass entsteht. Geh zum Zentrum. Hass hat keine eigene Realität, er ist nur ein Schatten.

Erhard F. Freitag und Carna Zacharias

»Leider gibt es nicht allein die Liebe in der Menschenwelt, es gibt auch den Hass«, sagte ich. »Den tiefen, vernichtenden, mörderischen Hass.«

Satya nickte. »Erinnerst du dich? Darüber haben wir uns vor ein paar Monaten schon einmal ziemlich eingehend unterhalten.«

»Ja, ich erinnere mich genau. Es war in der Vorbereitung zu meinem Buch *Die Kraft der Wünsche*. Es ging um ein authentisches Erlebnis von dir, satanische Techniken waren dabei im Spiel. Sie führten aus tiefstem Hass zum Mord.«

»Richtig, es ging um den schwarzen Voodoo-Zauber. Ich rate dir gut – übernehme auch diese Passage. Eindringlicher wirst du den Hass als absoluten und äußersten Gegenpol der Liebe nicht schildern können als durch mein damaliges Erlebnis.«

»Mir stellt sich vorher die Frage, warum es diesen *Gegenpol* eigentlich gibt? Wozu hat ihn die Schöpfung geschaffen? Weißt du eine Antwort?«

Satya schüttelte den Kopf. »Eine Antwort – von mir? Eine richtige Antwort? Wer bin ich denn, dass ich sie dir geben könnte? Aber eine Meinung dazu habe ich selbstverständlich. Ich bin überzeugt davon, dass dieser Gegenpol genauso wie die Liebe den Urgrund der Schöpfung berührt. Die Polarität stellt den äußersten Gegensatz dar. Aus der Geographie kennen wir ihn als Nord- und Südpol unserer Erde, und im Magnetismus als Plus- und Minuspol. Auch im Erdmagnetismus kennen wir die Polarität durch das Verhalten einer Magnetnadel, die immer eine bestimmte Richtung einnimmt. Ich sprach einmal von den Atemzügen Gottes und meinte damit die Grundpolarität des Werdens und Vergehens des Universums. Für mich ist es keine Frage: Ohne Polarität gäbe es keine Planeten, keine Sonnen und keine Spiralnebel – es gäbe die Schöpfung nicht.«

»Kann man sagen, dass der Magnetismus und damit auch die Polarität so etwas wie ein ehernes Gesetz darstellt, dem alles, wirklich alles, unterworfen ist?«, fragte ich.

»Ja, auch die Menschheit ist es«, antwortete Satya. »Auch sie muss sich dem evolutiven Drängen in der Natur fügen, denn der Mensch ist ja selbst ein Stück Natur. In ihm ist die Liebe der Plus-, und Hass der Minuspol. Beide bedingen sich, denn keiner ist ohne den anderen denkbar. Sie bilden die Spannbreite, zwischen der sich das Leben in all seiner Vielfalt abspielt.«

»Willst du damit sagen, dass die Liebe den Hass braucht, um existent zu sein?«

Satya lächelte. Es war weiß Gott kein überhebliches Lächeln, aber es machte mir – wieder einmal – bewusst, wie sehr mir mein Freund auf diesem Gebiet voraus war. Seine Antwort war leicht zu verstehen. Er sagte: »Du weißt doch, dass jeder Magnet zwei Pole hat, nicht wahr?«

»Selbstverständlich weiß ich das.«

»Kann es einen einpoligen Magneten geben?«

»Nein.«

»Eine *einpolige* Erde kann es daher auch nicht geben.« Satyas Stimme wurde lebhafter. »Gäbe es keine Magnetfelder, dann gäbe es auch den Kosmos nicht mit seinen Sonnen und seinen Spiralnebeln. Damit ist klar, dass ein Pol den anderen braucht, keiner ohne den anderen denkbar ist. Der eine ist Quelle, der andere ist Sinkstelle des Kraftlinienflusses. Die Kraftlinien sind geschlossene Linien und verlaufen im Innern des Magneten vom Süd- zum Nordpol.«

Ich deutete eine leichte Verbeugung an. »Vielen Dank für die Nachhilfe. Doch jetzt übertrage bitte den physikalischen Magnetismus in den psychischen Bereich hinein, also dahin, wo Liebe und Hass mit vielen Grautönen dazwischen das Leben regieren.«

Ein verwunderter Blick traf mich. »Da gibt es doch keine Schwierigkeit. Hier sind vollkommene Liebe und tödlicher Hass die beiden Pole, die beiden Extreme, zwischen denen das Leben hin und her pendelt.«

»Wie ordnest du das Charisma da hinein«?

»Das Charisma ist eine Ausstrahlung der Stärke, der Macht, aber auch der – Liebe! Es kann überwiegend geistiger, aber auch animalischer Natur sein. Ein Boxweltmeister ist sicher der zweiten Kategorie zuzurechnen, Mahatma Gandhi ganz bestimmt der ersten. In den meisten Fällen artikulieren sich die beiden *Zustände* in einer Mischform.«

»Und wie ist es mit den großen Religionsstiftern, mit Jesus, Buddha und Mohammed?«, fragte ich.

»Sie sind in dem Spannungsfeld zwischen den Polen nahe der *vollkommenen Liebe* angesiedelt. Nur von *dieser* Warte aus konnten sie ihre weltbewegenden Werke schaffen. Bei ihnen zeigt es sich deutlich: Die Liebe ist die stärkste Kraft im Kosmos.«

»Und wo ist Hitler angesiedelt?«

»Im Zentrum des tödlichsten Bösen. Aus diesem Bereich bezog er seinen satanischen Hass.«

Bevor Satya ging, sagte er mahnend zu mir: »Vergiss den Einschub aus deinem Buch nicht. Ich wiederhole es: Er zeigt treffend, wozu der Hass fähig ist.«

Als ich wieder allein war, nahm ich mir das Buch zur Hand und schlug die von Satya erwähnte Stelle auf, las sie aufmerksam durch. Als ich es wieder zuklappte, war mir klar: Ich würde den Rat befolgen. Satya hatte mir damals an Hand von zwei Erlebnissen erstaunliche Dinge über den Schamanismus berichtet. Sein erstes Erlebnis handelte von einer für unmöglich gehaltenen Heilung durch einen Schamanen. Das zweite werde ich jetzt in seiner Gänze zitieren:[31]

»... *Noch nie hatte ich so etwas erlebt«*, fuhr Satya (damals im Gespräch mit mir) *fort. »Noch nie bin ich von einer derartigen Woge des Bösen erfasst und buchstäblich überrollt worden wie in diesen Augenblicken, in denen es mir so schien, als weile der Teufel höchstpersönlich unter uns.« Seine Augen hoben sich, sahen mich an. Unwillkürlich schauderte ich zusammen. Die folgenden Worte verstärkten noch das Gefühl der Kälte in mir. »Ich versichere es dir: das war keine körperliche Kälte, sondern eine, die mit ihren Eisfingern nach der Seele greift. Ein schreckliches Gefühl.« Er holte tief Atem:*

»Im Gegensatz zu jenen echten Schamanen, die mit ihrem Tun eine Höherentwicklung des Menschen anstreben, gibt es auch solche, die sich bösartiger Praktiken bedienen. Diese sollen dazu dienen, bestimmten ›Adressaten‹ schweren Schaden zuzufügen. Fast immer handeln sie im Auftrag von jemandem, der sich ihre teuflischen Dienste erkauft.« Satyas Stimme hob sich: »Mein Erlebnis wird dir zeigen, dass auch bösen Wünschen Kräfte innewohnen und durch sie neue Realitäten geschaffen werden können.«

Ich wollte ihm rasch eine Frage dazu stellen, aber da sprach er schon weiter: »Bei uns hat sich am Stadtrand eine Sekte etabliert. Ihr gehören Weiße und Schwarze an. Sie huldigen Satan. Die Bevölkerung hat Angst vor ihnen.«

»Aber wie kamst du in Kontakt mit ihnen?«, fragte ich verblüfft. Satya in einer Teufelsanbetersekte – eine geradezu ungeheuerliche Vorstellung.

»Durch Arthur Bones, einen meiner Assistenten. Er war aus irgendeinem Grund eingeladen worden und nahm mich mit. Wir folgten unserer Neugier, wussten damals noch nicht, in welche Gefahr wir uns begaben.«

»Und was spielte sich dann ab?« Meine Spannung strebte dem Siedepunkt zu.

»Ich lasse das Unwesentliche weg, denn das würde dir nichts bringen, komme also gleich zur Hauptsache, besser gesagt zum zentralen Anliegen der Sektenangehörigen für ihre Zusammenkunft.

Schon Tage zuvor hatten sie eine lebensgroße Puppe gefertigt und sie in der Mitte des kleinen Saales auf ein Podest gestellt. Die Puppe war bekleidet und sah in ihrer ganzen Aufmachung verblüffend menschlich aus. Als ich sie näher betrachtete, fiel mir ihre geradezu unglaubliche Ähnlichkeit mit Mart Claim, dem Zweiten Bürgermeister unserer Stadt, auf. Keine Frage, das war nicht das Werk eines Möchtegerns, sondern das eines wirklichen Künstlers. Ich ging hin und betrachtete die Puppe aus der Nähe. Ob du es glaubst oder nicht, sie verströmte eine Aura finsterster Dämonie. Mir kam das wenigstens so vor.«

Ich wollte eine Frage stellen, aber Satya winkte energisch ab und sprach weiter.

»Die Zeremonie, die an dem bewussten Abend folgte, war unbeschreiblich und von einer Düsternis, die du dir kaum vorstellen kannst. Trommeln dröhnten dumpf, Rasseln knarrten und klapperten wie besessen. Und erst die Menschen! Sie wiegten sich mit weit geöffneten, ekstatisch funkelnden Augen hin und her und umrundeten die Puppe immer wieder, schrien ihr in drohendem Ton fremdartige Worte zu und schienen dabei in einer anderen Welt zu weilen. Die Puppe bildete ganz offensichtlich den Mittelpunkt des unheimlichen Geschehens.«

»Und dann?«, fragte ich gespannt.

»Dann gingen sie zum entscheidenden Teil der Veranstaltung über und warfen mit Darts, also mit gefiederten Wurfpfeilen, nach der Puppe. Ziel war das Herz. Jeder geworfene Pfeil wurde von einem wahren Stimmenorkan begleitet. Es war ein Orkan satanischer Wut. Und die Gesichter! In meinem ganzen Leben habe ich noch nie einen solchen Hass in menschlichen Augen glühen gesehen.«

»Aber warum taten sie das?«

»Aus einem Rachegefühl ohnegleichen. Ich will es dir erklären: Eine Sekte braucht, um effektiv zu werden, viel Geld. Bisher hatte sie es sich in großem Umfang mit Rauschgiftgeschäften besorgt. Mart Claim war es zu verdanken, dass diese Geschäfte unterbunden wer-

den konnten und die Anführer der Bande nun für lange Zeit hinter Schloss und Riegel sitzen mussten. Seitdem hassen ihn die Satansanbeter wie die Pest. Sie schworen, es Claim heimzuzahlen. Leider gelang ihnen das nur zu gut.«

»Wieso?«

»Schon eine Woche nach der finsteren Zeremonie starb der sonst so gesunde Mann. Der Arzt konstatierte Herzversagen. Dabei hatte sich Claim noch wenige Wochen zuvor einer Routineuntersuchung unterzogen. Sein Herz würde hervorragend arbeiten, mit ihm könne er noch hundert Jahre werden, hatte ihm der Kardiologe danach befriedigt versichert.«

»Bist du tatsächlich der Ansicht, dass ihm die Beschwörungen der Satansanbeter den Tod gebracht haben?«, fragte ich mit ungläubiger Miene.

Satya nickte nachdrücklich.

»Ja, auch wenn du mich für verrückt hältst, ich bin es. Was die da angestellt haben, war finsterster Voodoo-Zauber. Jeder Teilnehmer fungierte dabei als Verstärker. Außerdem sah ich noch etwas, das diese Überzeugung in mir zur Gewissheit festigte.«

»Und was hast du gesehen?«, fragte ich.

»Ich sagte dir schon, dass sie mit gefiederten Wurfpfeilen nach dem Herz der Puppe warfen und es auch laufend trafen. Höre jetzt gut zu: Als der Arzt Claims Tod feststellte, machte er eine sonderbare Entdeckung. Die Herzgegend des Toten war über und über mit kleinen, roten Punkten übersät. ›Sieht aus, als wenn er mitten in einen tobsüchtigen Mückenschwarm geraten und von jeder Mücke gestochen worden wäre‹, teilte der Arzt den Angehörigen kopfschüttelnd mit. So stand es in der Zeitung«, fügte Satya hinzu. Wieder sah er mich an, sagte dann mit erhobener Stimme: »Ich erhielt nach einigem hin und her die Erlaubnis, mir einen Tag vor der Beerdigung die ›roten Punkte‹ auf der Brust der Leiche genauer anzusehen. Ich photographierte sie. Das Glück begünstigte meine weiteren Nachforschungen. Nach wenigen Tagen gelang es mir auch noch, den Rumpf der Puppe ausfindig zu machen. Jetzt war mir ein exakter

Vergleich möglich. Die Wurfpfeile steckten zwar nicht mehr in dem Rumpf, aber das war auch nicht notwendig, denn die Löcher in dem Holz sagten mir alles. Jetzt höre und staune: Ihre Verteilung war ein genaues Abbild der Löcher auf meinem Photo.« Satya holte tief Atem, sagte dann: »Für mich gab es ab diesem Augenblick keinen Zweifel mehr – Mart Claim wurde auf teuflische Weise von der Sekte umgebracht.«

»So habe ich es damals in meinem Buch kraft der Wünsche nach deinen Angaben geschrieben, aber ich fühle mich auch jetzt wieder von der finsteren Woge des Hasses angerührt«, sagte ich zu meinem Freund.

»Man kann auch sagen: von der Summierung der Ausstrahlung des Hasses aller Sektenanhänger.«

»Unheimliche Kräfte müssen da gewirkt haben.« Erneut schauderte ich zusammen.

Satya nickte. »Mir wurde es damals bewusst: Liebe ist Bejahung, Hass bedeutet in letzter Konsequenz Verneinung des Lebens.«

Ich glaubte, einem Widerspruch auf der Spur zu sein.

»Wenn Hass Verneinung des Lebens bedeutet, warum ist er dann ebenso notwendig wie der negative Pol eines Magneten? Erinnere dich, du sagtest, dass vollkommene Liebe und tödlicher Hass die beiden Pole, die beiden Extreme seien, zwischen denen das Leben hin und her pendeln würde. Irgendwie passt mir das nicht zusammen. Denn wenn Verneinung des Lebens gefordert wird …« Ich brach ab, wusste nicht mehr weiter.

In Satyas Gesicht erschien ein Lächeln. »Ich werde dir helfen. Versuche, die Liebe, ich meine die im ganzen Kosmos waltende und gestaltende Liebe, als einen gigantischen Plus-Pol zu sehen. Kannst du das?«

»Natürlich kann ich das.« Mir war nicht wohl in meiner Haut, denn ich ärgerte mich darüber, schon wieder Nachhilfe bekommen zu müssen.

Sein Lächeln vertiefte sich. »Hast du es denn schon vergessen? Ich wiederhole mich: Könnte es diesen Plus-Pol geben ohne den Negativ-Pol?«

Unwillkürlich seufzte ich auf. »Jetzt habe ich dich endlich verstanden. Beide Pole bedingen sich. Keiner kann ohne den anderen sein.«

»Die Liebe also auch nicht ohne ihre Kehrseite, den Hass, nicht wahr?«

»Besteht denn nicht die Gefahr, dass das Kraftfeld des Hasses irgendwann einmal so stark wird, dass ...«

Satya unterbrach mich. »Du meinst, dass es das Kraftfeld der Liebe überwindet, vielleicht sogar unsere arme Erde zerstört? Im Atom-Zeitalter ist das ja ohne weiteres möglich. Habe ich dich recht verstanden?«

»Ja. Für das Zunehmen des Hasses gibt es in der Welt doch Beispiele genug: So den blutigen Hass zwischen Palästinensern und Juden, das Blutvergießen in Spanien, in Nordirland und in Jugoslawien!« Meine Stimme wurde bitter. »Aber was kümmert das schon die Mächtigen dieser Welt? Ihr Drang nach Macht feiert ungerührt unmenschliche Triumphe. Angesichts dieser Tatsache kann es doch nicht bestritten werden: Die Liebe in unserer Welt bleibt mehr und mehr auf der Strecke. Und das ist auch im täglichen Umgang der Fall.«

Satya schüttelte den Kopf. »Du hast nur vordergründig recht. Das Streben nach Ausgleich ist nicht nur in der körperlichen Welt zu finden, es gilt auch in der Welt der Emotionen. Für mich hat diese Tatsache den Charakter eines Gesetzes. Wenn sich das positive Kraftfeld ändert, dann kann das negative Kraftfeld davon nicht unberührt bleiben.«

»Willst du damit sagen, dass die Liebe nie unterliegen kann?«, fragte ich.

Satya dachte ungewohnt lange nach. Und das war auch verständlich. Für mich gehörte diese Frage sicherlich zu jenen, die nicht vom Verstand allein beantwortet werden kann. In meine Gedanken hinein ertönte Satyas Antwort:

»Du weißt es so gut wie ich: These und Antithese dienen dazu, eine höhere Ebene, die Synthese, zu finden. Setze für These das Wort Liebe und für Antithese das Wort Hass, dann kannst du dir deine Frage selbst beantworten.«

»Willst du damit sagen, dass es auch hier eine Synthese gibt?« Ich schüttelte den Kopf. »Eine Synthese zwischen Hass und Liebe? Also weißt du, mir kommt das sehr unwahrscheinlich vor.«

»Aber ich bin dieser Überzeugung. Es muss sie sogar unbedingt geben.« In seinen Augen las ich einen Anflug von Hilflosigkeit. Seine Stimme klang stockend als er langsam hinzufügte: »Aber um die Synthese zu finden, muss man sich anscheinend zuerst durch einen labyrinthischen Kosmos des Hasses hindurchquälen. Wo ist der berühmte Rote Faden, der uns den Weg aus diesem Irrgarten weist, ja, wo ist er? Hier steht das Schicksal nicht nur der Menschheit, sondern der ganzen Erde auf dem Spiel.«

»Und wenn man ihn nicht findet, was ist dann?«

»Da Gott die Liebe und die Liebe Gott ist, wird er die Menschheit nicht untergehen lassen. Letztendlich wird sie den Roten Faden finden.«

»Das ist eine Frage des Glaubens und nicht eine des Verstandes.«

Satya nickte. »Richtig. Mit verstandesmäßiger Logik kann sie nicht gelöst werden. Zur Beantwortung unserer Frage können uns nur Glaube und Intuition verhelfen.«

»Die dunkle Kehrseite der Liebe hat also die Aufgabe, als Schleifstein zu dienen?«, fragte ich.

»Ja. Stelle dir einen Bildhauer vor, dem die Aufgabe übertragen wird, aus einem Marmorklotz das Antlitz der Liebe herauszumeißeln. Stelle dir weiter vor, der Stein empfände Schmerz. Jeder Hammerschlag täte ihm dann doch weh. Bis zur fertigen Plastik müsste der Marmorblock durch eine wahre Hölle von Schmerzen gehen. Aber nur so kann das Werk gelingen.«

Ich dachte nach, sagte dann: »Der *Schmerz* des Marmors unter dem Meißel des Bildhauers.«

»Ja, so meinte ich es.«

In mir erwachte Protest. »Kann man mit dieser Geisteshaltung nicht alles Böse in der Welt auf bequeme Weise entschuldigen.«

Satya hob die Schultern. »Das Böse wollen, es mit dem ganzen Hass einer verderbten Seele zum Beispiel für einen anderen Menschen zu wollen, sogar mit eigener Hand dieses Böse an ihm geschehen zu lassen, ist kennzeichnend für einen Hass, den ich als Satanismus bezeichne. Dass ein solcher Hass Hammer oder Schleifmittel in der Hand eines *Bildhauers* sein könnte, kann ich mir nicht vorstellen. Mehr kann ich dir dazu nicht sagen, denn die richtige Antwort darauf kennt nur – Gott!«

Der Feind Ihres Charismas ist der Hass

Machen Sie es sich immer wieder klar – Hass ist Mangel an Bewusstsein, fügt Ihrer Seele Schaden zu. Auch der Hass kennt – wie die Liebe – ein Echo. Es ist zutiefst negativ und bringt den Hass vervielfacht und mit zerstörerischer Kraft an den *Absender* zurück.

Denken Sie daran – Hass schadet Ihrer positiven Ausstrahlung, wirkt vernichtend auf Ihr Charisma. Wenn dieses Gefühl sie überfällt, dann kämpfen Sie dagegen an. Helfen wird Ihnen dabei die Erkenntnis, dass der Hass vor Ihrem Streben nach einer Steigerung des Charismas hohe Mauern aufbaut, die Sie ohne Hilfe der Liebe nicht überwinden können.

III

Der Kosmos – ein Kraftgewebe

Das Wesentliche der Mystik bleibt der Philosophie, wie wir sie heute kennen, versagt: das Erleben einer wiedergewonnenen Vereinigung mit dem Göttlichen, die Schauung, das bewusste Emporgehobenwerden in eine überweltliche Erkenntnissphäre, von der aus gesehen die Phänomene der Welt sich in ihren verborgenen Urprinzipien enthüllen.

Jakob Böhme

Zu meinem Leidwesen musste Satya zwei Wochen geschäftlich unterwegs sein. Ich nutzte diese Zeit mit dem Redigieren des bereits Geschriebenen. Kaum war er wieder im Land, da besuchte er mich.

»Na, wie weit bist du inzwischen gekommen?«, fragte er während des Kaffees.

Ich schnitt eine Grimasse. »Redigieren, redigieren und nochmals redigieren. Daraus bestand meine Tätigkeit in den letzten vierzehn Tagen.«

»Dann können wir ja wieder da anknüpfen, wo wir aufgehört haben.« Danach kam er gleich zur Sache. »Ich habe mir in den vergangenen Tagen, genauer gesagt, wenn ich im Bett lag und nicht sofort einschlafen konnte, Gedanken über dein Projekt gemacht, eine Art Bilanz gezogen. Ich rief mir dazu die bisher zurückgelegten Stationen ins Gedächtnis: *Die Anziehungskraft in der Natur – Die Strahlkraft alles Lebendigen – Was ist das Leben? – Was ist der Tod? Das mechanistische Weltbild – Die Ausstrahlung der Natur.«*

»Und was ist das Ergebnis?«

»Ich habe es mir mit dem Nachdenken wahrhaftig nicht leicht gemacht, aber meine Überzeugung änderte sich nicht. Sie lässt sich in wenige Worte fassen, und ich muss sie immer wieder wiederholen: Die Liebe ist das Zentrum der Welt, ja des Kosmos, sie ist die eigentlich schöpferische Kraft. Es gibt keine Kraft über ihr. Sie ist in allem enthalten – in jedem Stein, in jedem Grashalm, in jedem Tier und in jedem Mensch. Man kann sie als *Seele* der unermesslichen Vielfalt der Natur bezeichnen.« Als er weitersprach, tat er es langsam, wie um seinen Worten ein größeres Gewicht zu geben. »Auch wir Menschen sind ein Stück der Natur, sicher das entwickeltste. Und die Entwicklung schreitet weiter, immer weiter, wer weiß, wohin.«

»Welche Folgerung ziehst du aus dieser Erkenntnis? Ich meine, ganz besonders im Hinblick auf die Natur des menschlichen Charismas?«

Satya überlegte. Aber nur einen kurzen Augenblick. Dann gab er Antwort: »Halten wir es zuerst fest: Das Charisma strahlt aus. Aber das ist lediglich eine allgemeine Feststellung. Wir haben uns aber zu fragen, wie die *persönliche* Ausstrahlung, das *persönliche* Charisma, nicht nur zustande kommt, sondern wie es gesteigert werden kann, doch soweit sind wir noch nicht. Zuerst stellt sich hier die Frage nach dem Bewusstsein. Nicht das Normalbewusstsein ist hier angesprochen, nicht das höchstentwickeltste menschliche Bewusstsein des Verstandes, denn dieses hat in der Vergangenheit schon genug Unheil angerichtet. Nein, ich meine ein *anderes* Bewusstsein, ein total *anderes* Bewusstsein. Erinnere dich, wir sprachen schon darüber.«

Wie von selbst lösten sich Worte von meinen Lippen, die ich schon vor einigen Tagen gesprochen hatte. Satya und ich hatten uns über die Quelle der geheimnisvollen Ausstrahlungskraft, über Gaia, unterhalten.

»Es gibt nicht nur das *menschliche* Bewusstsein, sondern auch ein *anderes*, ein vollkommen *anderes* Bewusstsein. Mit einem ganz anderen psychischen Leben als dem unsrigen. So unmöglich es sich auch anhören mag: Als Beispiel kann das *Leben* – jawohl das Leben! – von Steinen und Bäumen, von Bergen, Tälern, Wäldern, Flüssen und Seen, dienen. Alles, buchstäblich alles, ist von der Kraft des göttlichen Bewusstseins geboren und belebt worden. Nicht das kleinste Staubkörnchen kann davon ausgenommen werden. Es ist die *eine* Kraft, die in allem wirkt, in der gesamten Natur. Überall zeigt sie dem, der sehen kann, ihr liebevolles Antlitz. Deshalb soll auch mit den Einzelheiten der Natur, zum Beispiel mit Bäumen, Steinen und Blumen liebevoll umgegangen werden. Das baut eine seelische Beziehung zur Mutter Natur auf, denn überall ist ihre Schönheit zu erkennen, in den schweigenden Tiefen ihrer Wälder, in den schneebedeckten Gipfeln ihrer Berge, in der Unendlichkeit ihrer

Ozeane aber auch im ersten Lallen eines soeben geborenen Kindes. Überall zeigt sie ihre Fruchtbarkeit, und immer wieder aufs Neue verteilt sie ihre Gaben.«

Satya nickte. »Der Prozess der Naturvernichtung zeigt ein anderes Bild von Mutter Erde. Er wirft schon jetzt seine unheilvollen Schatten voraus. Es sind Schatten, die bisher kaum jemand sieht oder, noch schlimmer, sehen will.«

»Was für Schatten meinst du?«, fragte ich.

»Du wirst dich erinnern. Wir sprachen davon, dass jedes Leben strahlt. Und dass das Charisma eines Menschen durch die Kraft seiner Ausstrahlung bewirkt wird.«

»Ja, ich erinnere mich genau.«

In seinem Gesicht erschien ein Lächeln. Mir kam es ein wenig höhnisch vor. »Stimmst du meiner Behauptung zu, dass das Ego-Denken der Menschheit nicht im Abnehmen, sondern im Zunehmen begriffen ist?«

»Ja, leider muß ich das tun. Wenn ich zum Beispiel an die vielen Öko-Konferenzen denke, die weltweit stattfinden und so gut wie ergebnislos enden, dann packt mich ein Grausen.«

Satya machte eine wegwerfende, verächtliche Handbewegung. »Und das, obwohl viele hervorragende wissenschaftliche Gutachten schon seit langem bezeugen, dass es im Hinblick auf den Wahnsinn der Naturzerstörung nicht fünf Minuten vor, sondern bereits fünf Minuten nach zwölf ist. Man braucht dabei nur an den Wahnsinn der fortwährenden Zerstörung der Regenwälder zu denken. Aber die politische Führung traut sich nicht, hier mit harter Hand durchzugreifen. Dazu ist sie zu glattgeschliffen, zu fremdbestimmt. Und dann gibt es ja auch noch die Wahlen. Man könnte sie verlieren, und mit ihr zahlreiche, lockende Privilegien.« Er unterbrach sich kurz und fuhr dann fort: »Auf diese Weise zerstören wir nicht nur die uns umgebende Natur, wir zerstören auch uns. Du weißt, was ich dir über die

Intelligenz der Seele an anderer Stelle sagte. Sie allein sei der Sitz der Weisheit. Aber der körperliche, dem Ego sklavisch gehorchende Verstand ist kräftig dabei, den Verstand der Seele ins Abseits zu drängen.« Satya schwieg.

»Willst du damit sagen, dass Mutter Erde immer kränker wird, sich ihre Ausstrahlung, ihr Charisma mehr und mehr abschwächt?«

»Ja. Und das gilt nicht nur für Mutter Erde, das gilt auch für das Leben auf ihr.«

»Dann dürfte es nach deinen Worten eigentlich keine Menschen mehr geben, die über eine starke Ausstrahlung und darüber hinaus über ein starkes Charisma verfügen«, widersprach ich ihm.«

Er schüttelte den Kopf. »Du siehst das falsch. Ich verstehe darunter die gesamte Menge an Strahlungsenergie *aller* Lebewesen auf der Erde. Sie ist es, die abnimmt. Die Ausstrahlung einzelner Menschen bleibt davon unberührt.«

Als Satya gegangen war, ließ er mich in einer unbeschreiblichen Verfassung zurück. Ich war müde und doch nicht müde, ich war wach, und doch nicht wach. Ein Zustand, den ich an mir nicht kannte. Aber er beunruhigte mich nicht, denn ich fühlte mich nicht krank. Und dann, ganz plötzlich, überfiel mich die Erkenntnis wie ein Blitzstrahl – ich wartete auf etwas, auf irgendetwas. Aber worauf wartete ich? Ich fand keine Antwort. Eine Idee kam mir – mein Lieblingsplätzchen, der kleine Waldsee! Vielleicht würde mir dort Klarheit werden. Ja, ich würde zu ihm gehen. Kaum hatte ich diesen Entschluss gefasst, als mein Verstand mich – wie schon so oft in letzter Zeit! – einen dummen Narren hieß. *Mache dich doch nicht lächerlich. Du benimmst dich wie ein wundergläubiges Kind und nicht wie ein erwachsener Mann. Wo ist nur deine Vernunft geblieben?*

Ich überstand diesen *Anfall* und spazierte gemächlich zu dem See, setzte mich auf die Bank. Der volle Mond leuchtete am Abendhimmel wie eine Laterne, übergoss Bäume und Sträucher mit seinem silbrigen, unwirklich anmutendem Licht. Stille umgab mich, nur ab und zu unterbrochen von den leisen Geräuschen der Nachttiere.

Kennen Sie diese Stimmung? Haben Sie schon einmal die Schönheit der Natur so stark empfunden, dass Ihr Körper unter diesem Eindruck ins Zittern geriet? Und erkannten Sie beim Anblick dieser Sie umgebenen Herrlichkeit, dass sich in diesen weihevollen Minuten Ihr wahres Selbst öffnete und hohe Gedanken in Ihnen erwachten? Gedanken, die da sagten: Dass, was du bisher als dein wahres Selbst, als dein Bewusstsein angesehen hast, ist in Wirklichkeit nur ein Bewusstsein des Vordergrundes. Dein wirkliches Selbst – deine Seele – ist umhüllt von vielen Schleiern. Je mehr du von ihnen wegräumen kannst, desto leichter wird es dir fallen, in ihr das Göttliche, das Ewige, zu entdecken. Auch deine Strahlkraft wird sich erhöhen und mit ihr auch dein – Charisma! Und es sind die Strahlen der Intuition, die dich von Tag zu Tag mehr erkennen lassen, dass zwar der Körper vergeht, aber die Seele unsterblich ist. Und der Tod wird seinen Schrecken verlieren, denn er ist nur ein Tor zu einer höheren Dimension, hin zu einer anderen Wirklichkeit.

Gedanken, deren Wahrheitsgehalt ich in dieser Klarheit, in dieser Mächtigkeit, noch nie so stark empfunden hatte wie in diesen Augenblicken.

Eine Fliege summte an mir vorüber. Eine kleine Fliege. In ihrer Kleinheit versteckt sich das Wunder des Lebens. Aber ist nicht alles um uns herum als Wunder anzusehen? Denn selbst im winzigsten Staubkorn verbirgt sich der Göttliche Funken. Und gilt das nicht ebenso für eine Zelle? Und wenn ich noch tiefer hinuntergehe, hinuntergehe bis hinein in den atomaren Bereich, findet hier das Wunder nicht ebenfalls seine Heimstatt? Und heißt das nicht auch, dass alles, was es gibt, wirklich alles, dem Wunder der Schöpfung seine Existenz verdankt?

Und wieder, wie schon so oft in den vergangenen Monaten, musste ich an jene Stimmen denken, die von der Existenz des Nichts überzeugt sind. Und dass es ein seelisches Bewusstsein nicht geben könnte, weil es unmöglich sei, es mit den Sinnen wahrzunehmen oder es zu messen.

Meine Gedanken wandten sich wieder dem Jetzt zu. Der Mond hatte bei seiner Wanderung über die dunkle Himmelskuppel ein weiteres Wegstück zurückgelegt. Das Rascheln der Tierwelt um mich herum war leiser geworden. Ich stand auf.

Eine Idee wird Realität werden

Im Kraftgewebe der Natur sind alle Dinge psychisch miteinander verbunden. Denn in allem ist Geist enthalten – in den Steinen, in den Pflanzen, in den Tieren und in den Menschen ebenso. Und dieser Geistinhalt ist es, der die Verbindung von allen zu allen schafft. Alles durchdringt sich gegenseitig, und alles hat Bewusstsein, wenn auch der unterschiedlichsten Stufung.

Das ist eine Aussage von fundamentaler Bedeutung. Denn sie eröffnet die Möglichkeit, den Kontakt zu *allen Dingen* herzustellen – Kraft zu erbitten und zu erhalten. In unserem Fall dient sie der Verstärkung Ihrer charismatischen Energie.

Akzeptieren Sie, dass die Wirklichkeit keine leblosen Dinge kennt, weil alles, wirklich alles, lebt. Und wo Leben ist, da ist auch Bewusstsein. Und wo Bewusstsein ist, da gibt es auch die Möglichkeit des Brückenschlags von Bewusstsein zu Bewusstsein, sogar vom untersten bis zum höchsten Bewusstsein des Menschen. Und das bedeutet die Möglichkeit der Kontaktaufnahme und der Kraftzufuhr für die Steigerung Ihres – Charismas!

Nehmen Sie sich jeden Tag ein wenig Zeit, diese fantastische Möglichkeit zu durchdenken, darüber zu meditieren. Noch ist sie eine Idee, aber Ihre eigenen Bemühungen werden aus ihr eine Realität schaffen.

Träume sind nicht immer Schäume

In dem Maße, als wir fortschreiten und wach werden für die Seele in uns und den Dingen, werden wir erkennen, dass auch in der Pflanze, im Metall, im Atom, in der Elektrizität, in jedem Bestandteil der physischen Natur Bewusstsein vorhanden ist.

Sri Aurobindo

Das tiefste und erhabenste Gefühl, dessen wir fähig sind, ist das Erlebnis des Mystischen. Aus ihm keimt alle wahre Wissenschaft. Wem dieses Gefühl fremd ist, wer sich nicht mehr wundern und in Ehrfurcht verlieren kann, der ist bereits tot.

Albert Einstein

Als ich an diesem Abend todmüde mein Bett aufsuchte, fand und fand ich keinen Schlaf, denn die Gedanken in meinem Schädel gaben keine Ruhe. Noch etwas fiel mir auf: Die seltsame, logisch nicht zu begründende Erwartungshaltung in mir hatte sich durch meinen Spaziergang nicht verringert, sondern eher noch verstärkt. Ich begriff das nicht, denn worauf sollte ich warten? Doch ich war es leid, lange darüber nachzugrübeln, denn ich wollte schlafen, tief schlafen, schließlich wartete morgen ein arbeitsreicher Tag auf mich. Satya würde schon zum Frühstück bei mir erscheinen. Wir hatten also lange Stunden der Diskussion vor uns. Ich war überzeugt davon, dass sie mich weiterbringen würden.

Allmählich gewann die wohlige Wärme meiner flauschigen Zudecke die Oberhand. Ich schloss die Augen. Gleich würde ich einschlafen. Schon griff bleischwere Müdigkeit nach mir, bemüht darum, meine Augen zu schließen. Doch dann, als ob es so abgesprochen worden wäre, schienen es geheimnisvolle Mächte darauf abgesehen zu haben, blitzschnell auf mich einzustürzen. Plötzlich hatte ich das bestürzende Gefühl, aus meinem Körper herausgezogen zu werden. Ich stemmte mich dagegen, setzte meine ganze Willenskraft ein, um diese auf mich einwirkende Kraft abzuschütteln, aber umsonst, eher hätte eine kleine Ameise eine tonnenschwere Last heben können, als dass ich Herr über diese Kraft wurde. Und dann geschah es: Meine gewohnte Umgebung verschwand. Dafür umgab mich plötzlich eine andere. Träumte ich? Hatte mich die fremde Gewalt in eine andere Wirklichkeit versetzt, in eine andere Realität? Und wenn das so war, was war das für eine *neue* Wirklichkeit? Fassungslos, der Panik nahe, starrte ich auf das Meer vor mir. In seiner ruhigen, unbewegten Oberfläche spiegelte sich das makellose Blau des Himmels. Mein Kopf hob sich. Der im letzten Viertel stehende goldgelb strahlende Sonnenball strebte bereits zielbewusst dem Horizont zu. Meine Augen wanderten weiter, über den mit Kieseln übersäten Strand im Vordergrund, über die rechts und links von mir stehenden Palmengruppen. Konnte die Realität plastischer sein? Nein, unmöglich, was ich sah, das war wirklich, wie auch ich Wirklichkeit war. Aber wo war mein Bett? Wo die flauschige Zudecke, überhaupt, wo war mein Zimmer? War ich es jetzt, der einen Wachtraum, einen Traum höchster Plastizität, erlebte? Ich erinnerte mich – Satya hatte mir das Wesen des Wachtraums erklärt. War es nicht seltsam? Ich wusste, dass ich träumte, denn in Wirklichkeit lag ich doch in meinem Bett. Aber gleichzeitig wusste ich auch, dass ich mich in einer anderen Realität befand, in einer, die mir nicht weniger real erschien als diejenige meines Zuhauses.

Doch dann fiel mir etwas auf. Etwas, das mir eine Gänsehaut über den Rücken jagte: die hier herrschende Leblosigkeit. Kein Käfer krabbelte auf dem Erdboden, keine Fliege summte und kein Vogel strich durch die Luft, auch das

Meer zeigte nicht eine einzige Welle. Alles um mich herum wirkte auf beklemmende Weise leblos, wie festgefroren, ja sogar wie tot. Angst stieg in mir hoch. Ich griff zu einem probaten Mittel und kniff mich in den Arm. Wenn ich keinen Schmerz spürte, dann träumte ich, wenn ich aber das Kneifen spürte, dann …

Ich spürte keinen Schmerz, also träumte ich, aber ich glaubte nicht so recht daran, denn alles um mich herum – bis auf die seltsame Leblosigkeit – schrie förmlich nach Echtheit. Das Wort *Leblosigkeit* elektrisierte mich. Satya und ich hatten über das Leben diskutiert, darüber, dass alles Leben strahlt, ausstrahlen muss, denn Leben ohne Ausstrahlung gäbe es nicht. War die hier herrschende Leblosigkeit vielleicht Ausdruck des Todes? Mein Gott, wo war ich hier? Doch mein Staunen und meine Ängste sollten noch zunehmen als ich mich, einem unbewussten Drang nachgebend, umdrehte – und dicht hinter mir einen Mann auf einem Felsblock sitzen sah. Einen Mann unbestimmbaren Alters. Er saß reglos da, glich in seiner Haltung mehr einer Statue als einem lebendigen Menschen. Seine Haare waren weiß und seine Augen so groß und so blau wie das Blau des Meeres vor mir. Ich las Belustigung in ihnen, vermischt mit Spott. Als Kopfbedeckung trug er einen Schlapphut. Die schmale Gestalt war in einen dunklen Umhang gehüllt. Eigenartig, dessen Konturen waren unscharf, zeigten die Neigung, ineinander zu verschwimmen. Nur das Antlitz war scharf gezeichnet.

Ich fasste mir ein Herz und fragte: »Wo bin ich hier?« Meine Stimme wurde brüchig als ich weitersprach: »Eben noch lag ich in meinem Bett und wollte einschlafen. Und jetzt …« Ich brach ab, wusste nicht mehr weiter, blickte das seltsame Wesen vor mir hilflos an.

Ein tiefes, sonores Lachen antwortete mir. Zu meiner großen Erleichterung war es ein beruhigendes, sympathisches

Lachen. Ich hörte es nicht mit meinen Ohren, sondern es ertönte tief in mir.

Die Antwort kam sofort: »Du wirst es kaum glauben, deine Hülle liegt immer noch in deinem Bett. Was von dir hier ist, das ist nicht dein körperlicher, das ist dein feinstofflicher Leib. Viele Menschen erfahren außerkörperliche Erlebnisse dieser Art, aber schon nach dem Aufwachen verlieren sie die Erinnerung daran.« Sein Arm machte eine weit ausgreifende Bewegung: »Was du hier siehst, das ist auch Realität, aber die einer anderen Frequenzebene. Es gibt unendlich viele von diesen Ebenen, aber ich will das nicht näher ausführen, denn du würdest es nicht verstehen.«

Worte voller Sanftheit und Güte. Es gelang mir, meine Angst abzuschütteln. Dann fragte ich:

»Warum bin ich hier?«

Die Antwort kam sofort: »Weil du nur hier Antwort auf bestimmte Fragen finden kannst. Damit du es weißt – die Energie, die deinen Ebenenwechsel verursachte, ist sehr groß gewesen. Das ist ein Beweis für die Wichtigkeit deiner Fragen. Aber du wirst sofort wieder zurückgeschickt werden, wenn deine Mission hier beendigt ist.«

Ich verstand immer weniger. »Wer bist du?«, fragte ich beklommen.

Das geheimnisvolle Wesen lachte erneut. »Wer ich bin? Meine Antwort lautet: dein Mentor – ein Wesen aus einer anderen Realitätsebene, dazu bestimmt, dir zu wichtigen Kontakten zu verhelfen.«

Ich gab mich damit nicht zufrieden. »Wer hat mich nach hier geholt?«

»Niemand. Verantwortlich für dein Hiersein ist allein die Kraft deiner Gedanken.«

Anscheinend war es mir bestimmt, von einem Staunen, von einer Fassungslosigkeit in die andere zu fallen. »Die Kraft meiner Gedanken? Ich wusste doch gar nicht, dass es diese Realität, diese andere Frequenzebene, gibt. Ich werde das wohl nie verstehen.«

»Weil du einer Dimension angehörst, die weit unter der meinen rangiert. Menschliche Gehirne und menschlicher Verstand sind nicht darauf angelegt, höhere Dimensionen zu verstehen. Um das zu können, bedarf es der Führung. Gib dich bitte mit dieser Antwort zufrieden:«

Mir kam das Geschehen immer mysteriöser vor.

»Du bist gekommen, um mir zu helfen?«

»Ja. Ich soll dafür sorgen, dass du Antworten auf deine Fragen erhältst.«

Die Unsicherheit fiel von mir ab, machte einem anderen Gefühl Platz – dem froher Erwartung. Das Wort *Erwartung* elektrisierte mich. Ich erinnerte mich genau. Von diesem Gefühl war ich ergriffen gewesen als ich mich ins Bett legte. Ich hatte es mir trotz längerem Nachdenken nicht erklären können und war darüber eingeschlafen. Hatte meine Psyche zu diesem Zeitpunkt schon mehr gewusst, vielleicht schon den *Atem* einer anderen Dimension gespürt? Ich fand wieder keine Antwort, aber ich war davon überzeugt, dass hier ein Zusammenhang bestand.

Meine Gedanken wandten sich wieder meinem Besucher, meinem Mentor, zu, und das Gefühl der Erwartung erwachte erneut in mir. Ich sollte Antworten auf meine Fragen erhalten. Nun gut, hier war die erste:

»Der gesamte Kosmos soll ein einzigartiges Kraftgewebe darstellen. Kannst du mir dieses Gewebe erklären?«

»Dir wird bald Klarheit werden.« Ein Lächeln folgte. »Für dein Buch, für deine Deutung des Charismas. Du willst die Möglichkeiten zur Steigerung dieser Ausstrahlungskraft erkunden. Deshalb suchst du nach Anschlussstellen in dem Kraftgewebe, habe ich Recht? Ich kann es dir versprechen, du wirst sie finden und wissen, auf welche Art und Weise ein Anschluss zu erfolgen hat.«

»Woher weißt du das?«, fragte ich stammelnd. Erneut spürte ich die Ausstrahlung seiner Kraft. Ich musste mich anstrengen, um meine Gelassenheit nicht zu verlieren.

Die Augen vor mir blickten nachsichtig. »Ich weiß es eben, das muss dir genügen.«

Ich ärgerte mich. Seine Entgegnung kam mir hochfahrend vor. Doch da sagte er: »Ich werde dich jetzt auf eine Reise schicken. Du wirst verschiedene Stationen, man kann auch sagen Frequenzebenen, aufsuchen und dort auf deine Fragen Antwort erhalten.«

»Warum diese Reise? Kannst denn du meine Fragen nicht beantworten?« Ohne dass es mir bewusst wurde, erhielt meine Stimme einen ironischen Unterton.

Aber das Geistwesen zeigte nicht die Spur des Unwillens. Ganz im Gegenteil, in seinen Augen las ich Verständnis.

»Ich könnte dir viele Fragen beantworten, aber meine Aufgabe ist eine andere«, er unterbrach sich und lachte schallend, jawohl, sein Lachen schallte, wieder nicht in meinen Ohren, sondern in meinem Inneren, »Weißt du, ich bin so etwas wie ein Empfangskomitee.«

»Empfangskomitee?«, fragte ich verdutzt. »Wie soll ich das verstehen?«

»Für die ankommenden Seelen der soeben Verstorbenen. Ich leite sie weiter. Hin zu den Stationen, die für sie bestimmt sind und die sie aufsuchen müssen.«

»Aber ich bin doch noch nicht gestorben. Was soll ich also hier?«

Das Gesicht vor mir verlor das Lachen, machte tiefem Ernst Platz. »Ich sagte es dir doch schon: Weil du nur hier, in dieser Dimension, Antworten auf bestimmte Schlüsselfragen erhalten kannst. Doch jetzt sollten wir unsere Diskussion beenden, der Herr der Steine wartet auf dich.«

Eine heftige Gefühlsbewegung überfiel mich. Sie tat das in einem Zustand der Über-Wachheit, der nicht oder nur unvollkommen beschrieben werden kann, weil die Sprache für eine wahrheitsgetreue Schilderung dieses Zustandes einfach zu arm ist. Ich will es trotzdem versuchen, wenn auch nur so gut, wie ich es eben vermag.

Die Erschütterung kam über mich, als ich einer unbewussten Regung nachgab und nach unten, auf meine Füße, blickte. Was ich sah, jagte mir einen Schauder nach dem anderen über den Rücken. Das waren keine Füße, bestehend aus Knochen und Fleisch, das waren nebelartige Gebilde, die allenfalls die Form von Füßen aufwiesen. Sie hatten auch keinen Kontakt mit dem Boden, denn sie schwebten darüber. Meine Augen – waren das wirklich noch Augen, oder bestanden auch sie jetzt nur noch aus Nebel? – wanderten höher, hin zu den Knien, noch höher zur Körpermitte, dann zu den Armen und danach zu den Schultern. Aber wo sie auch hinblickten, sie sahen nur Nebel. Tatsächlich – mein ganzer Körper bestand nur noch aus Nebel. Mein Entsetzen über diesen Anblick wollte sich noch steigern, aber mein seelischer Verstand, nicht mein körperlicher, half mir aus der Klemme. »Hast du denn schon alles vergessen«, schalt er mich aus. »In den vergangenen Wochen hast du mit deinem Freund des Langen und des Breiten über das Leben und über den Tod diskutiert. Auch darüber, dass der seelische Teil des Verstorbenen den Körper verlässt und einer anderen Dimension zustrebt. Verstehst du es nicht oder willst du es nicht verstehen – was du eben gesehen hast, das war kein Nebel, das war und ist dein – Seelenkörper. Er wird deinen irdischen Körper wieder in Besitz nehmen, wenn die Zeit dafür reif ist, denn du musst wieder in das Erdenleben zurück. Sei dankbar dafür, dass du hier sein darfst und halte es dir immer wieder vor Augen: Du bist hier, um zu lernen!«

Die Verwirrung fiel von mir ab, und ich konnte wieder denken. Eine neue Frage schob sich in den Vordergrund. Auf welche Weise kann ein Seelenkörper denken? Sicher ganz anders als es ein körperliches Gehirn vermag, aber wie? Ich würde alles daransetzen, es zu erfahren.

»Der *Herr der Steine?* Wer ist das?«, fragte ich.

»Er repräsentiert die gesamte Welt der Steine. Er wird dir erklären was du unternehmen musst, um mit dieser Welt Kontakt zu bekommen, denn das ist doch dein Anliegen. Nach ihm werden die *Herrin der Pflanzen* und der *Herr der Tiere* folgen, die Repräsentantin der Pflanzen- und der Repräsentant der Tierwelt. Auch sie werden dich beraten. Danach wirst du wissen, welche Empfehlungen du in deinem Buch zur Erzeugung eines stärkeren Charismas vorschlagen musst.« Einer kleinen Pause folgten die Worte: »Ich kann es dir versichern: Wenn du mit diesen Meisterseelen in Kontakt kommst, dann wirst du auf der Stelle wissen, was wahre Ausstrahlung und was wahres Charisma bedeuten. Dein bisheriges Wissen wird sich dadurch auf ungeahnte Art und Weise bereichern.«

Eine Frage wollte ich aber noch stellen:

»Was ist mit meinem Freund Satya? Er wird sich Sorgen um mich machen, wenn ich so lange fortbleibe. Er hat mir sehr geholfen.«

Wieder ertönte das laute Lachen. Ihm folgten die Worte: »Wenn du deinen Körper wieder in Besitz genommen hast, dann werden für deinen Freund erst wenige Stunden seit seiner Verabschiedung von dir vergangen sein. Ich sagte es schon: Der Faktor Zeit ist in unserer übergeordneten Dimension völlig bedeutungslos. Und was die Hilfe anbetrifft, die dein Freund dir hat geben können – sie war sicher ebenso notwendig wie die weiterführende Hilfe, die du nur hier erhalten kannst. Aber mit Satyas Hilfe allein wärest du bald an eine unüberbrückbare Grenze gestoßen.«

Ein Riss zuckte durch die Szene. Und wiederum ging es sehr schnell. Einem plötzlichen, nur einen winzigen Augenblick währendem Dunkel folgte jäh strahlendes Licht. Ich schaute mich um, konnte den neuen Anblick nicht fassen – verschwunden war das Meer vor mir, verschwunden der mit Kieseln bedeckte Strand und verschwunden auch der goldgelb strahlende Sonnenball, ebenfalls die rechts und links stehenden Palmengruppen. Jetzt blickte ich auf eine wildgezackte, majestätisch aussehende Gebirgskette. Ihre Spitzen waren weiß, lagen unter tiefem Schnee.

Mir blieb keine Zeit diesen Anblick zu genießen, denn vor mir bildete sich ein leichter, zuerst kaum wahrnehmbarer Nebel. Doch in ihm musste eine zielgerichtete, formende Kraft wohnen, denn er verdichtete sich rasch, wurde zu Gliedmaßen und schließlich zusehends zu der Gestalt eines Mannes. Und je mehr dieser magische Prozess voranschritt, umso intensiver wurde das Leuchten, das von jeder Pore des weißbläulich strahlenden Lichtkörpers auszugehen schien, besonders aber von einem Antlitz, das in seiner Schönheit und Harmonie vollkommen genannt werden konnte. Und erst die Augen dieses Wesens! Sie strahlten eine Weisheit aus, gegen die sich selbst der schärfste menschliche Verstand armselig ausnehmen musste.

Was mir das *Empfangskomitee* prophezeit hatte, wurde zur Wahrheit. Ich empfand die Ausstrahlung dieses Wesens als derart mächtig, dass ich den Glanz seines Lichtkörpers kaum ertragen konnte. Nicht deshalb, weil mich seine Helligkeit blendete, nein, das war nicht der Fall, sondern weil ich den Druck dieser Kraft auf meinen Seelenkörper mit einer fast schmerzhaften Intensität spürte. Diese Ausstrahlung war keine Mischform, kein Durcheinander von positiven und negativen Elementen. In dem hellen, blauweißen Leuchten zeigte sich nicht das kleinste dunkle Einsprengsel des Negativen. Hier hatte der Plus-Pol des übersinnlichen Wesens einen eindeutigen Sieg über den Minus-Pol errungen. Sicher waren dazu viele Inkarnationen nötig gewesen. Ja, das war eine Meister-Seele, eine Seele, die in ihren vielen Inkarnationen alles gesehen, alles gefühlt und nichts davon vergessen hatte. Andererseits – galt in dieser Dimension nicht, dass jedes Plus auch ein Minus haben musste, weil es allein nicht existieren konnte? Ich wusste keine Antwort.

Mit brüchiger Stimme fragte ich: »Bist du der *Herr der Steine?«*

Die Antwort kam augenblicklich: »Ja, der bin ich.« Er schaute mich an, und ich erschauerte unter der Kraft, die seinen Augen entströmte. Auch ihn hörte ich nicht mit meinen körperlichen Ohren, sondern mit meinem telepathischen Sinn. Doch das tat der Kraft seiner Stimme keinen Abbruch. Ich *hörte* ihn so deutlich, als ob er dicht neben mir stünde.

»Du bist hierher gekommen, um mehr über die persönliche Ausstrahlung des Charismas zu erfahren, auch über die Möglichkeit, die Energie seiner Ausstrahlung zu steigern. Zu diesem Themenbereich möchtest du passende Fragen stellen. Das ist doch dein Anliegen, nicht wahr?«

»Ja«, kam meine leise Entgegnung. Ich war angesichts dieser Begegnung im Augenblick noch zu gehemmt und konnte nicht mehr sagen als nur dieses eine kleine Wörtchen. Fast im selben Moment griff ein Gedanke nach mir. Es war ein sehr beunruhigender Gedanke. Erlebte ich doch einen Traum? Spielte mir der Traumgott nur einen Streich? Würde er mir gleich nach einem schadenfrohen »Ätsch!« eine lange Nase drehen und mich anschließend aus diesem Traum erwachen lassen? Erwachen in meinem Bett, meiner eigentlichen Wirklichkeit – ohne das ersehnte neue Wissen empfangen zu haben? Aber mein Mentor hatte mir doch versichert, dass ich auf meine Fragen Antwort erhalten würde, da ich ohne dieses Wissen nicht weiterkommen könne. Satyas Hilfe sei von großem Wert für mich gewesen, aber sie allein würde nicht ausreichen, um Zugang zu jenen Rezepten zu erhalten, auf die es ankam. Ich ärgerte mich über meinen Kleinmut. Mehr Vertrauen war besser.

»Du brauchst dich nicht gehemmt zu fühlen, frage!«, ertönte da die melodische Stimme meines Gesprächspartners. »Du kannst fragen, so lange und so oft du willst.«

Eine Frage fiel mir ein. Ich hatte sie schon meinem Mentor gestellt, aber er hatte mich auf den Herrn der Steine verwiesen. Ich war mir absolut sicher, dass er sie mir beantworten konnte.

»Der gesamte Kosmos soll ein einzigartiges Kraftgewebe darstellen. Kannst du mir dieses Gewebe erklären?«

Kaum hatte ich ausgesprochen, als er auch schon antwortete:

»Ihr Menschen glaubt, zwischen belebten und unbelebten Dingen unterscheiden zu müssen. Doch die Wirklichkeit, eure vielbeschworene Realität, zeigt sich ganz anders. Alle Dinge von physischer Gestalt, wirklich alle, sind belebt, auf eine Art, die ihr euch kaum vorstellen könnt. Die *Qualität* des Lebens wiederum hängt ab von der Bewusstseinsstufe.«

»Bedeutet schon die Suche nach spirituellem Wissen einen Fortschritt?«

In dem Antlitz vor mir erschien ein Lächeln. Es war kein Allerweltslächeln, keines, das nur wie aufgesetzt wirkte. Es war ein verstehendes Lächeln, ein Lächeln, in dem die Liebe ihr Zelt aufgeschlagen hatte. Und seine Antwort unterstrich das noch.

»Ja. Weil ernsthafte spirituelle Suche *immer* von einem Kraftzuwachs begleitet wird. Dieser erfolgt allmählich und macht sich in der Verstärkung der persönlichen Ausstrahlung bemerkbar. Man kann die Ausstrahlungsintensität als einen der Gradmesser des Charismas bezeichnen. Folgender Vergleich wird dir das Verständnis erleichtern: Du wirst es wissen: Je mehr Brennstoff einem Feuer zugeführt wird, desto heller wird es leuchten und auch wärmen. Was heißt das für uns? Ganz einfach: *Ein* Brennstoff unter mehreren für das Feuer der Spiritualität ist die Suche, die ernste, hingebungsvolle und nie nachlassende Suche. Merke es dir: Wenn der sich einstellende Kraftzuwachs eine bestimmte Grenze erreicht, sie vielleicht schon überschritten hat, dann entfaltet er eine Kraft, die in der Lage ist, neue Intuitionen ebenso mühelos anzuziehen wie ein Magnet winzige Eisenfeilspäne anzieht. Denn diese Kraft entwickelt einen *Magnetismus* besonderer Art. Er zieht mit Macht die Information aus einer Dimension, in der alles Wissen der Welt von Anbeginn der Zeit an eingefaltet ist. Eine kosmische *Festplatte* mit wahrhaft unbegrenzter Speicherfähigkeit. Sie ist die Quelle aller Intuitionen. Um aber aus ihr schöpfen zu können, muss der Schöpfende zu ihr in Resonanz stehen. Ist das nicht der Fall, dann wird seine Schöpfkelle sich nie mit dem Wasser der Erkenntnis füllen können. Die Resonanz ist so etwas wie der Geheimcode, wie eine Pin-Zahl. Nur mit ihr erhältst du die Zugangsberechtigung zur kosmischen Festplatte, die Erlaubnis für den Kontakt.«

»Ein Prozess, der nach Einstimmung verlangt«, sagte ich. »Denn nur mit ihrer Hilfe kann Resonanz erzeugt werden. Sehe ich das richtig?«

»Ja. Einen anderen Weg gibt es nicht. Die Tragik der Menschheit besteht darin, dass sie die Natur als einen blinden Mechanismus ansieht und auch nur so begreifen will. Der Mensch will die Natur beherrschen wie er auch eine Maschine beherrscht. Maschinen bringt man aber keine Verehrung entgegen, Maschinen werden benützt – um des ökonomischen Vorteils willen. Das wird ihr als alleinige Aufgabe zugewiesen. Eine andere hat es für sie nicht zu geben.«

»Kommt das daher, weil unsere Wissenschaftler an die geistige Qualität des Lebens nicht glauben wollen oder können, das Leben allein von der Materie bestimmt ansehen«, fragte ich.

»Ja. Aber die Wirklichkeit sieht anders aus, ganz anders. Alles, buchstäblich alles, birgt Leben in sich. Es gibt nichts, das *nicht* lebendig ist. Die Dinge unterscheiden sich allein durch ihr Bewusstsein, beziehungsweise durch dessen unterschiedliche Intensität, man kann auch sagen, durch ihre unterschiedliche Verdichtung. Hinzu kommt: Alles, was es im Kosmos gibt, wirklich alles, ist miteinander verknüpft. Die Welt der Steine mit der Welt der Pflanzen, der Tiere und der Menschen. Nichts ist von dieser Verknüpfung ausgenommen, absolut nichts. Ein gigantisches Netzwerk, in dem jedes Element mit jedem anderen verbunden ist. Der Unterschied zwischen ihnen ist allein in den verschiedenen Stufungen des Bewusstseins zu suchen.«

Wieder traf mich sein forschender Blick. Es war ein langer, prüfender Blick. Dann fragte er mich: »Hast du schon einmal einen Sonnenaufgang erlebt? Wenn der strahlende Ball seine Wanderung über das noch nachtdunkle Firmament beginnt? Zuerst zeigt sich nur ein schmaler, rot leuchtender Rand. Glühende Finger huschen über den Himmel. Aus ihrem flammenden Rot wird allmählich und über viele Abstufungen hinweg ein immer heller werdendes Gelb. Je mehr dieser Prozess fortschreitet, desto mehr wird die Erde in Licht getaucht. Und das Leben reagiert: die Pflanzen recken sich ihm entgegen, und die Tierwelt erwacht. Der kleine Tod der Nacht räumt das Feld und macht dem Licht, dem Leben, Platz. Hast du einen solchen märchenhaften Anblick schon einmal erlebt?«

»Ja, schon oft.« Was sollte diese Frage?

Er nickte. Und dann hörte ich Sätze, die ich im Hinblick auf ihren Sinngehalt schon von Satya gehört hatte. »Mit dem

Aufstieg des Bewusstsein verhält es sich ähnlich. Das Aufsteigen des Sonnenballs aus tiefster Nacht versinnbildlicht das Aufsteigen des Bewusstseins. Es schlief noch in der Materie, es träumte schon in der Welt der Mineralien und bereits plastischer in der der Pflanzen; in der Welt der Tiere begann es zu erwachen, um sich dann im Reich der Menschen wie eine kostbare Blüte in zunehmender Schönheit zu entfalten. Merke es dir: Alles ist Bewusstsein und alles Bewusstsein ist – Gott! Daraus folgert: Alles Geschaffene hat Bewusstsein wenn auch unterschiedlichster Intensitätsstufen.«

Ich erinnerte mich. Satya hatte ähnlich argumentiert. Ein Wort von ihm hatte mich besonders gefesselt und meine Fantasie angeregt, das Wort – Nichts!

Ich fragte: »Wenn alles lebt, dann kann es doch ein *Nichts* unmöglich geben, ist das richtig? Ich meine das *Nichts,* von dem viele Naturwissenschaftler überzeugt sind. Besonders was das von vielen hohen Geistern behauptete Eingehen in das *Nichts* nach dem körperlichen Tod anbetrifft.«

Der *Herr der Steine* lächelte nachsichtig. »Dieses Wort ist nur eine Hilfskonstruktion des menschlichen Verstandesdenkens. In Wirklichkeit soll es nur das Nichtwissen über diese Dinge bemänteln.« Er schwieg. Sicher wollte er mir Zeit lassen, das Gehörte zu verarbeiten. Als er weitersprach, hob sich seine Stimme: »Es ist ein sehr bequemes Wort. Wenn man mit dem Wissen an eine Grenze stößt dann kann man sich mit ihm nach Herzenslust bedienen. Der körperliche Tod soll ins Nichts führen? Nein – auch hier gibt es das Nichts nicht. Denn wenn es diesen Zustand gäbe, dann wäre dein Seelenkörper nicht hier. Und den Zufall in seiner behaupteten Bedeutung gibt es ebenfalls nicht, auch wenn er wieder und wieder von eueren Geistesriesen zitiert wird, denn er gründet auf irgendeine Ursache, mag sich diese auch noch so gekonnt der Wahrnehmung entziehen. Aber wer hat diese Ursache bewirkt?«

Worte, die ich aus meinen Gesprächen mit Satya schon kannte. Mir fiel etwas dazu ein, das mich neugierig machte. Ich sagte: »Es gibt eine Art Maschine, die als ideale Zufallsmaschine angesehen wird. Ich meine das Roulette. Was hältst du von ihr?«[32] Gespannt wartete ich auf die Antwort. Sie kam ohne die geringste Verzögerung.

»Ich kenne dieses Glücksspiel. Du kannst dir sicherlich den Ablauf eines solchen Spiels vorstellen?«

»Ja, das kann ich.«

»Dann beantworte mir die Frage: Was passiert, wenn die kleine Elfenbeinkugel ihre Runden im Kessel dreht und sich dabei langsam nieder senkt?«

»Sie fällt schließlich in ein Zahlenfach hinein.«

»Natürlich tut sie das, aber was alles kann ihr auf ihrem Weg dahin zustoßen?«

»Sie schlägt wahrscheinlich während ihres Laufs hier und da gegen die in den Kessel eingelassenen rautenförmigen Metallplättchen und wird von ihnen gebremst. Die Umrandungen der Zahlenfächer wirken auf ähnliche Weise. Die Kugel vollführt dabei die reinsten Kapriolen. Eben noch scheint sie sich in ein Fach senken zu wollen, doch dann prallt sie im letzten Moment gegen einen Widerstand, wird hochgeschleudert und umkreist den Kessel ein weiteres Mal.«

»Das ist richtig. Aber welche Ursachen – man kann von einer Ursachenkette sprechen, weil hier viele hineinspielen – sind dafür verantwortlich, dass die Kugel in irgendein Zahlenfach hineinfällt?«

Die Frage erschien mir einfach. »Die *Kette* beginnt mit der Armbewegung des Croupiers, mit der er die Kugel in den Kessel fallen lässt. Er kann sie durch eine größere oder geringere Kraftanstrengung zu einem schnelleren, aber auch zu einem langsameren Lauf zwingen und dadurch die Dauer des Laufs der Kugel beeinflussen.«

»Stimmt. Das besagt aber: Die Ursachenkette reicht vom Wurf der Kugel bis zu ihrem Hineinfallen in ein Zahlenfach. Gibst du mir Recht?«

»Ja, so muss man es sehen.«

»Mit anderen Worten heißt das aber doch zwingend: Die Kugel gehorcht während ihres Laufs nur *scheinbar* dem Zufall. Denn jeder Widerstand, jedes Anstoßen erzwingt bei ihr nicht nur eine Verringerung ihrer Geschwindigkeit, sondern, je nach Aufprallwinkel, auch eine *ganz bestimmte* Richtungsänderung. Und das geht so lange fort, bis die Kugel in ein Fach hineingefallen ist. Ein mit allen notwendigen Hilfsgrößen (Parametern) gefütterter Supercomputer könnte nach jedem Aufprall der Kugel gegen ein Hindernis genau den nächsten Aufprallpunkt berechnen und nach dem letzten sogar das Zahlenfach angeben können, in das die Kugel hineinfallen muss, ich betone: in das sie hineinfallen muss! Das heißt aber auch: Vom Roulette als einer Zufallsmaschine zu sprechen ist purer Unsinn. Hier überdeckt der Zufall lediglich die Tatsache, dass wir nicht imstande sind, die vielen, den Lauf der Kugel beeinflussenden Faktoren zu berechnen. Und das schon gar nicht während der kurzen Zeit eines Spiels. Wie lautet deshalb die Folgerung? Das ist doch nicht schwer zu erraten. Sie lautet: Für jene Geschehnisse, die sich nicht in das enge Korsett der gewohnten wissenschaftlichen Analyse pressen lassen, ist der gütig lächelnde Gott Zufall zuständig.«

Ich saß wie auf Kohlen, denn ich wollte weiterkommen und fragte schnell: »Mein Mentor sagte mir, dass du den Geistinhalt alles dessen repräsentieren würdest, was wir Menschen als anorganisch bezeichnen. Ich frage dich ganz konkret: Was hat es mit dem Leben in den Steinen auf sich und auf welche Weise kann ich aus ihnen Kraft schöpfen. Jene Kraft, die imstande ist, die Ausstrahlung des Charismas zu verstärken?«

Der *Herr der Steine* schien wie Satya ein Freund des *Bogens* zu sein, denn seine Antwort führte wieder über einen Umweg. »Es ist nicht möglich, deine Frage mit wenigen Worten zu beantworten. Fangen wir mit dem menschlichen Körper an. Man kann ihn auch als geformte Energie bezeichnen. Eine Energie, die so lange ihre Form behält, bis der Körper seine Aufgabe bewältigt hat, die Seele den Leib verlässt und ihn damit dem Zerfall preisgibt. Ein Prozess des Werdens und Vergehens, der so lange andauert, bis das Göttliche endgültig seinen Sieg über den Tod errungen hat und die Seele als körperlose freie Intelligenz existieren und handeln kann.« Er hielt kurz inne. Als er weitersprach, betonte er jedes Wort: »Dazu muss die Seele aber die Stufenleiter des Bewusstseins bis zur letzten Sprosse erklommen haben. Ich sagte dir schon, dass das Bewusstsein Stufen hat, Stufen der Erkenntnis, Stufen der Bewusstseinskraft. Merke es dir: Alles was es gibt, das Kleinste und das Größte, vom Atom bis zur grenzenlosen Weite des Universums, ist durchgängig, ich betone es – durchgängig mit Geist erfüllt und von ihm erschaffen. Ich erinnere dich an das Wörtchen *Nichts*, schon von dieser Warte aus kann es keine Inseln des Nichts geben.« Er hielt inne. Anscheinend wartete er auf eine Frage von mir. Aber im Augenblick war ich nicht in der Lage, das Durcheinander in mir zu ordnen, um auch nur eine einzige Frage formulieren zu können. Da sprach das geheimnisvolle Wesen schon weiter: »Du fragtest mich nach dem Leben in den Steinen und auf welche Weise man aus ihnen Kraft schöpfen könne. Ist dir in deinem bisherigen Leben noch nie etwas passiert, das mit Steinen zu tun hat, etwas, für das du keine Erklärung finden konntest? Mit meiner Frage meine ich die Einwirkung irgendeines Steins auf dich.«

Wem ist es noch nicht passiert? Jemand stellt eine Frage. In ihr ist ein Wort enthalten, das den Charakter eines Schlüssels besitzt. Denn kaum ist es gefallen, da öffnet sich im Gehirn blitzschnell eine Tür und man wird von einer wahren Flut der Erinnerungen überschüttet. So erging es jetzt mir. Ja, mir war so etwas passiert. Meine Recherchen hätten mich längst darauf bringen müssen, denn mein damaliges, sich bis in die Jetztzeit erstreckendes Erlebnis konnte sich für mein Buch als sehr wichtig erweisen. Ich hob den Kopf und sah den *Herrn der Steine* an. Ob er es schon wusste? Wesen seiner Art war es sicher ein Leichtes, in mir zu lesen wie in einem geöffneten Buch. Andererseits – verbot ihm nicht die Ethik, dies unaufgefordert zu tun? Ich schob diesen Gedanken beiseite und antwortete: »Ja. Ich kann mich an eine solche Begebenheit erinnern. Es geschah ungefähr vor einem Vierteljahrhundert. Ich machte mit meiner Frau Urlaub an der sonnenverwöhnten Costa del Sol. Ich hatte die Angewohnheit, immer vor dem Frühstück einen Strandspaziergang zu machen und dabei oft in die grenzenlose Weite des Meeres hinauszuträumen. Danach schmeckte mir der frisch aufgebrühte Kaffee besonders gut.

Das Wetter konnte an diesem Tag nicht besser sein. Die Sonne lachte von einem Himmel, der nicht blauer sein konnte und der Sand unter meinen bloßen Füßen fühlte sich weich und warm an. Ich erinnere mich jetzt sogar noch an Einzelheiten. Und dann geschah das Merkwürdige: Irgendwie und völlig unbeabsichtigt, aber doch einem inneren Zwang gehorchend, blickte ich an einer Stelle nach links, obwohl es da nichts Bemerkenswertes zu sehen gab. Ich wollte meine Augen schon abwenden, als ich den Stein erblickte, einen flachen, ellipsenförmigen Stein. Er unterschied sich in der Färbung von den anderen, größtenteils graufarbenen Kieseln, denn er schimmerte so weiß wie eine frischgetünchte Hauswand. Kaum hatten meine Augen den Stein erblickt, als ich den Drang in mir spürte, ihn aufzuheben und mitzunehmen. Ein Gefühl, das schnell stärker wurde. Ich folgte ihm und hob den Stein auf. Er fühlte sich erfrischend kühl an. Doch nicht allein das fühlte ich. Der Stein lag in der Wölbung meiner Hand, als ob er da hineingehörte, sie geradezu seiner Form angepasst sei. Ich trug ihn in meine Wohnung und legte ihn nach kurzem Suchen auf das Ende des Bücherbords. Was ich mir bis heute nicht erklären kann – seitdem überkommt mich immer wieder das Bedürfnis, ihn in die Hand zu nehmen. Auf eine Art, die ich nicht beschreiben kann, werde ich dann von einem wohltuenden Gefühl ergriffen. Es ist sehr sanft und nur schwach zu spüren, aber ich fühle seine beruhigende, ausgleichende Wirkung in allen Fibern meines Körpers. Und das ist bis zum heutigen Tag so geblieben. Immer wieder wird der Wunsch in mir wach, in Kontakt mit dem Stein zu treten.« Ich schüttelte den Kopf. »Mir ist diese Wirkung bis heute unbegreiflich geblieben.« Ich hob die Schultern. »Oder mache ich mir da nur etwas vor?«

»Nein, das machst du nicht. Ich kann dir verraten, was es mit dem Geheimnis deines Steins auf sich hat.«

»Da bin ich aber sehr gespannt.« Eigenartig, ich sprach jetzt mit dieser überdimensionalen Wesenheit wie mit einem normalen Menschen, wie mit Satya, ohne ein Gefühl der Befangenheit zu spüren.

»Der Stein muss schon in vielen Händen gewesen sein«, kam die Antwort. »Ganz sicher in den Händen von Menschen, die bereits eine höhere Bewusstseinsstufe erklommen und mit ihr an Geistenergie gewonnen hatten.«

Ich fiel ihm ins Wort:

»Willst du damit sagen, dass sich Spuren dieser Geistenergie auf den Stein übertragen haben?«

»Ja, genau das will ich. Sie haben wie ein starker Magnet auf dich gewirkt, dich angezogen und schließlich dazu gebracht, den Stein aufzunehmen.«

»Aber warum sollte ich ihn mitnehmen? Der Grund dafür bleibt mir schleierhaft.«

»Dafür gibt es eine Erklärung: Die starke Resonanz zwischen deinem seelischen Energiefeld und dem des Steins hat das bewirkt. Auch hier strebte das Niedere zum Höheren. Bewusste Energie gleich welchen Grades hat immer das Bestreben, noch bewusster zu werden. So erging es auch den im Stein befindlichen Energiespuren. Zwar waren diese nur von atomarer Winzigkeit, aber selbst diese reichte aus, um Resonanz zu erzeugen.« Er sah mich an, fuhr dann fort: »Mit der von dir geforderten Einstimmung verfolgst du doch genau dasselbe Ziel. Im Vergleich zu der Bewusstseinsenergie des Universums ist deine dir eigene Bewusstseinsenergie oder die der Sucher ebenfalls nur von einer Winzigkeit, gegen die sich selbst Atome wie Berge ausnehmen. Und trotzdem gelingt es dem Allerkleinsten, mit dem Allergrößten in Resonanz zu treten.

»Aber das kann doch nicht heißen, dass Steine über wirkliches Bewusstsein verfügen.«

»Das ist richtig. Man kann hier bestenfalls von Bewusstseinsatomen sprechen. Aber selbst ihnen ist es möglich, Kontakt mit Bewusstseinsriesen aufzunehmen und Resonanz zu erzeugen.«

»Und was folgt daraus?«

Er sah mich auffordernd an. »Überlege doch! Du solltest dir diese Frage eigentlich selbst beantworten können. Aber ich will dir eine kleine Hilfe geben: Mit welchem menschlichen Bauwerk kann man das Erlebnis der Resonanz vergleichen?«

Ich brauchte nicht lange nach der Antwort zu suchen. »Mit einem Wolkenkratzer. Von seiner Spitze hat man einen weiten Blick über das Land, sieht und erlebt beim Schauen eine Ferne, die einem vorher verschlossen war. Den Gegensatz dazu bietet die Froschperspektive, die nur wenig ergiebige Sicht vom platten Erdboden aus.« Ich machte eine kleine Pause, setzte dann hinzu: »Weißt du, die Höhe muss es sein. Ohne sie gäbe es den erweiterten Horizont nicht. Konkret heißt das: Die Suche nach Resonanz, nach dem Widerhall, ist zu vergleichen mit dem mühseligen, über viele Treppenstufen führenden Aufstieg bis nach ganz hoch oben. Das Betreten eines Fahrstuhls ist natürlich verboten.« Ich lächelte, suchte in seinem Antlitz nach Zustimmung.

Er nickte. »So kann man es ausdrücken. Die Suche gleicht auch einer abenteuerlichen Wildwasserfahrt. Sie führt über gefährliche Stromschnellen und tückische Strudel. Hochragende Felsbarrieren stellen sich dem Boot in den Weg, wollen es wie mit einer magnetischen Kraft an sich ziehen und an dem Felsen zerschellen lassen. Aber das Boot muss hindurch, denn erst dahinter liegt das Ziel. Überall lauern Fallstricke, die von der Suche ablenken, sie sogar unmöglich machen sollen. Besonders gefährlich ist hier der hochmütig reagierende Verstand zu nennen. Schon der Versuch, mit dem Seelenkörper in Resonanz zu treten, ist für ihn ein Sakrileg. Deshalb sabotiert er jedwede Bestrebung dieser Art auf das Heftigste. Denn wenn die Resonanz fehlt, dann fehlt mit ihr die Grundvoraussetzung für die weitere Suche nach der Möglichkeit einer Bewusstseinserweiterung. Sie wäre sogar zum Scheitern verurteilt. Natürlich wäre hiervon auch die Strahlkraft und mit ihr selbstverständlich auch die Ausstrahlung des Charismas betroffen.« Er hielt kurz inne, fügte dann hinzu: »Auch der Vergleich mit einer Brücke ist zulässig. In unserem Fall müsste die geforderte Resonanz das Ufer des reinen Verstandeswissens mit dem der Transzendenz verbinden, eine Synthese auf höherer Ebene.«

»Der Stein bedeutet mir inzwischen fast soviel wie ein treues Haustier«, sagte ich nachdenklich. »Nein, ich möchte ihn wirklich nicht missen. Besser gesagt, die von ihm ausgehende Kraft nicht missen.«

»Das sollst du auch nicht, denn ihn wegzugeben könnte dir schaden.«

»Warum könnte es das?«

»Wenn du ihn weggäbest, dann würde dir auch seine Bewusstseinsenergie verloren gehen. Gewiss, es wären nur Spuren, aber auch sie mehren deine spirituelle Kraft. So unmöglich es dir auch vorkommen mag: Diese winzigen Spuren können in Resonanz zu der *gesamten* Welt der Steine treten und sie zum Mitschwingen anregen.« Er überlegte kurz, entwarf ein neues Bild: »Stelle dir einen Schreibtisch aus edlem Marmor vor. Nirgends weist seine Oberfläche eine fehlerhafte Stelle wie zum Beispiel den Einschluss eines fremden Gesteins auf. Der Marmor des Schreibtisches ist in seiner Schönheit ganz gewiss vollkommen zu nennen. Und jetzt der Mann, der jeden Tag an ihm arbeitet. Er ist von hoher Spiritualität. Seine Arbeiten widmen sich ausschließlich dem Bestreben, diese Spiritualität zu erweitern, sie auf eine noch höhere Stufe zu heben.« Ein neuer Blick traf mich. »Es ist doch nicht verwunderlich, dass der ständig von diesem Geist durchflutete Marmor eine gewisse Veränderung erfährt, seine Bewusstseinsatome sich vermehren. Dein Verhältnis zu dem Stein kann ähnlich gesehen werden. Höre nicht auf jene Stimmen, die dir spöttisch weismachen wollen, du seiest ein mit übergroßer Fantasie begabter Traumtänzer und wärest auf dem besten Weg, dich mit dieser *Gabe* lächerlich zu machen. In Wirklichkeit sei der Stein nichts anderes als nur ein lebloses Stück Materie, und damit basta! Die mit solchen Worten um sich werfen, haben von dem geheimnisvollen Walten der Natur keine Ahnung, stehen noch auf einer niederen Bewusstseinsstufe.«

»Auch wenn es sich bei ihnen um mächtige Wirtschaftsführer oder Politiker handelt?« Ich stellte diese Frage mehr zum Spaß, denn es gab darauf nur *eine* Antwort.

Und ich erhielt sie auch.

»Ein Baum hat Blätter und Blüten. Aber nicht jede Blüte wird bestäubt, wird zur Frucht. Mit den Menschen verhält es sich ebenso: Viele werden am Baum des Bewusstseins zu Blättern, wenige zu Blüten und nur wenige von ihnen werden bestäubt, werden zu Früchten. Gemeinsam ist ihnen aber, dass sie *alle* zur Entwicklung des Bewusstseins beitragen.« Er machte eine nachdenkliche Pause. Dann hob er den Kopf und sah mich an, sagte: »Du hast schon mit Satya darüber gesprochen, aber ich will es noch einmal wiederholen: Ob ein Mensch am Bewusstseinsbaum Blatt, Blüte oder sogar Frucht wird, das hat nichts mit der Beschaffenheit seines Verstandes zu tun. Noch einmal: Der gehirnliche Verstand ist allein für die Bewältigung des *einen* körperlichen Lebens zuständig, der Verstand der Seele widmet sich dagegen dem Aufstieg des Bewusstseins über *alle* Inkarnationen hinweg.« Er lächelte amüsiert. »Weißt du, sogar ein Straßenkehrer kann ein fortgeschritteneres Bewusstsein und eine weitaus stärkere spirituelle Ausstrahlung haben als ein mächtiger Wirtschaftsführer mit dem körperlichen Verstand eines Riesen.«

»Auch eine stärkere Ausstrahlung?«, fragte ich.

»Das kommt auf die Art der Ausstrahlung an. Jene des Erfolg verwöhnten Wirtschaftsführers kann sehr machtvoll sein, von einer unbeschreiblich charismatischen Wirkung auf seine Umgebung, während jene des Straßenkehrers mehr einer Blüte gleicht, die es vorzieht, sich nur im Verborgenen zu entfalten. Sein körperlicher Verstand ist dagegen nur wenig entwickelt, deshalb hat er es auch nur zum Straßenkehrer gebracht. Das Charisma der Macht ist ihm deshalb genauso fremd wie das Charisma des Wissens.«

»Vielleicht verfügt er über eines der sexuellen Kraft«, wollte ich ihm aus reiner Menschenfreundlichkeit zubilligen.

»Das ist durchaus möglich. Das Charisma dieser Ausstrahlung kann ungeheuer mächtig sein, von einer direkt magischen Wirkung. An ihr sind schon Könige gescheitert und große Reiche zerbrochen.« Er schwieg und sah mich an. »Wir sprachen von der Kraft in den Steinen und kamen dabei auf das geheimnisvolle Walten der Natur zu sprechen«, erinnerte er mich. »Und wir sprachen auch über jene Menschen, die die Natur als eine Art lebloses Ding betrachten, das nur dazu gut wäre, nach Herzenslust ausgebeutet zu werden. Überlegungen von Menschen, die offensichtlich einer niedrigen Bewusstseinsstufe angehören.«

Wie wahr seine Worte waren! Ablehnung hatte ich schon oft erfahren müssen, wenn ich mich zu diesem Thema geäußert hatte. Fast ausschließlich von Zeitgenossen, die ihr Nichtwissen über diese Dinge unter einer Flut hochtrabender Worte versteckten und sich dabei gebärdeten, als hätten sie soeben den Nobelpreis verliehen bekommen.

Eine Frage stieg in mir hoch. »Mein Stein ist nach deinen Worten ein Teil des gigantischen kosmischen Kraftgewebes. Nimmt er aufgrund seines Resonanzvermögens eine bevorzugte Stelle unter dem Gestein ein?«

»Nein. Lasse das, was ich dir gleich sagen werde, in dich einfließen und halte es fest. Drei Worte verkünden ein wahrhaft ehernes Gesetz. Nur drei Worte. Sie lauten: ALLES IST EINS. Drei Worte, die, richtig verstanden, auch sagen: ALLES SPIEGELT SICH IN ALLEM.

Das beantwortet auch deine Frage. Denn wenn sich Alles in Allem spiegelt, dann gibt es nirgendwo eine Trennung zwischen den Elementen der Natur. Hast du das verstehen können? Ich weiß, das ist nicht einfach, schon deshalb, weil unter den Menschen eine andere Forderung geradezu zum Gesetz erhoben und verherrlicht wird.« Er sah mich an und sagte:

»Stelle dir einen Handschuh vor, einen Handschuh mit unzähligen Fingern.

»Ja, aber warum soll ich das tun?«

»Gleich wirst du es erfahren. Stelle dir jetzt weiter vor, dass jeder dieser *Finger* ein eigenes Bewusstsein besitzt und die meisten von ihnen zu der Überzeugung gelangt sind, es sei viel besser, weil ökonomisch vorteilhafter, sich von der Hand zu trennen, die Verbindung nicht nur zwischen den Fingern, sondern auch mit der Hand, aufzugeben. Was ist das traurige Ergebnis? Die nun vereinzelten Finger verlieren durch die erfolgte Trennung jede Verbindung miteinander.[33] Der Egoismus ist hier der Motor, die Abgrenzung die von ihm geleistete Arbeit. Bald wissen die Finger nicht mehr, dass sie alle vom gleichen Fleisch und Blut sind. Auf die Menschheit übertragen heißt das: Das Miteinander und die Liebe zum Nächsten bleiben zunehmend auf der Strecke. Letztere wird dazu verdammt, ein Eckensteherdasein führen zu müssen.«

»Und wie wirkt sich das alles auf die Kraft der Ausstrahlung aus, besonders aber auf die des Charismas?«, fragte ich in dem Bemühen, das Thema wieder einzugrenzen, es nicht ausufern zu lassen.

»Darauf eine Antwort zu finden ist nicht schwer. Kurz gesagt: Die positiven Strahlungsenergien nehmen ab und die negativen nehmen zu. Für den einzelnen Menschen hat das nicht viel zu besagen, denn es wird immer Menschen geben, die über ein machtvoll strahlendes Charisma verfügen. Gemeint ist vielmehr die Gesamtausstrahlung des Charismas aller Menschen. Diese ist zur Zeit im Abnehmen begriffen.«

»Kann man dieses Abnehmen als eines der tiefen Täler bezeichnen, durch die die Menschheit hindurch muss?«, fragte ich in Erinnerung an ein Gespräch mit Satya. »Zu jedem Tag gehört eine Nacht und zu jeder Nacht gehört ein Tag. Befinden wir uns in einer solchen Nacht? Und besteht die Möglichkeit, dass diese Nacht sich noch mehr verdunkelt, dass sie zur absoluten Schwärze wird, zu einem verhüllenden Mantel, der alles Licht unter sich begräbt?«

Er hob die Schultern. » Wir wissen es nicht, das weiß nur Gott. Grundsätzlich gilt: Bei Gott ist nichts unmöglich, aber ich halte es für undenkbar, dass Gott seine Schöpfung auf ewig in der Dunkelheit versinken lässt, ohne vorher seine helfenden Hände ausgestreckt zu haben. Wir müssen es hinnehmen, denn es führt kein Weg daran vorbei: Die Schleifsteine der Entwicklung kommen ohne steile Gipfel und tiefe Täler nicht aus. Es muss sie ebenso geben wie es den Prüfstein für das Gold geben muss, um dessen Echtheit zu prüfen.«

Er schwieg. Wieder sah er mich an, und wieder spürte ich die Kraft, die von diesem Wesen ausging. Sie war mit Wärme angefüllt.

Haben Sie es nicht auch schon erlebt? Sie diskutierten mit Kollegen über ein bestimmtes Thema, waren mit Leidenschaft dabei, als ihnen, wie herbeigerufen, plötzlich ein Einfall kam. Vielleicht einer, mit dem Sie endlich die Tür zu einem bestimmten Bereich Ihres Wissens öffnen konnten. Mir erging es jetzt so, denn das Wort Harmonie formte sich jäh in großer, leuchtender Schrift in meinem Gehirn, formte sich dort, als wollte es sich in Erinnerung bringen, aus Sorge, vergessen zu werden. Kaum war das geschehen, als ich mich auch schon betroffen fühlte. Tatsächlich, ich war nahe daran gewesen, einen wichtigen Stützpfeiler für den geforderten Einstimmungsprozess außer Acht zu lassen. Resonanzerzeugung gut und schön, aber konnte sie gelingen ohne Harmonie? Nein, das war eine Unmöglichkeit. Harmonie duldet keinen Streit und erst recht kein Chaos. Und wenn ich es mir recht überlegte, war Harmonie – ich meine jene Harmonie, die besänftigend wirkt, die zum Beispiel in den Sturm der Gefühle beruhigende Stille einziehen lässt – war Harmonie nicht die Schwester der Liebe? Du lieber

Himmel, und ich hatte nicht an sie gedacht. Meine Betroffenheit wuchs. Satya fiel mir ein. Auch ihm war diese wichtige Größe nicht eingefallen. Ihm, dem sonst so leicht nichts entging.

In meine selbstquälerischen Gedanken hinein *ertönte* die Stimme des *Herrn der Steine:* »Sorge dich nicht. Wir werden das Thema Harmonie noch ausführlich behandeln. Aber ich schlage vor, dass wir uns erst *nach* diesem Abschnitt damit befassen. *Nach* dem Abschnitt, der von den Steinen handelt und *vor* dem Abschnitt, der die Pflanzenwelt zum Thema hat. Es ist die berühmte Bruchstelle zwischen der so genannten *anorganischen* und *organischen* Welt. Ich bin der Überzeugung, dass gerade dieser Platz der richtige für sie ist. Habe also noch ein wenig Geduld.« Er schaute mich an. »Hast du noch Fragen?«

Mir fiel ein Stein vom Herzen. »Ja«, sagte ich. »Wir haben viel über das Bewusstsein geredet, aber über eines noch nicht: Wie stelle ich den Kontakt her und auf welche Weise kann ich die Kraft, zum Beispiel der Steine, in mich einströmen lassen?«

Seine Antwort kam sofort: »Bist du schon einmal im Hochgebirge gewesen, zum Beispiel in den Alpen?«

»Ja«, sagte ich verwundert. Hoffentlich kam jetzt nicht ein neuer *Bogen.*

»Und ist dir die Majestät der hochaufragenden Gipfel dabei bewusst geworden?«

»Ja. Sogar sehr bewusst.«

»Vielleicht während eines Erlebnisses?«

»Ja. Es hätte leicht meinen Tod bedeuten können.« Ich sah ihn fragend an. »Soll ich dir davon erzählen?«

»Bitte.«

Ich begann mit meiner Erzählung. Meine Stimme – nicht die meiner körperlichen Stimmbänder, sondern die meiner Seele – war zuerst zittrig, festigte sich aber mit jedem Wort.

»Es geschah 1950 während meiner Semesterferien. Durch einen Zufall hatte ich – ausgerechnet in Stuttgart – den Wirt einer Berghütte in den Ötztaler Alpen kennen gelernt.

»Ich mache dir einen Vorschlag«, hatte er mir gesagt. »Komm zu mir auf Saison. Ich weiß, Studenten sind arme Hunde. Ich zahl dich anständig, und wohnen und essen kannst bei mir kostenlos. Und Zeit für Gletschertouren hast ebenfalls genug. Also, schlag ein!« Er streckte mir auffordernd seine Hand entgegen.

»Ich schlug ein, freute mich über das großzügige Angebot wie ein Schneekönig, besonders aber auf die Gletschertouren. Ich hatte schon viele solcher Touren unternommen und konnte eine neue kaum erwarten.

Endlich war es so weit.

Die folgenden Tage waren bis obenhin mit Arbeit angefüllt. Der Bergwirt entpuppte sich bald als ein wahrer Leuteschinder. Freie Wochenende? Mein Sklavenhalter ließ mir kaum Zeit zum Essen. Oft genug musste ich es im Stehen hinunterschlingen. Gletschertouren? »Die haben Zeit bis später«, bekam ich immer wieder von ihm zu hören. Auch meine letzte Ferienwoche verging wie die vorherigen. Als ich wieder einmal die Rede auf eine Gletschertour brachte, schnauzte der Wirt mich an: »Nächste Woche bist frei. Dann kannst du meinetwegen jeden Tag eine Tour machen. Vorher geht's nicht. Ich hab kein Geld zum Verschenken.« Und als ich ihn wütend an sein in Stuttgart gemachtes Versprechen erinnerte, da zeigte er mir zur Antwort grinsend den Vogel.

Endlich war meine Zeit in der Berghütte zu Ende und ich war wieder frei. Doch nicht nur das, auch mein Wunsch sollte in Erfüllung gehen, denn ausgerechnet am folgenden Tag sollte eine Gletschertour unter der Leitung eines erfahrenen Bergführers stattfinden. Als ich mich dazu anmeldete, sagte dieser zu mir: »Hast Glück. Wenn du nicht gekommen wärst, dann hätte ich die Tour wegen mangelnder Teilnehmerzahl absagen müssen.«

Den folgenden Tag werde ich in meinem ganzen Leben nicht vergessen. Wir brachen zeitig in der Frühe auf. Die Sonne lachte von einem stahlblauen Himmel und der Gletscher unter unseren Füßen schimmerte im Sonnenlicht wie ein riesiger Brillant.

Doch das sollte sich ändern. Es war wie verhext, fast unmöglich zu dieser Tageszeit. Ausgerechnet gegen Mittag kam Nebel auf. Von überallher. Er kroch wie ein gefräßiges Ungeheuer drohend aus Gletscherspalten und den Schrunden hochaufragender Felsformationen. Und er wurde schnell immer dichter, begann uns mehr und mehr einzuhüllen. Und dann kam der Augenblick, an dem wir wegen der kaum mehr zu erkennenden gefährlichen Spalten im Eis nicht mehr weiterkonnten. Selbst in den Augen des Bergführers flackerte Panik als er uns beschwor: »Haltet euch dicht beieinander. Der Nebel wird sicher bald vorübergehen. Dann können wir zurück. Wir müssen jetzt ausharren.«

Doch der Nebel zeigte sich unerbittlich, wurde sogar noch dichter. Da, wo ich stand, reckte sich eine Felsnadel aus dem Eis. Ich lehnte mich haltsuchend dagegen. Und dann nahm das Unerklärliche seinen Anfang. Denn kaum hatte ich das getan, den Kontakt mit dem Fels hergestellt, als sich in meinem Hirn ein irrwitziger Gedanke formte. *Bitte ihn doch, dass er dir hilft,* riet er mir und hörte sich an wie ein feines Stimmchen. Ich entschloss mich auf der Stelle, es zu tun, denn die Angst in mir war stärker als alle Äußerungen meines Verstandes. Logisches, vernunftgemäßes Denken hin oder her – ich war jetzt bereit, nach jedem Strohhalm, selbst nach dem scheinbar unvernünftigsten, zu greifen. Wer die Todesangst kennt, der weiß, wovon ich spreche.

Ich kann es heute noch nicht fassen. Da, wo meine Hüfte den Felsen spürte, empfand ich plötzlich Wärme. Tatsächlich, die ganze Felsnadel schien auf einmal wie in Wärme getaucht zu sein. Sie floss in mich ein und löste sekundenschnell alle Verkrampfungen in mir. Und es war auch eine Wärme, die auf eine unbegreifliche Art und Weise beruhigend wirkte. Sie wischte die Angst in mir weg, so, als ob es sie nie gegeben hätte. Und ich wusste, dass mein Leben hier nicht enden würde. Ein Wissen, das mit dem Verstandeswissen nichts, aber auch gar nichts, zu tun hatte. Denn es war nicht nur Wissen allein, es war mehr, es war – Gewissheit!

Ich presste mich vertrauensvoll gegen die Felsnadel und spürte das Einströmen einer Kraft, die ich vorher nicht gekannt hatte und die mir den Mut gab, voller Inbrunst zu bitten. Ich sagte: »Bitte, hilf uns, rette die anderen Menschen und mich. Befreie uns von dem Nebel.«

Und dann geschah das Wunder! Kaum hatte ich meine Bitte ausgesprochen, als meine Ohren ein schwaches Brausen hörten. Es nahm schnell zu. Meine Augen hoben sich, wollten nach der Ursache Ausschau halten. Sie erblickten das Unbegreifliche: Ein starker, jäh aufkommender Wind griff nach dem Nebel und riss Fetzen auf Fetzen davon heraus, riss es heraus mit immer stärker werdender Kraft. Schon nach wenigen Minuten war alles vorbei, hatte der eben noch so dichte Nebel jeden Schrecken verloren. Die wenigen Menschen um mich herum jubelten vor Glück. Der Bergführer war auf die Knie gesunken und schickte mit gefalteten Händen ein Dankgebet gen Himmel. Wir waren gerettet.

»Danke!«, flüsterte ich. »Danke!« Ich verstärkte den Druck meines Körpers auf die Felsnadel. Und noch einmal sagte ich leise: »Danke!«

Kaum hatte ich das getan, als die Wärme an meiner Hüfte für wenige Sekunden zunahm, danach rasch abflaute. War diese plötzliche Empfindung nur eine Sinnestäuschung oder war sie mehr, war sie vielleicht eine – Antwort? Jäher Zweifel erwachte in mir.

»Deine Skepsis ist unangebracht«, bekam ich zu hören.

»Warum?«, fragte ich beschämt. Eben noch hatte ich um Hilfe gebeten und jetzt dieser Zweifel.

»Dann muss ich dir deine Frage sinngemäß wiederholen. Du fragtest: *Wie stelle ich den Kontakt zur Welt der Steine her und auf welche Weise kann ich ihre Kraft in mich einströmen lassen?*«

Ich nickte. »Ja, diese Frage hatte ich gestellt.«

»Und hätte dir dein Erlebnis nicht Antwort genug sein müssen?«

Ich griff mir an den Kopf. Das heißt: Ich wollte es tun und mit dieser Bewegung meinem Unmut über mich Ausdruck verleihen. Aber meine Hände fanden keinen Widerstand, griffen buchstäblich durch meinen Kopf hindurch. Aber mir kam sofort die Erkenntnis. Die *Hände* meines jetzigen *Körpers* waren von anderer Art, von anderer Konsistenz als meine früher gewohnten. Großer Gott, Nebel meine Hände, Nebel meine Füße, Nebel mein Leib – aber nicht mein Denken, nicht mein ICH.

»Ja. Das Erlebnis war eindeutig genug. Ich konnte den Kontakt herstellen, und mir wurde geholfen.« Ich hob die Schultern. »Aber mir will es einfach nicht gelingen, diesen Vorgang zu verstehen, dieses Rätsel aufzulösen. Steine haben doch kein Bewusstsein wie wir Menschen es kennen. Was war das für eine Kraft, die von der Felsnadel ausging und die den Nebel vertrieb?«

Die Augen vor mir blickten nachsichtig. »Rufe dir doch dein Erlebnis mit dem Stein am Strand ins Gedächtnis zurück! Auch er richtete seinen Kraftstrom auf dich, wollte von dir aufgehoben und in deine Wohnung getragen werden. Und oft genug hattest du seither den Wunsch gespürt, ihn wieder in die Hand zu nehmen, um nicht nur seine wohltuende Kühle, sondern auch die Schwingung seines Lebens zu spüren. Gemeint ist nicht jenes Leben, das wir als Leben bezeichnen, es ist ein anderes Leben, ein völlig anderes. Warum? Weil nicht jeder einzelne Stein über ein eigenes, abgesondertes Bewusstsein, wie es bei uns Menschen der Fall ist, verfügt. Dafür gibt es das Bewusstsein *aller* Steine. Und da ihre gesamte Masse wahrhaft ungeheuer groß ist, ist auch ihr Gesamtbewusstsein ungeheuer groß. Jetzt wirst du es besser verstehen können, dass es für diese Kraft ein Leichtes war, den Nebel zu vertreiben.«

Ich unterbrach ihn: »Aber was hat das Eingreifen dieser Kraft veranlasst? Welches Zündholz sorgte für die Flamme der Wirkung? Denn sie ist doch nicht einfach so mir nichts, dir nichts, entstanden.«

Er lächelte. »Wenn du mich nicht unterbrochen hättest, dann wüsstest du es jetzt. Lasse es dir sagen: Wenn du nicht um Hilfe gebeten hättest, dann hätte es sie auch nicht gegeben.«

»Und was ist mit der Stimme in mir, die mir den Rat gab, zu bitten?«

»Das war die Stimme des Gesamtbewusstseins aller Steine die es gibt. Als du ihr folgtest, wurde deiner Bitte entsprochen. Und es hat auch vorhergesehen, dass du nicht ohne Dank gehen würdest. Doch jetzt will ich dir noch in aller Kürze jene zwei Faktoren nennen, auf die es ankommt und die vorhanden sein müssen, um in Kontakt mit der Natur zu treten, von ihr nicht abgewiesen zu werden. Es sind: liebevoller Respekt und – Dankbarkeit.«

»Das ist schon alles?«, fragte ich überrascht. Nur zwei Faktoren erschienen mir als viel zu wenig.

Kaum hatte ich ausgesprochen, als er hellauf lachte. Wahrscheinlich war ihm meine Frage reichlich naiv vorgekommen.

»Das ist nicht zu wenig, das ist sogar ungeheuer viel. Nur wenige Menschen bringen der Natur Respekt entgegen, betrachten sie nicht nur als Objekt der Ausbeutung. Gewiss ist ihre Majestät, sich unter anderem ausdrückend in den hohen Gipfeln ihrer schneebedeckten Berge, dazu geeignet, Gefühle zu erzeugen, aber sie lieben? So zu lieben, wie man zum Beispiel einen nahen Verwandten liebt – das können nur wenige Menschen.« Er unterbrach sich, sagte: »Diese Ausführungen gelten nicht nur für die Welt der Steine, sondern auch für die Welten der Pflanzen und Tiere. Deren Repräsentanten werden sich daher viel kürzer fassen können als es mir möglich ist. Für dich gilt: Du musst alles daransetzen, unsere Empfehlungen zu verinnerlichen, sie zu befolgen. Sie lediglich zu hören würde dir nichts bringen.«

Der *Herr der Steine* schwieg und blickte mich ernst an. Seine Ausstrahlung war derart mächtig, dass selbst mein jetziger, nebelhafter Körper unter diesem Ansturm an Kraft ins Zittern geriet. Fast hätte ich darüber meine Frage vergessen, aber ich erwischte sie noch ehe sie sich im Dunkel des Vergessens verkriechen konnte.

»Wie schaffe ich es, dass meine Bemühungen vor den prüfenden Augen der Natur Gnade finden?«

»Das ist eine gute Frage. Durch Lernen, Lernen und nochmals Lernen.«

Die Antwort befriedigte mich nicht. »Kann man denn Liebe und Dankbarkeit überhaupt lernen? Meiner Meinung nach ist das doch zuerst die Angelegenheit des Herzens, nicht aber die des berechnenden Verstandes.«

Er nickte. Seine Augen blickten anerkennend. »Das ist absolut richtig. Das Lernen, das ich meine, ist tatsächlich keine Angelegenheit des Verstandes. Dieser kalte Geselle taugt dazu nicht. Deine Errettung vor dem Tod im Gletscherfeld verdankst du einer Bitte. Mit dem *Erlernen* der

Liebe verhält es sich ebenso. Auch um sie musst du bitten. Doch diese Bitte muss derart intensiv sein, dass ihre Kraft bisher verschlossene Türen zu öffnen vermag. Dann strömt dir die Liebe entgegen, strömt in dich ein, besetzt alle Fasern deines Körpers, deines fleischlichen und deines seelischen Körpers. Wenn du im Besitz der Liebe bist, dann ist dir Dankbarkeit selbstverständlich.«

»Die Suche nach der Liebe, wohlverstanden nach der vollkommenen Liebe, ist wohl zu vergleichen mit der Suche nach dem heiligen Gral?«, entfuhr es mir.

»Das siehst du richtig. Die vollkommene Liebe finden zu wollen ähnelt auch der Suche nach einer kostbaren Perle in einer Muschel am Meeresrand.«

»Vollkommenheit kann man wohl nur im Märchen finden«, sagte ich.

»Weil sich besonders in ihnen Sehnsüchte aber auch Abgründe spiegeln. Eben die gesamte menschliche Natur mit all ihren Fehlern und Schwächen.« Er wechselte das Thema, sagte: »Und jetzt wollen wir, wie versprochen, uns der Rolle der Harmonie zuwenden.«

Die *erste* Beziehung

Alles lebt, auch Steine leben – auf ihre Art.
Es gibt ein Gesamtbewusstsein aller Steine.
Zweifeln Sie nicht daran, und respektieren Sie das.
Suchen Sie sich einen Stein aus.
Ob Kiesel oder Edelstein – er sollte gut in der Hand liegen.
Betrachten Sie ihn als Mittler zu der gesamten Welt der Steine.
Bauen Sie über ihn eine Beziehung auf.
Reden Sie mit ihm und machen Sie ihn zu Ihrem Vertrauten.
Bitten Sie um Beistand zur Erhöhung Ihres Charismas.
Bedanken Sie sich.

Harmonie, die Schwester der Liebe

Der *Herr der Steine* stieg gleich hinein ins Thema. »Sicher weißt du, was unter dem Begriff Harmonie zu verstehen ist?«

Ich kratzte meine Kenntnisse zusammen. »Selbstverständlich weiß ich das. Man versteht darunter *Ebenmaß* und *Übereinstimmung*, und man spricht sogar von der *Harmonie der Seelen.* Der Biologe Paul Kammerer war überzeugt davon, es gäbe eine der Natur zugrunde liegende Harmonie, eine Art Mosaik, ein Muster, *die Nabelschnur, die Gedanken, Gefühle, Wissenschaft und Kunst mit dem Schoß des Universums verbindet.*[34]

»Und – kannst du dir im Gegensatz dazu vorstellen, was Disharmonie ist und was sie alles bewirken kann?«

Ich konnte, denn mir fiel dazu ein Geschehnis ein, über das Peat in seinem Buch *Synchronizität* näher berichtet hat.[35] Er erzählt darin von einem Erlebnis des Sinologen Richard Wilhelm. Dieser Mann beschrieb einen so genannten Regenmacher, der von den Bewohnern eines Dorfes flehentlich um Hilfe aus der Not gebeten wurde. In dem Dorf hatte es schon seit Monaten nicht mehr geregnet, und das Vieh war bereits am Verdursten.

Der alte Regenmacher zeigte sich bereit und bezog für die Zeit seines Aufenthaltes eine für ihn vorbereitete Wohnung. Die Dorfbewohner warteten nun gespannt auf die Zauberkunststücke des Magiers. Aber in dieser Erwartung sahen sie sich getäuscht. Sie begriffen es nicht, der alte Mann blieb untätig und allem Anschein nach völlig teilnahmslos in seiner bescheidenen Behausung hocken. Doch bald darauf regnete es! Ein Wunder? Auf Befragen erzählte der Alte eine für den normalen Verstand schier unglaubliche Geschichte. Als er in dem Dorf angekommen sei, hätte er sofort den ekligen Dunst der über dem Dorf wie eine schwarze Wolke hängenden Disharmonie gesehen und auch gespürt. Selbst nach ihm hätte dieser Dunst seine Fühler ausgestreckt, um ihn darin einzuhüllen. Er hätte sich deshalb in die hinterste Ecke seiner Hütte verkrochen und sich gesammelt, um dadurch seine innere Harmonie und damit auch sein Gleichgewicht wiederzufinden. Sein Sieg über die Disharmonie hätte den Dunst über dem Dorf vertrieben. Danach wäre der Regen wie von selbst gekommen.«

»Kennst du noch andere Beispiele für waltende Disharmonie?«

Ich brauchte nicht lange zu überlegen. »Meiner Meinung nach gibt es eines, allerdings in einem weitaus größeren Maßstab. Es ist jene Disharmonie, die auf Mutter Erde einwirkt. Als disharmonische Taten benenne ich die Abholzung der Regenwälder, die rücksichtslose Vergiftung nicht nur der Meere, sondern auch der Lufthülle unseres geschundenen Planeten.«

»Und – wehrt sich Mutter Erde dagegen?«

»Ja, mit allem, was sie zur Gegenwehr aufbieten kann. Mit Jahrhundert-Orkanen, mit riesigen Überschwemmungen und mit schrecklichen Krankheiten. Und das ist noch lange nicht alles: Überall gibt es Unruhen, angestiftet von fanatischen Weltverbesserern, die die Macht wollen und denen das Wohl und Wehe der Menschen gleichgültig ist. Das Blut fließt in Strömen, tödlicher Hass und teuflische Grausamkeit feiern ihre unmenschlichen Triumphe.«

Ich hielt inne. Der Zorn hatte mich, wie schon so oft bei diesem Thema, übermannt gehabt. Ich holte tief Atem, verschaffte mir dadurch Erleichterung.

»Die Disharmonie ist die große Zerstörerin«, sagte er in meine Gedanken hinein. »Die Natur hingegen strebt immer nach Ausgleich und Harmonie. Ein Streben, dass sie faktisch zum Gesetz erhoben hat. Leider sind die meisten Menschen noch nicht in der Lage, diese tiefe Wahrheit in sich aufzunehmen, sie zu verinnerlichen. Sie lautet: Es sind allein, ganz allein, die Menschen, die Disharmonien erzeugen und sie in die Natur transportieren. Und sie wundern sich über das Echo, können nicht begreifen, dass die Natur zurückschlägt, denn sie ist doch nach Meinung hochkarätiger Wissenschaftler unbeseelt.«

»Und wenn man die Welt um sich herum aufmerksam betrachtet, dann könnte man leicht zu der Ansicht kommen, diese Tendenz würde sich von Jahr zu Jahr noch verstärken«, unterbrach ich ihn. »Das Denken in Disharmonien gilt in der heutigen Zeit als modern, denn wie sagt man: *Die Wirklichkeit ist eben wie sie ist.* Mit Harmoniegedudel würde man der Realität nicht gerecht werden können. Mit dieser Auffassung sei man in der Situation eines illusionären Fischers, der allen Ernstes daran glaubt, ohne Angel, allein mit sanften, über den See gerufenen bittenden Worten Fische anlocken und sie dann, womöglich mit den Händen, fangen zu können. Andere, realitätsbewusste Fischer, würden ein solches Tun schlicht und einfach als verrückt bezeichnen und den *Rufer über den See* reif für die Klapsmühle halten.«

»Die Natur umfasst alles, was es gibt, nichts ist davon ausgenommen, sie umfasst die Ganzheit«, sagte er. »Und das gilt selbstverständlich auch für ihr Streben nach Harmonie. Sie durchdringt die feinsten Verästelungen, will alles umfassen, dringt vor bis zum Grund, will alles harmonisieren, und sie wird einmal den Sieg davontragen.«

»Im Augenblick ist leider davon nicht viel zu spüren«, sagte ich bitter. »Eher ist das Gegenteil der Fall: Das Unrechtsbewusstsein nimmt zu und die Gewaltbereitschaft wächst und wächst. Anscheinend hat die Natur in ihrem Streben nach Harmonie eine längere Pause eingelegt. Hoffentlich dauert sie nicht zu lange.« Ich sah ihn fragend an. »Oder befindet sich die Menschheit in einem besonders tiefen Tal ihrer Entwicklung?«

Er nickte. »Ja, genau das ist der Fall. Aber Täler werden durchmessen und neue Höhen warten, werden schließlich bezwungen. Nichts geht daran vorbei: Jede Generation macht immer dieselbe Erfahrung. Um bei deinem Beispiel *Kultur* zu bleiben: Auch sie ändert sich. Sie muss sich ändern, denn sie kann doch nicht in einem statischen Zustand verharren, wenn sich alles um sie herum dynamisch verändert, einem Entwicklungsgesetz folgend, das im ganzen Kosmos gilt. Und wenn ein Künstler anderer Ansicht ist als zum Beispiel Goethe oder Schiller und sein Kunstwerk das in disharmonischer Weise zum Ausdruck bringt – nun, soll er doch! Ein Fluss, der nach einem heftigen Unwetter über seine Ufer tritt, findet doch auch wieder in sein altes Bett zurück, findet von der *Disharmonie* zurück in sein Bett *Harmonie.*«

»Hier die Frage nach dem Sinn zu stellen ist zumindest sehr schwierig«, warf ich ein.

Ich erntete ein Lächeln. Es war ein humorvolles Lächeln. Wenn der Humor eine Göttergabe ist, dann muss er auf der Entwicklungsleiter von Stufe zu Stufe zunehmen, bis hin zur obersten Sprosse, hin zu einem gütig lachenden Gott, der alles versteht und alles verzeiht.

Er antwortete: »Wie war das denn damals mit dem Nil und seinen jährlichen Überschwemmungen? Du musst es doch wissen: Für die ansässigen Bauern waren diese Überschwemmungen lebensnotwendig. Fruchtbarer Schlamm blieb zurück. Er garantierte reiche Ernten. Und wenn die Überschwemmungen einmal ausblieben, dann war der Jammer groß. Und wie ist es jetzt, nach dem Bau des großen Staudamms? Der Nil wurde durch diesen Bau gezähmt, und transportiert zum Kummer der Bauern jetzt nicht mehr riesige Humusmengen in die ländlichen Gebiete.«

»Ist es richtig, wenn ich behaupte, der Bau des Staudamms war von disharmonischer Wirkung?«, fragte ich.

»Für die Bauern war er das ganz gewiss, für andere Bevölkerungsgruppen mag sich das wieder anders darstellen. Auch hier gilt die alte Volksweisheit: *Was dem einen sein Glück, das ist dem anderen sein Unglück.«*

Seine Augen blickten mich an. Und wieder spürte ich die Kraft, die ihnen entströmte. Ich dachte an das Thema meines neuen Buches – an die persönliche Ausstrahlung eines Menschen, an sein Charisma. Hier brauchte man nicht lange zu suchen oder herumzudeuteln. Nein, das Charisma dieses Wesens war mit der Ausstrahlung einer Sonne zu vergleichen, die von einer Unzahl winzigster Satelliten umkreist wird. Himalaja groß die eine, staubkornklein die anderen. Er die Sonne, ich nur ein winzigkleiner Satellit. Ein zu hoch gegriffener Vergleich? Nein, ganz gewiss nicht.

Eigenartig, schon wieder überfiel mich eine Erinnerung. Und das ausgerechnet in einem Augenblick, der dafür wie gemacht war.

Satya hatte mir von Pattys Erlebnis mit einem wahren Teufel von Stiefsohn erzählt. Mein Freund hatte mich anschließend gefragt: »Was haben Harmonie und Disharmonie mit Gesundheit und Krankheit zu tun? Ich weiß es, aber ich möchte gerne deine Meinung dazu hören.«

Ich hatte nicht lange nach einer Antwort suchen müssen, denn mir war klar, dass es nur eine ganz bestimmte geben konnte.

»Im Menschen treffen sich wie in einem Brennpunkt Physis und Psyche. Diese beiden Größen miteinander in Einklang zu halten oder nötigenfalls zu bringen, ist Grundvoraussetzung für die Gesundheit den Menschen. Für die Gesundheit seines Körpers und für die seiner Seele ebenso.« Satya hatte mich nach diesem Satz unterbrochen und gesagt: »Entschuldige bitte, aber es wird dich sicherlich interessieren, und es passt auch gerade hinein: Patty erzählte mir neben der Geschichte von dem lumpenhaften Stiefsohn auch diese. Ich werde mich kurz fassen: Es ist die Geschichte eines 65-jährigen Mannes, der gerade aus dem Berufsleben ausgeschieden war. Ein Mann von einer bärenhaften Gesundheit, der es im Hinblick auf seine Kondition leicht mit einem weit jüngeren Mann hätte aufnehmen können. Doch kaum war er in Rente, als ihn sein Herz zu plagen begann. Der Rentnerschock! Innerhalb eines halben Jahres durchlitt er zwei Herzinfarkte. Seltsam, die Befunde zeigten keinen organischen Schaden. Endlich überwand er seine ablehnende Haltung gegenüber den Heilpraktikern und ging zu einer bekannten Heilerin, denn so wie bisher konnte es nicht weitergehen, und sterben wollte er noch nicht.«

»Und – hat diese Frau ihm wirklich helfen können?«, fragte ich Satya gespannt.

»Ja. Bereits nach einem Monat war er seine Beschwerden los. Und sie tauchten danach auch nie wieder auf.«

»Nicht zu fassen. Wie hat die Heilerin das denn angestellt?«

»Auf eine derart einfache Weise, dass man sich fragen muss, ob die vielen bisher von ihm konsultierten Ärzte nicht alle miteinander Bretter vor ihren Köpfen gehabt hatten. Diese Frau wusste, dass zu jedem Körper eine Seele gehört. Ohne sie gibt es kein Leben. Und nach dieser Maxime handelte sie.«

»Und was hat die Heilerin gefunden?«

»Du wirst staunen. Sie erkundigte sich unter anderem auch danach, ob er ein Hobby hätte. Mit dieser Frage traf sie mitten ins Schwarze. Sein Hobby hatte in der Liebe zu seinen Fischen bestanden. Zum großen Ärger seiner herrschsüchtigen und einem wahren Putzteufel gleichenden Frau hatte er sie in zwei Aquarien gehalten, war jeden Tag stundenlang davor gesessen und hatte das quirlende Leben darin fasziniert beobachtet. Der Ärger seiner Frau hatte von Tag zu Tag zugenommen, denn ihrer Meinung nach machten die

Fische viel Arbeit und bescherten ihr außerdem noch einen Haufen Dreck. Ein völlig verqueres Denken. Auch eine Ansicht, die ihr Mann nicht teilte und sie als nur hergeholt bezeichnete. In Wahrheit gönnte sie ihm diese Ablenkung nicht, wollte, dass er sich ausschließlich ihr widmete und nicht diesen ›blöden Fischen‹. Die Streitereien zwischen den Eheleuten nahmen zu, wirkten allmählich wie Schmirgel auf nackter Haut. Endlich konnte er den ständigen Unfrieden nicht mehr ertragen und gab, um des lieben Friedens willen, Jahre vor seiner Pensionierung sein Hobby auf. Zu dieser Zeit war er noch beruflich tätig und ging in seiner Arbeit auf, war auf die seelische Medizin eines Steckenpferds noch nicht angewiesen.

Als die Heilerin erfahren hatte, aufgrund welcher Umstände er sein Hobby aufgegeben hatte, war ihr klar, was getan werden musste, um diesem Mann seine Gesundheit wenn nicht zurückzugeben, sie jedoch wenigstens zu verbessern. Sie bestellte beide Eheleute zu sich und redete der Frau mit Nachdruck ins Gewissen. Die gab tränenüberströmt nach und wollte sich dem Zeitvertreib ihres Mannes ab jetzt nicht mehr in den Weg stellen. Das Ergebnis war sensationell zu nennen: Das Herz beruhigte sich wieder und die zermürbenden Streitereien waren zu Ende. Noch etwas geschah, etwas sehr Erfreuliches: Die beiden Menschen kamen sich wieder näher.«

Ich sah ihn fragend an. »Kann man behaupten, dass durch das Vorgehen der Heilerin die Disharmonie der Harmonie hat weichen müssen?«

»Unbedingt. In diesem Fall war der disharmonische Geist der Frau das störende, besser gesagt das zerstörende Element. Wäre die Heilerin nicht gewesen, dann hätte das Herz des Mannes der ständigen Belastung, verursacht durch die disharmonischen Schwingungen der Frau, nicht mehr lange dem dauernden *Beschuss* standgehalten.«

Er machte eine kurze Pause, sagte dann: »Bevor wir diesen Abschnitt schließen möchte ich von dir noch wissen, ob dir die Begriffe Harmonie und Disharmonie ihrem Inhalt nach jetzt mehr sagen als vorher.« Ein auffordernder Blick traf mich. Er erwartete Antwort von mir. Ich kam mir fast so vor wie ein Schüler bei einer Prüfung.

Ich nickte. »Harmonie hat noch andere Namen. Man spricht von ihr zum Beispiel als Gleichklang, als Echo, als Übereinstimmung. Und man bezieht auch das Seelische darin ein, redet von der Harmonie der Seelen. Letztere Aussage halte ich für die wichtigste. Sie ist für mich so etwas wie der geistige Überbau, unter dessen Dach alle Harmonien die es gibt ihre Wohnstätten haben. So wie eine Brücke beide Ufer eines reißenden Flusses miteinander verbinden, so kann harmonisches Verhalten die Herzen zwei verfeindeter Menschen miteinander verbinden. Denn sie überbrückt alles Trennende, schafft da Frieden, wo vorher Hass und Feindschaft herrschte. Und das gilt weiß Gott nicht nur für die zwischenmenschlichen Beziehungen, das gilt auch für das Verhalten der Nationen untereinander.«

»Und was ist mit der Disharmonie?«, fragte er.

»Du hast eben erst von der Disharmonie als zerstörendem Element gesprochen. Wenn die Harmonie als Plus-Pol bezeichnet werden kann, dann muss die Disharmonie der Minus-Pol sein. Leben ohne Polaritäten ist nicht möglich. Denn wenn es keine Polaritäten gäbe, dann gäbe es auch den Tod nicht und ganz sicher auch nicht den Kosmos. Dann gäbe es nur IHN – *vor* der Schöpfung, *vor* dem Augenblick, an dem alles erst begann.« Ich hielt inne und fragte:

»Kann das bedeuten, dass es dem Menschen auf ewig nicht möglich sein wird, das Minus in ein Plus umzuwandeln?«

Der *Herr der Steine* schüttelte den Kopf. Erst jetzt, bei dieser Bewegung, fiel mir der Unterschied zwischen seinem Kopf und dem übrigen Körper auf. Dessen Konturen waren im Gegensatz zu denen des Rumpfs scharf gezeichnet. Warum nur? Vielleicht deshalb, um mir die Kommunikation mit ihm zu erleichtern, versuchte ich eine Erklärung.

»Du vermutest richtig«, sagte er in meine Gedanken hinein. »Dadurch wird dir das Verstehen erleichtert.« Doch länger hielt er sich bei diesem Thema nicht auf, sondern kehrte zu meiner Frage zurück.

»Es ist das Ziel der Bewusstseinsentwicklung, das Minus in ein Plus umzuwandeln. Und das solange, bis es kein Minus mehr gibt, alles zu Plus geworden ist. Merke es dir: Das allmähliche Umwandeln des Minus in ein Plus ist der Weg, und ganz gewiss kein leichter Weg; die Vollendung des Plus aber ist das Ziel. Eine Leiter mit unendlich vielen Sprossen. Ist die letzte davon erreicht, dann hat die Körperlichkeit mit allen ihren Begrenzungen ein Ende gefunden – weil das Leben sie nicht mehr braucht, es ohne sie, und damit auch ohne das Minus, existieren kann. Ein Atemzug Gottes, der nächste wird folgen.«

»Aber auf welche Weise soll der Weg gegangen werden? Was sind das für Bemühungen? Darüber habe ich noch kein Sterbenswörtchen von dir gehört. Ich brauche diese Auskunft aber, ich brauche sie sogar sehr dringend, denn ohne sie …« Ich brach ab, wusste nicht mehr weiter.

Er lächelte, tatsächlich, er lächelte. Aber es war ein verständnisvolles Lächeln. Doch es währte nur kurz, machte tiefem Ernst Platz. Und dann sagte er: »Die Antwort auf deine Frage muss in dir selbst geboren werden, sonst wohnt ihr keine spirituelle Kraft inne. Habe Geduld, dir wird Antwort werden. Sie ist viel einfacher, als du jetzt denkst, und sie wird über dich kommen wie ein plötzlicher Windstoß nach langer Stille, und sie wird dir die Wahrheit sagen.« Für einen kurzen Augenblick hielt er inne, dann fügte er mit tröstender Stimme hinzu: »Habe Zuversicht, du wirst es schaffen.«

Seine Worte befriedigten mich nicht. Ich war sogar enttäuscht. Wozu diese Geheimniskrämerei? Meiner Meinung nach war sie so unnötig wie ein Kropf. Nein, ich begriff ihn wirklich nicht. Erst viel später wurde mir bewusst, was für eine dumme Frage ich gestellt und wie Recht er gehabt hatte.

Ich wollte eine weitere Frage stellen, aber ich kam nicht mehr dazu. Die Konturen des Geistwesens begannen zu verblassen. Der Kopf nahm an diesem Prozess nur verzögert teil. Wohl deshalb, weil seine *Materie* (soweit man bei ihm überhaupt von Materie sprechen konnte) dichter war als die des übrigen Körpers. Doch bevor auch dieser endgültig verschwand, funkelte es in seinen Augen noch einmal auf, und ich hörte seine Stimme: »Eine kurze Wegstrecke wird dich ab jetzt *die Herrin der Pflanzen* begleiten. Lebe wohl! Wir sehen uns wieder, wenn du deine Dimension endgültig verlassen und eine höhere aufsuchen musst.«

Die Herrin der Pflanzen

Erhabner Geist, du gabst mir, gabst mir alles,
Worum ich bat. Du hast mir nicht umsonst
Dein Angesicht im Feuer zugewendet.
Gabst mir die herrliche Natur zum Königreich,
Kraft sie zu fühlen, zu genießen. Nicht
Kalt staunenden Besuch erlaubst du nur,
Vergönnest mir in ihre tiefe Brust
Wie in den Busen eines Freunds zu schauen.
Du führst die Reihen der Lebendigen
Vor mir vorbei und lehrst mich meine Brüder
Im stillen Busch, in Luft und Wasser kennen.

Johann Wolfgang von Goethe

Wieder ging ein Riss durch die Szene. Geschockt blickte ich auf die Landschaft vor mir. Wo war die wildgezackte, majestätisch aussehende Gebirgskette mit ihren weißen, schneebedeckten Spitzen geblieben? Sie waren nicht mehr da, so, als hätte sie ein mächtiger Magier in Sekundenschnelle fortgezaubert. An ihre Stelle war ein sich von Horizont zu Horizont erstreckender Urwald getreten. Kaum hatte ich ihn erblickt, als eine Kraft an meiner Sphäre zog, der ich nicht widerstehen konnte. Tiefer und tiefer sank ich, und dann schwebte ich über das dicht unter mir liegende Baumlabyrinth, hörte die Geräusche der Tierwelt, das hysterische Kreischen sich heftig befehdender Affenfamilien, das Schimpfen unzähliger Vögel und das Fauchen und Brüllen von Raubtieren.

Ich schwebte auf eine große Lichtung zu, sank und sank, bis ich den Boden erreicht hatte. Kaum war das geschehen, als ich nicht mehr allein war, denn ein Prozess nahm seinen Anfang der mir schon bekannt war. Wieder bildete sich ein leichter Nebel vor mir. Auch in ihm war eine zielgerichtete, formende Kraft tätig, die sich rasch zu einer Gestalt, diesmal nicht zu der eines Mannes, sondern zu der einer Frau verdichtete, zu einer wunderschönen Frau. Schon das Antlitz des *Herrn der Steine* war von einer kaum zu überbietenden Schönheit gewesen, doch dieses Frauenantlitz konnte ohne Übertreibung göttergleich genannt werden. Die berühmte Statue der Venus von Milo hätte daneben gewöhnlich ausgesehen.

Kaum hatte ich diesen Gedanken zu Ende gedacht, als eine glockenhelle Stimme rief: »Sei willkommen in meinem Reich!« Die feenhafte Gestalt schwebte mit ausgestreckter Hand auf mich zu. Tatsächlich, ich konnte sogar ihren leichten Druck spüren. Das mochte daran liegen, dass unsere Geistkörper doch noch eine gewisse, wenn auch nur verschwindend geringe Konsistenz besaßen und deshalb jede Hand den Druck der anderen fühlen konnte. Und ich *fühlte* auch ihre Augen. Ihren Ausdruck zu beschreiben könnte leicht als Übertreibung, als kitschig ausgelegt werden. Aber ich tue es trotzdem, und das sehr gerne. Es waren Augen von einer unbestimmbaren Farbe und einem Ausdruck, den wiederzugeben jede Sprache zu arm ist. Augen von einer ozeantiefen Liebe. Als ich in sie hineinblickte, tief hineinblickte, stieg eine Frage in mir hoch.

»Warst du in einer früheren Inkarnation einmal ein Mensch wie ich?«

Die Antwort war rätselhaft: »Ich bin, die ich bin! Von Anbeginn der Zeiten bin ich immer dieselbe geblieben.«

»Das beantwortet meine Frage nicht. Ich wiederhole: Wer bist du?«

»Ich bin die Herrin aller Pflanzen auf dieser Erde«, kam die melodische Antwort. »Ich bin die Kraft, die sie wachsen lässt; ich bin das Blatt, ich bin der Ast, ich bin das Gras auf der Weide, und ich bin jede Blüte; ich bin alles was wächst. Kurzum, ich bin der Geist, der sie alle beseelt.«

Können Sie sich meine Verfassung vorstellen? Dieses Wesen, diese Frau, seelisches Konzentrat aller Pflanzen dieser Erde. Großer Gott! Diese quälenden Gedanken in mir! Sie ängstigten mich aufs Neue. War mein ganzes Erleben in Wirklichkeit nichts anderes als doch nur eine ungeheure Täuschung? Lag ich immer noch in meinem Bett und träumte einen Wachtraum höchster Plastizität? Und wenn das so war, warum träumte ich diesen Traum? Gab es vielleicht einen Verursacher? Und wenn, wer war das? Mir schwindelte es. Hier erwies es sich: Auch Geistkörper können von sorgenvollen Gefühlen überfallen werden.

»Du träumst nicht«, rief da die glockenhelle Stimme in meine Gedanken hinein. »Mache es dir doch endlich und felsenfest bewusst: Du erlebst die Wirklichkeit, wenn auch auf einer anderen, höheren Ebene. Und jetzt sollst du Fragen an mich stellen. Fange damit an!«

Worte, die mich von einer wahren Last befreiten. »Ich schreibe ein Buch über die Strahlkraft des Charisma und versuche, die Möglichkeit ihrer Steigerung zu ergründen.« Etwas leiser fügte ich hinzu: »Falls es eine solche Möglichkeit überhaupt gibt?«

Kaum hatte ich diese Frage gestellt, da erfolgte auch schon die Antwort: »Es gibt sie, aber mit einer wichtigen Einschränkung: ohne eigenes, starkes Bemühen gibt es keinen Erfolg.«

»Wie soll dieses Bemühen aussehen?«

»Das ist nicht schwer zu verstehen. Um aus dem Reich der Pflanzen Kraft zu beziehen musst du zuerst eine Verbindung zu ihnen herstellen. Hier gilt die strikte Forderung, dass diese den Stempel der Liebe tragen muss. Ohne sie kommt die Verbindung nicht zustande. Aber lasse es dir sagen, das ist nicht einfach.«

»Warum?«

»Pflanzen sind lebende Wesen. Aber ihr Leben gehorcht einem anderen, einem viel langsameren Rhythmus als der der Menschen. Sich auf ihn einzustellen erfordert Geduld und nochmals Geduld. Und noch etwas ist dringend notwendig: Die Pflanzen verlangen nach liebevoller Aufmerksamkeit, wollen beachtet werden, wollen, dass mit ihnen geredet wird. Geschieht das, dann zeigen sie überquellende Dankbarkeit.«

Meine Großmutter fiel mir ein. Sie hatte hinter ihrem Haus einen großen Garten gehabt an dem sie hing wie an einem guten Freund. Es verging kaum ein Tag, an dem sie nicht in ihm arbeitete. Es gab damals noch viele Gärten in dieser Gegend, aber in keinem gediehen Kartoffeln, Beeren und Gemüse so wie in ihrem. Ihre Nachbarn schielten mit neidischen Augen auf die strotzende Fruchtbarkeit und konnten es nicht fassen, dass sie selber nur höchst mäßig von Mutter Natur bedacht wurden. Einmal konnte ich meine Neugier nicht länger zügeln und fragte: »Oma, warum gibt es nur bei uns so viele Früchte und bei den anderen nicht?«

»Weil ich einen Grünen Daumen hab, mein Kleiner. Und weil ich mit den Pflanzen rede, mich ihnen liebevoll widme. Sie fühlen das und sind mir dankbar. Und sie beweisen mir ihre Dankbarkeit durch ihr Wachstum, durch das Geschenk ihrer vielen Früchte.«

Erneut hörte ich die glockenhelle Stimme. Schon nach dem ersten Satz wusste ich, dass meine Erinnerung *abgehört* worden war:

»Der Grüne Daumen deiner Großmutter ist das Ergebnis ihrer pflanzenfreundlich-harmonischen Gedanken. Sie waren es, die ihren Daumen zu einem Grünen Daumen werden ließ. Sie selbst hat davon sicher nichts gewusst. So war ihre Natur eben.«

Eine neue Frage stieg in mir hoch. »Du sprachst eben von dem notwendigen eigenen Bemühen. Meine Großmutter erfüllte doch diese Forderung schon.«

Die *Herrin der Pflanzen* stand jetzt dicht vor mir. Ich empfand ihre Ausstrahlung oder sagen wir besser: ihr Charisma, wie einen starken Druck auf meinen Geistkörper. Er war genauso stark wie ich es bei dem *Herrn der Steine* empfunden hatte. Von körperlicher Sinnlichkeit war darin nichts zu spüren, aber wie hätte das auch möglich sein können? – in dieser (geschlechtslosen) Dimension fehlten dem *zweiten* Körper eben gewisse Werkzeuge für das herrliche Sichaustobenkönnen des Eros. Von der Lust daran ganz zu schweigen.

Unwillkürlich musste ich lachen. Diese Gedanken ausgerechnet hier? Die *Herrin der Pflanzen* hatte sie sicher ebenso lesen können wie meine anderen vorher. Ich sah ihr in das schöne Antlitz, entdeckte darin aber nichts, was meine Annahme bestätigen konnte.

Da sagte sie: »Die Grundlagen waren bei deiner Großmutter vorhanden, sie musste sie sich nicht durch eigene Bemühungen erst erwerben, aber sie wusste nichts von den Möglichkeiten eines Kraftaustauschs zwischen Pflanzen und Menschen. Sicher hätte sie jene, die über eine solche Möglichkeit redeten, für verrückt erklärt. Nein, sie war mit ihrem Grünen Daumen zufrieden, nach mehr stand ihr nicht der Sinn. Ich müsste es wissen. Die Bemühung, die *eigene* Anstrengung, muss erfolgen, um nicht nur die Früchte des Feldes zu ernten, sondern auch Kraft aus dem Reich der Pflanzen empfangen zu können. Jene spirituelle Kraft, die auch eine Verstärkung des Charismas bewirkt.«

Ich verstand sie. Das eigene Bemühen war mit einem Elektromagneten zu vergleichen, dessen Magnetismus durch gewisse einfache Maßnahmen verstärkt wurde. Erst danach war er imstande, stärkere Lasten als vorher zu heben. Auch unsere *Bemühungen* ergeben eine Verstärkung, aber hier der spirituellen Kraft. Sie ist es, die das Charisma speist.

Eine neue Frage beschäftigte mich. »Die spirituelle Kraft nur einer einzigen Pflanze ist doch unmöglich so groß, dass sie …«

Sie unterbrach mich. »Das ist richtig, stelle dir eine Kokospalme vor. Wenn es dir gelingt, mit ihr in Kontakt zu treten, dann trittst du nicht allein mit ihr, sondern mit allen Kokospalmen der ganzen Erde in Kontakt. Mit anderen Worten, wenn dir die eine Palme Kraft schenkt, dann schenken dir alle Kokospalmen Kraft. Und so reagieren alle Arten. Wenn du das Element einer Art – in unserem Fall ist das die Kokospalme – ansprichst, dann antwortet die gesamte Art.« Eine kleine, bedeutungsvolle Pause folgte. Dann kam der Zusatz: »Vorbedingung ist natürlich, dass vorher der Kontakt hergestellt wurde. Ohne ihn erntest du nur inhaltslose Stille.«

»Ist das auch dann der Fall, wenn es sich zum Beispiel um eine Palme handelt, die als Schmuck im Chefbüro eines großen Unternehmens steht?«, fragte ich. »Fühlen sich davon auch Palmen meinetwegen in Afrika oder sonst wo angesprochen?«

»Entfernungen spielen da überhaupt keine Rolle«, antwortete die helle Stimme.

Ich war mit dieser Antwort nicht zufrieden. »Wie ist das möglich? Wie kann es über diese weiten Entfernungen denn zum Kontakt zwischen allen Kokospalmen kommen?«

»Ich weiß, das zu verstehen, bereitet einem menschlichen Gehirn große Schwierigkeiten. Dabei ist es so einfach. Alle Elemente einer Art – hier ist es die einzelne Palme – bildet mit allen anderen Palmen dieser Erde *eine* Gesamtheit. Und diese Gesamtheit besitzt eine Seele. Ihr ist es ganz egal, ob ihre Elemente geographisch über weite Entfernungen gestreut sind oder nicht. Für alle Arten gilt: Alle sind *ein* Leib – mit *einer* Seele!«

Ich war immer noch nicht zufrieden. »Und auf welche Weise wird die von dieser Seele ausgesandte Kraft vermittelt?«

»Spirituelle Kraft ist nicht mit einem Volt- oder Ampere-Meter zu messen. Sie ist höherdimensional und strömt auf eine Weise in den Empfänger ein, die sich mit dem Verstand allein nicht erklären lässt. Sie ist da, plötzlich da, sie erfasst alle Poren des Körpers und wirft alles Krankhafte mit Sturmesgewalt hinaus. Und sie kann noch viel mehr: Sie fegt durch die weiten Räume der Psyche, öffnet dort alle Fenster und lässt frische Luft herein – die Luft der Harmonie und der Liebe.«

»Auf welche Weise reagiert die persönliche Ausstrahlung des Charismas auf die Kraftzufuhr?«, fragte ich, obwohl mir die Antwort einigermaßen klar war.

»Sie wird intensiver, leuchtender, im Verkehr mit anderen Menschen sogar bezwingender.«

»Aber es gibt doch nicht nur Bäume und andere Pflanzen, die ausstrahlen, es gibt auch Landschaften, die das Gemüt bewegen, von bezaubernder Schönheit die einen, und von einer schier abgrundtiefen Hässlichkeit die anderen. Empfindungen dieser Art sind bei den Menschen häufig.«

Sie nickte. »Stelle dir eine Bergwanderung vor. Sie führt dich durch enge Schluchten und über Pässe, von denen du eine atemberaubend erhebende Aussicht auf nahe und ferne Gipfel hast. Die Herrlichkeit der Natur wird dir auf eine Weise vermittelt, dass eine andächtige Stimmung in dir erwacht. Oder blicke in einer sternklaren Sommernacht auf den Himmel. Vielleicht wird dir bei diesem Anblick die Größe und die Gewalt der Schöpfung bewusst, und mit ihr die Kleinheit des eigenen Ich. Ob Landschaften oder das Firmament – alles strahlt, denn alles lebt, wenn auch auf eine Weise, die unser Verstand nicht, oder sagen wir besser: noch nicht, fassen kann.«

»Aber wie stelle ich es an, zum Beispiel mit einem Baum in Kontakt zu kommen?«, fragte ich. Würde ich dieselbe Antwort erhalten wie die vom *Herrn der Steine?* Gespannt wartete ich ab.

Ich sollte mich in meiner Vermutung nicht getäuscht haben. Die Antwort war ihrem Inhalt nach dieselbe.

Sie entgegnete: »Die Antwort darauf musst du selber finden, sonst ist sie ohne spirituellen Wert. Steine und Pflanzen werden dir dabei zur Seite stehen. Du betrittst nun die letzte Station deiner Reise. Du wirst auch sie erfolgreich hinter dich bringen, und in dir wird die Wahrheit einziehen, die Wahrheit, nach der du suchst. Und du wirst sie in dir selbst entdecken.« Sie schwieg und sah mich lächelnd an. Kaum hatte sie ausgesprochen, als ihre Gestalt ebenso verblasste wie zuvor die vom *Herrn der Steine.*

Ein Gefühl überrieselte mich, ein unendlich wohltuendes Gefühl. Es beseitigte meine Unsicherheit und schenkte mir neue Zuversicht. In diese glückliche Stimmung hinein überfiel mich ein neuer Gedanke. Beide, der *Herr der Steine* und die *Herrin der Pflanzen*, hatten sich über meine Suche und das Wie des Findens dem Sinne nach gleich geäußert. Ich müsse die Wahrheit in meinem Inneren suchen dann würde ich sie auch finden. Was würde mir die nächste Station bringen.

Die *zweite* Beziehung

Die Pflanzenwelt ist eine Welt des Lebens.

Pflanzen sind sehr empfindsam, reagieren auf Ausstrahlungen der Liebe.

Seien Sie also liebevoll zu ihnen. Sie werden das Echo auf beglückende Weise spüren und von nun an die Welt der Pflanzen mit anderen Augen ansehen als bisher.

Bitten sie um ihre Hilfe zur Steigerung Ihres Charismas.

Bedanken Sie sich.

Der Herr der Tiere

Dass die Lebendigkeit der Natur geleugnet wird, hat seinen wichtigsten Grund vielleicht darin, dass die Annahme des Gegenteils ungeheure Konsequenzen hätte. Die persönliche, intuitive Naturerfahrung könnte dann nicht mehr als rein subjektives Phänomen des Privatlebens beiseite geschoben werden, denn sie könnte ja tatsächlich das sein, was sie dem Erfahrenden zu sein scheint: direkte Erfahrung der lebendigen Natur selbst. Wir könnten auch mythische, animistische und religiöse Denkweisen nicht länger ausgrenzen. Was bevorsteht, ist nichts Geringeres als eine Revolution.

Rupert Shedrake

Von einem Augenblick zum anderen war ich allein, und mich überfiel eine Dunkelheit, durch die nicht ein einziges Lichtlein schimmerte. Schon wollte mich Angst überfallen, aber bevor sie nach mir greifen konnte, zerteilte ein blendender Blitz die Szene. Kaum war das geschehen, als ich mich über eine Landschaft schweben sah, die von Horizont zu Horizont mit Tieren angefüllt war, mit allen möglichen Tieren. Es war unglaublich, spottete jeder Erfahrung: Ich sah Elefanten, Giraffen, Antilopen und sogar Löwen in einem friedlichen Nebeneinander. Was ich da sah, war unmöglich Realität. Löwen müssen schließlich fressen. Befand sich hier das Paradies der Tiere?

»Nein, das ist es nicht«, *hörte* ich eine tiefe, volltönende Stimme in meinem Rücken, und dann: »Was du hier siehst, das ist nur Illusion, von mir erdachte Illusion. Eine, die ich in dich hinein projiziere.«

Ein Empfang, der meinem ersten Zusammentreffen mit meinem Mentor ähnelte, dachte ich. Und wenn ich mich gleich umdrehe, dann werde ich ganz bestimmt jenes Wesen sehen, das sich *Herr der Tiere* nennt.

»Dann tue es doch, drehe dich um!«, ertönte erneut die Stimme.

Ich folgte der Aufforderung. Ein Mann stand vor mir. Auch er ein Geistwesen. Aber die *Materie* seines Körpers schien mir dichter zu sein als die seiner Vorgänger. In seiner Ausstrahlung konnte ich aber keinen Unterschied entdecken. Sie strahlte ebenfalls weißblau. Auch ihr Leuchten war von einer Helligkeit, die jede Dunkelheit aufzulösen imstande war. Ich konnte auch in dieses Licht hineinsehen, ohne dass es meinen Augen wehtat. Auch dieser Geist strahlte eine Majestät aus, die anscheinend nur in höheren Dimensionen zu finden ist und nicht im irdischen Jammertal. Es sei denn, als Produkt eines Wunders.

Und wieder hörte ich die Stimme. Auch sie war unkörperlicher Natur.

»Ich bin die letzte Station auf deiner Reise durch diese Dimension. Ich werde dir ebenso helfen wie es auch meine Vorgänger getan haben. Und jetzt – frage!«

Diesmal bereitete mir der Anblick keinen Schock. Diesmal war ich von einer geradezu staunenswerten Gelassenheit.

»Ich frage dich: Wer bist du?«

Ein tiefes Lachen ertönte. Es war ein angenehmes Lachen. Es unterschied sich nur in der Färbung vom Lachen seiner Vorgänger. Ein Lachen, das Vertrauen schaffte.

»Ich bin der *Herr der Tiere*«, kam die stolze Antwort.

»Aller Tiere, die es gibt?«

»Ja. Aber ich beherrsche sie nicht, wie du wahrscheinlich annimmst, ich bin lediglich ein Auszug, eine Art Essenz aller ihrer psychischen Kräfte, denn Tiere besitzen wie die Menschen eine Psyche. Diese unterscheidet sich von der menschlichen nur durch eine geringere Bewusstseinskraft. Mit anderen Worten: Die tierische Psyche hat auf der Bewusstseinsleiter weniger Sprossen als die menschliche hinter sich gebracht. Aber auch im Tierreich gibt es Unterschiede. Das Bewusstsein eines Schimpansen zum Beispiel ist höher angesiedelt als das anderer Tiere und kommt dem menschlichen Bewusstsein am nächsten.«

Ich wollte mein Anliegen auf den Punkt bringen. »Die Frage, die ich dir stellen werde, ist dieselbe, die ich schon dem *Herrn der Steine* und der *Herrin der Pflanzen* gestellt habe. Sie lautet: »Wie muss ich vorgehen, um aus der Welt der Tiere Kraft zu erhalten? Kraft zur Erhöhung meines Charismas?«

Die Antwort kam mir sehr bekannt vor.

»Meine Aufgabe ist es, dir wichtige Informationen über die Welt der Tiere zu geben. Aber eines ist mir nicht möglich: dir zu sagen, wo sich die Anschlussstellen für den Kraftbezug befinden und wie du vorgehen musst, um einen innigen Kontakt herzustellen. Die Antwort darauf muss dir dein Inneres geben, deine Intuition. Ob Steine, ob Pflanzen, ob Tiere – du hast nach Schluss deiner Reise soviel über sie erfahren, dass es deiner Intuition möglich sein wird, dir die Wahrheit zu offenbaren. Genau das muss geschehen, um den Kontakt zu schaffen.«

»Aber warum ist das so? Warum kannst du das nicht?«

»Man könnte hier leicht von einem spirituellen Gesetz sprechen: Du musst die Wahrheit *selbst* finden. Kannst du das nicht, dann wirst du sie nie erfahren.«

Was blieb mir anderes übrig, als mich mit dieser Antwort zu begnügen. Sie konnte mich aber nicht daran hindern, ihm weitere Fragen zu stellen, die er hoffentlich beantworten konnte oder durfte.

»Was ist das für ein Kraftfluss, der aus den Steinen, aus den Pflanzen und aus den Tieren fließt? Um es anders auszudrücken: Was ist das für eine Kraft, die alles umgibt, alles durchtränkt, die buchstäblich keine Grenzen kennt?«

In das Antlitz vor mir zog tiefer Ernst ein. »Du müsstest dir die Antwort darauf jetzt schon selbst geben können. Versuche es doch.«

Ich überlegte. Er hatte *jetzt schon* gesagt. Warum diese beiden Worte? Mir wollte und wollte nichts dazu einfallen.«

»Du weißt doch, das alles lebt und alles Leben strahlt«, half er mir. Er hielt inne, blickte mich auffordernd an. »Nun, weißt du es jetzt?«

Und wieder geschah es wie schon so oft. Ich wusste auf einmal die Lösung. Sie war sehr einfach. Ich ärgerte mich, denn ich hatte mir von meinem Aufenthalt in dieser höheren Dimension mehr an Gedächtnisleistung versprochen.

»Wo Strahlung ist, da ist auch Kraft. Und da alles strahlt, gibt es auch überall Kraft. Hier ist sie stärker, dort schwächer, abhängig von der Stärke des jeweiligen Bewusstseins.«

Er unterbrach mich: »Bewusstsein ist spiritueller Art. Es ist eine Kraft, die mit eueren Messgeräten nicht gemessen werden kann.«

Schön und gut, aber es war Zeit, diese Schiene zu verlassen, denn eine andere, sehr wichtige Frage schob sich in den Vordergrund meines Denkens. Sein *spirituelles Gesetz* konnte ihn nicht daran hindern, sie mir zu beantworten.

»Ich habe erfahren, dass man sich die Welt der Steine und das Reich der Pflanzen geneigt machen soll. Gewiss gilt das auch für das Reich der Tiere, ist das richtig.« Gespannt wartete ich auf Antwort.

»Ja, das ist richtig, Für dein Vorhaben ist dieses Vorspiel, diese Ouvertüre, sogar zwingend notwendig. Ohne sie findest du nicht das, was du suchst. Aber eines darf ich dir noch verraten: Die Liebe muss mit im Spiel sein.«

Wem ist es nicht schon ähnlich ergangen? Man sucht und sucht nach der Lösung eines Problems, wird nervöser und nervöser, weil man sie trotz intensiven Nachdenkens nicht findet. Doch plötzlich, als würde ein gleißender Lichtstrahl die Szene erhellen, wird einem Klarheit.

»Du bist der Lösung schon ganz nahe«, sagte er. »Aber lasse sie noch in dir reifen, bevor du sie für die Wahrheit hältst.«

»Werde ich wissen, wirklich wissen, ob die Lösung die Wahrheit darstellt?«

»Ja, die Wahrheit und nichts als die Wahrheit. Und diese Wahrheit gilt für die Welt der Steine, für die der Pflanzen und für die der Tiere ebenso. Durch den Kontakt mit ihnen wirst du erkennen, dass es nicht tausend Wahrheiten gibt, sondern nur eine, und sie gilt für alles, was es gibt. Sie gilt für die gesamte Schöpfung!«

»Für den gesamten Kosmos?«, fragte ich. Bei seinen Worten war mir ein Schauder nach dem anderen über den Rücken gelaufen. Ein Beweis für mich, dass auch Seelenkörper zusammenschaudern können.

»Selbstverständlich, denn da die Schöpfung alles, wirklich alles, umfasst, kann nichts davon ausgenommen sein.«

»Ist mein Besuch bei dir jetzt zu Ende?«, fragte ich. Sicher gab es noch tausend Fragen zu stellen, aber ich hatte mich auf die zu beschränken, die dem Thema Charisma dienlich sein konnten.

»Ja, aber auch nein«, sagte er lächelnd. Er schwieg. Seltsam, sein Antlitz hatte plötzlich einen sphinxhaften Ausdruck angenommen. Ich begriff das nicht.

»Ich weiß deine Worte nicht zu deuten. Warum Ja und warum Nein?«

»Ja – weil deine Reise durch diese Dimension jetzt zu Ende ist. Nein – weil du von mir noch über eine sehr wichtige Tatsache informiert wirst bevor du wieder in deine Dimension zurückkehrst.«

Mit dieser Erweiterung hatte ich nicht gerechnet. Ärger wollte in mir hoch wallen. Aber er verschwand bereits wieder ehe er sich richtig entfalten konnte. An seine Stelle trat die Neugier. Was war das für eine *sehr wichtige Tatsache?* Ich fragte ihn danach.

»Kennst du Gegenden oder Orte, die dir ein ganz besonderes Wohlgefühl vermitteln?, fragte er. »Und hattest du an einem solchen Ort vielleicht auch das Empfinden gehabt, wie an einem Akku angeschlossen zu sein und neue Kraft zu empfangen? Eben noch fühltest du dich abgespannt, wie ausgelaugt, jetzt aber ist alles ganz anders. Auf einmal hattest du das herrliche Gefühl, Bäume ausreißen zu können. Auch psychisch machte sich der Kraftzuwachs bemerkbar. Wie fortgeschwemmt waren plötzlich alle niederdrückenden Gedanken. Kurzum, du fühltest dich an diesem Ort auf einmal wie neu geboren. Hast du so etwas schon erlebt?«

Ich brauchte nicht lange zu überlegen. »Ja. Über ein solches Erlebnis kann ich dir berichten. In einer schönen Stadt, in der Nähe eines wunderschönen mittelalterlichen Marktes, gibt es eine Baumgruppe von drei uralten Platanen. Hochragende Naturdenkmäler mit weit ausladenden Kronen. Immer, wenn ich in dieser Stadt zu tun habe, versäume ich nicht, diesen Platanen einen Besuch abzustatten. Ihre Schönheit hatte mich schon beim ersten Anblick gefangen genommen. Beeindruckt war ich auch von der Kraft, die sie ausstrahlten. Aber ich hatte mich nie nach dem Grund für die Anziehung, die diese Bäume auf mich ausübten, gefragt, jetzt wird mir einiges klar. Ich erinnere mich genau: Als ich einmal vor dieser Baumgruppe stand, an einem wunderschönen Frühlingstag, da überschwemmte mich ein Gefühl der Freude. Es war so stark, dass mir die Luft knapp wurde und ich mehrmals hintereinander tief Atem schöpfte. Es war kein Gefühl, das meinem Inneren entsprang, es kam von außen, auf eine Weise, als würde es in mich hineingeschüttet. Tatsächlich, einen kurzen Augenblick hatte ich das Empfinden, als wären die Bäume selbst die Quellen dieser Freude. Doch ich drängte dieses Gefühl zurück. Bäume als Quelle von Emotionen? Für mein damaliges Denken eine Unmöglichkeit. Aber ich denke schon seit einiger Zeit darüber anders, ganz anders.«

»Du hattest Recht«, kam die Antwort. »Und du kannst dir darauf viel einbilden. Denn dieses Erlebnis verdeutlicht, dass es zwischen dir und der Platanengruppe ohne viel Anstrengungen deinerseits zu einem engen Kontakt gekommen war. Es gibt keinen Zweifel, diese Baumgruppe ist ein Ort der Kraft.«

»Für mich allein oder für alle?«

»Für dich auf jeden Fall. Für die anderen? Kraftorte wirken mit ihren Energien verstärkend auf Freude, aber auch auf Leid und Hass.«

»Was folgert daraus?«, fragte ich.

»Man darf sich nicht unvorbereitet in die Nähe von Kraftorten begeben. Hier ist positives Denken gefordert. Das ist schwer, denn negative Gedanken lassen sich nicht so einfach zurückdrängen, um positiven Platz zu machen.« Er sah mich an, fragte: »Ist das Erlebnis mit der Platanengruppe dein einziges dieser Art gewesen oder hat es auch noch andere gegeben?«

Ich dachte angestrengt nach. Von der angeblich in dieser Dimension herrschenden Leichtigkeit des Denkens spürte ich immer noch nichts. Aber wahrscheinlich war ich dazu noch nicht genügend lange hier.

»Ja, das hat es, wenn ich mich auch nur noch an wenige Orte dieser Art erinnern kann. Einige von ihnen haben mir tatsächlich das Gefühl von Kraft vermittelt, so zum Beispiel das Kolosseum in Rom oder die Bergriesen des Himalaja. Andere gaben mir das Gefühl der Geborgenheit, wieder andere wirkten verstärkend auf meinen Glauben ein, ließen Pflänzchen dort wachsen und gedeihen, wo früher nur erbarmungslose, öde Wüste geherrscht hatte.« Ich machte eine kurze Pause, fragte dann:

»Aber wie finde ich Kraftorte? Die, von denen ich dir berichtete, hatte ich zufällig gefunden, nicht gesucht. Aber mir kommt es auf das planvolle Suchen und schließliche Finden an, nicht aber auf die helfende Hand des Zufalls.«

»Wo befinden sich denn Orte der Kraft?«, fragte er mich drängend. »Doch nicht in der Luft oder auf dem Meer, obwohl ich mir auch hier gewisse Möglichkeiten vorstellen kann. Aber das braucht uns nicht zu interessieren. Wo also?«

Was sollte diese Frage? »Natürlich befinden sie sich auf der Erde«, antwortete ich ungeduldig. »Nur hier sind sie den Menschen zugänglich. Sollte es Kraftorte an anderen Stellen geben, meinetwegen in den Ozeanen oder in den Meeren der Luft, dann wären diese für mich wertlos.«

»Höre jetzt gut zu!«, sagte der *Herr der Tiere*. »Du weißt, dass es Gebirge auf der Erde gibt. Es gibt solche, die selbst über tief liegende Wolken nicht hinausschauen können. Aber es gibt auch die Riesen des Himalaja.«

»Das weiß ich doch«, unterbrach ich ihn. »Aber was hat das mit dem Finden von Kraftorten zu tun?«

Er beachtete meinen Einwurf nicht, sprach ungerührt weiter. »Es gibt Orte der Kraft, deren ausstrahlende Energie nur schwach ist. Und es gibt andere, wenige, deren Kraftausstrahlung von ungeheurer Stärke ist. Der Vergleich mit den unterschiedlichen Höhen von Gebirgen ist durchaus zulässig.« Er machte eine kurze Pause, fuhr dann fort: »Doch mein Vergleich hat noch eine andere, wesentlich tiefere Bedeutung: Alle Gebirge, niedere wie höhere, haben ihren Platz auf Mutter Erde. Was folgert daraus?« Ein auffordernder Blick traf mich.

Eigentlich hätte ich selbst darauf kommen müssen. »Da die Erde die Mutter aller Gebirge ist, muss man sie um Hilfe bei der Suche bitten. Sie kann uns zu Intuitionen verhelfen, die uns Auskunft über die Lage von Kraftorten geben.«

Er nickte. »Das ist richtig, aber eigenes Bemühen darf bei der Suche nicht fehlen. Ohne dieses wird dir nicht geholfen werden.«

»Aber auf welche Weise kann man sich bemühen?«

»Durch Achtsamkeit in der Beobachtung deiner jeweiligen Umgebung. Du weißt es doch: Alles strahlt! Aber es gibt nicht nur positive Strahlung, sondern auch negative. In Elendsvierteln zum Beispiel wird die negative Ausstrahlung ohne Zweifel weit überwiegen und die Verbrechensrate ebenfalls hoch über dem Durchschnitt liegen.«

Meine Ungeduld nahm zu. »Und was bringt mir das Finden von Kraftorten im Hinblick auf mein Buch? Ich will darin nicht nur die Ausstrahlung des Charismas beschreiben, ich will in ihm auch Wege aufzeigen, wie diese Ausstrahlung verstärkt werden kann, verstärkt werden zum Nutzen der äußeren als auch der inneren Persönlichkeit. Noch einmal: Was bringt mir das Auffinden von Kraftorten?«

Der *Herr der Tiere* hob abwehrend die Hand, soweit man bei diesem nebelhaften Gebilde überhaupt von einer Hand sprechen konnte. Dann sagte er: »Viele Menschen haben ähnliche Erlebnisse wie du gehabt. Was ihnen fehlte, um die Ursache zum Beispiel für plötzliche positive oder negative Kraftzuwächse zu erkennen, das war zum einen ihre fehlende Achtsamkeit und zum anderen ihr Mangel an spirituellem Bewusstsein. Sie hielten psychische Kontakte mit den Elementen der Natur und allen sich daraus ergebenden Möglichkeiten schlicht und einfach für ausgeschlossen, sogar den Glauben an Gott gefährdend. Jene, die sich nicht scheuten, ihre Meinung über diese Dinge trotzdem kundzutun, gerieten in Gefahr, auf dem Scheiterhaufen zu landen. Die Rolle des Scheiterhaufens spielt heutzutage die vernichtende Kritik der Meinungsbildner. In einer späteren, aufgeklärteren Zeit wird es, das ist mein fester Glaube, einmal geographische Karten oder Übersichten geben, in denen die Orte der Kraft aufgeführt beziehungsweise eingetragen sind.«

Seine Augen blickten ernst, als er mich ansah. »Nach dieser Vorbemerkung kann jetzt endlich die Antwort auf deine Frage erfolgen. Was dir das Auffinden von Kraftorten bringen würde, fragtest du. Ich meine, eine ganze Menge. Orte der Kraft sind naturgemäß auch Quellen der Kraft. Bedenke: Eine Verstärkung der Ausstrahlung des Charismas ist ohne Krafteinsatz, ohne Kraftzufuhr, nicht möglich. Na, geht dir jetzt endlich ein Licht auf?« Er beugte sich vor. »Vergiss es nicht: Kraftorte sind auch Verstärker! Sie können, richtiges Handeln vorausgesetzt, deine Verbündeten sein. Aber wie du es anzustellen hast, richtig zu handeln, das ist ganz allein deine Angelegenheit, bleibt deinem Suchen, deiner Intuition, überlassen. *Warum?*, höre ich dich fragen. Meine Antwort lautet: Weil du nur mit dem *Schlüssel* deiner Intuition die Schleusentore der Kraftorte öffnen und die herausströmende Energie zur Verstärkung des Charismas nutzen kannst.«

Ich musste mich anstrengen, meinen Ärger über diese Geheimniskrämerei zu verdrängen. Ob Mentor, oder die drei Meisterseelen, sie alle hatten es vermieden, konkret zu werden, hatten mich nur auf den Schlüsselcharakter meiner Intuition verwiesen. Ein Gedanke kam mir. »Warum dann die einzelnen Stationen meiner Reise, wenn der *Schlüssel* zu den Kraftorten genügte, um den Energiezustrom zu ermöglichen?«, fragte ich.

Er lachte. Es war ein spöttisches Lachen. »Du musst diesen Schlüssel doch erst einmal haben. Das ist wahrlich nicht einfach, denn ihn zu bekommen setzt ernstes eigenes Bemühen voraus. Glaube mir: Ist das der Fall, dann wird dich deine Intuition nicht im Stich lassen. Und warum du die drei Stationen aufsuchen musstest? Weil ohne sie nichts geht. Sie entscheiden darüber, ob du akzeptiert wirst oder nicht. Denn es ist diese Akzeptanz, die das Feuer deiner Intuitionen entfacht, einem Zündholz gleichend, dass an eine Pechfackel gehalten wird. Aber das Zündholz muss brennen, denn sonst ist jede Bemühung ein vergebliches Unterfangen, und du tappst weiter im Dunkeln herum. Denke darüber nach, sehr ernst und konzentriert. Das wird deine Intuition beflügeln und dich richtig handeln lassen.« Noch einmal: Die Akzeptanz ist das Zündholz, die Fackel das Licht deiner Intuition, das dich zum Ziel führen soll!« Er schwieg. Als er nach einer kurzen Pause weitersprach, besaßen seine wenigen Worte den Charakter des Endgültigen. Er sagte: »Und jetzt Lebewohl! Dein Aufenthalt in dieser Dimension ist zu Ende. Du musst wieder in deine Realität zurückkehren.«

Auch der *Herr der Tiere* verschwand auf dieselbe Weise wie schon vor ihm es mein Mentor und die beiden ihm folgenden Geistwesen getan hatten. Seine Gestalt löste sich schnell auf. Auch bei ihm verschwand der Kopf zuletzt. Noch einmal griffen seine Augen nach mir, und ich las, wie bei den anderen, auch in ihnen Liebe und Güte. Und noch etwas las ich: Die ermutigenden Worte: *Du schaffst es!* Dann verschwanden auch sie.

Die dritte Beziehung

Tiere sind nicht nur Nahrungs- und Rohstofflieferanten, auch sie sind beseelt, denn im Universum ist alles beseelt.

Legen Sie sich bequem hin. Entspannen Sie sich. Schließen Sie die Augen und meditieren Sie über die Beseeltheit der Tierwelt. Vertiefen Sie Ihre Meditation und suchen Sie den erneuten geistigen Kontakt zum *Herrn der Tiere.* Bitten Sie ihn um Kraft zur Erhöhung Ihres Charismas.

Bedanken Sie sich für die Hilfe.

IV

Zurück in der Wirklichkeit

Im weiten Meere musst du anbeginnen!
Da fängt man erst im Kleinen an.
Und freut sich, Kleinste zu verschlingen;
Man wächst so nach und nach heran
Und bildet sich zu höherem Vollbringen.

Johann Wolfgang von Goethe

Die Reise ist zu Ende, aus der *Traum*

Dieses Mal veränderte sich die Szene nicht durch einen blitzartigen Riss. Dieses Mal umfing mich eine Schwärze, so dunkel und so dicht, dass sie mit Recht als die Mutter aller Dunkelheiten bezeichnet werden konnte. Sie griff nach mir und hüllte mich ein. Kaum war das geschehen, als alles Denken in mir erlosch. Waren nur Sekunden, Minuten, Stunden oder sogar Tage vergangen, als mich die Schwärze wieder aus ihren Fängen entließ und ich wieder ins Licht blicken konnte? Noch etwas geschah! Ich fühlte wieder meinen Körper! Und ich fühlte auch wieder die Wärme meiner flauschigen Bettdecke. Und ich konnte auch wieder denken, so denken, wie ich es gewohnt war, obwohl die Wirrnis in meinem armen Schädel noch nicht ganz verschwunden war. Und dieses Denken barg einen Sack voller Fragen in sich. Eine von ihnen spornte mich zu sofortigem Tun an. Mit einem Satz sprang ich aus dem Bett und rannte ins Bad, blickte in den Spiegel. Ein verrückter Gedanke griff nach mir. Er gebar eine ebenso verrückte Frage: Würde ich mich selbst darin erblicken? Ich dachte den konfusen Gedanken nicht zu Ende.

Doch dann blickte ich in mein Gesicht. Es hatte sich nicht eine Spur verändert. Ich kniff mich in die Backe, und ich spürte den Schmerz. Ja, jetzt spürte ich ihn, und das im Gegensatz zu meinem Aufenthalt in der anderen Dimension. Da hatte ich von dem Kneifen keinen Schmerz gespürt. Ich blickte mir in die Augen und fragte mit lauter Stimme mein Spiegelbild: »War ich wirklich dort, auf der *anderen* Seite, oder erlebte ich nur einen Wachtraum?« Es gab keine Antwort, aber Spiegelbilder können das für gewöhnlich ja auch nicht.

Vor Aufregung fiel mir plötzlich das Atmen schwer. Ich ging zu meinem Bett und setzte mich, vergrub den Kopf in meine Hände. Großer Gott, gib mir doch Antwort. Wo war ich? Hier oder dort? Eine höchst unnütze Frage. Die mir vertraute Umgebung sagte es mir doch: Ich war im *Hier* und nicht im *Dort.* Doch es blieb still in mir, zum Verzweifeln still. Doch nicht lange. Ein neuer Gedanke schlich sich in mich ein. Er wurde immer drängender, beherrschte bald mein ganzes Denken. Der Gedanke hieß: Satya! Ich atmete auf. Schon morgen würde ich ihn sehen, mit ihm sprechen können.

»Nein, das war niemals ein Wachtraum, du erlebtest tatsächlich die Realität – aber in einer anderen Dimension, auf einer anderen Frequenzebene«, sagte Satya am nächsten Tag zu mir. Ich hatte ihm meine Erlebnisse während meiner *Reise* in aller Ausführlichkeit geschildert.

»Und warum das alles, und was soll ich jetzt tun?«

»Warum? Mit dem Kontakt nach drüben ist dir, das meine ich wenigstens, eine große Gnade erwiesen worden. Du solltest dafür dankbar sein, denn sie wird nur wenigen zuteil. Ich nehme an, dass man dir mit der *Reise* helfen wollte. Aber frage mich bitte nicht, wer *man* ist, ich kann es dir nicht sagen.«

Der Wirrwarr in meinem Gehirnkasten begann sich allmählich aufzulösen. »Wenn das wirklich so ist, dann verstehe ich nicht, warum man mich nicht über das *richtige* weitere Vorgehen informierte. Der *Herr der Tiere* sprach davon, dass mir nur meine *eigene* Intuition den Schlüssel zum Öffnen des *Schleusentors* liefern könnte, wohlverstanden – nur meine eigene, nicht aber eine fremde. Warum? Warum nicht die der Meisterseelen? Es wäre ihnen sicherlich leicht gefallen, mich hinsichtlich des weiteren Vorgehens zu beraten und vor möglichen Fehlern zu warnen. Warum haben sie es nicht getan? Mir wird das wohl nie klar werden.« Ich sah Satya hoffnungsvoll an. »Was meinst du dazu?«

Mein Freund fixierte nachdenklich seine Schuhspitzen. Ich kannte dieses Verhalten. Er zog sich dann in sich selbst zurück und nahm an den Geschehnissen der Außenwelt so gut wie nicht teil. Dann musste man ihn in Ruhe lassen, durfte ihn in seiner meditativen Phase nicht stören.

Endlich hob er den Kopf und sah mich an. »Ich glaube, ich weiß, was du jetzt tun musst«, sagte er ernst. »Ja, wenn ich es mir richtig überlege, dann gibt es nur diese eine Möglichkeit. Wenigstens sehe ich keine andere.«

Ich machte große Augen. Schon jetzt, nach wenigen Minuten, hatte er einen Weg gefunden? Ich dagegen hatte viele Stunden ergebnislos über dieses Problem nachgedacht. Meine Stimme klang ein wenig brüchig als ich ihn bat: »Dann zeige mir diese Möglichkeit! Bitte!«

Spirituelle Energie erhöht das Charisma

Satya nickte eifrig, sagte: »Gerne zeige ich dir diese Möglichkeit. Aber zuerst eine Frage: Stimmt es, dass du bei der Platanengruppe ein in dich einströmendes Gefühl starker Freude und der Vertrautheit empfunden hattest? Du sprachst davon.«

»Ja, noch nie habe ich so etwas erlebt. An keinem anderen Ort habe ich dieses Gefühl einströmender Kraft so gespürt wie an dieser Stelle.«

»Dann musst du unbedingt wieder dahin.«

»Du meinst, dass ich …« Ich brach ab, blickte Satya fassungslos an. »Aber warum? Was soll ich dort?«

»Weil du genau an dieser Stelle – und nur dort! – mit deinen Bemühungen beginnen mußt. Ich bin fest davon überzeugt, du wirst dort wertvolle Hinweise für dein Buch erhalten, denn darauf kommt es dir doch an. Hinweise zur Steigerung der persönlichen Strahlkraft und Hinweise zur Steigerung des – Charismas!

»Willst du damit sagen, dass es mir nur an dieser Stelle gelingen kann, einen erneuten Kontakt, diesmal aber bewusst, herzustellen.«

Satya nickte lebhaft. »Ja, genau das meine ich. Denke doch an die Freude, die du damals bei der Platanengruppe zu spüren glaubtest! Für mich ist das ein sehr wichtiges Indiz. Und denke auch noch an eine andere, ebenfalls sehr wichtige Tatsache: Diese Baumgruppe gehört nicht nur zu der Welt der Pflanzen, sie ist außerdem ein Kraftort machtvoller Ausstrahlung. Diese *Doppelfunktion* macht es aus. Und vergiss nicht, was dir der *Herr der Tiere* gesagt hat! Du brauchst die Akzeptanz – aus der Welt der Steine, aus der Welt der Pflanzen und aus der Welt der Tiere. Erst wenn du sie hast, dann …« Er brach ab, seine Augen blickten überrascht. Ein Gedanke schien ihm gekommen zu sein. Ein wichtiger? In seinem Gesicht arbeitete es. Ich störte ihn nicht dabei, auch wenn über seinem Schweigen Minuten vergingen. Doch dann, ganz plötzlich, sah ich es in seinen Augen aufblitzen. Kein Zweifel, er war fündig geworden. Aber was hatte er gefunden? Er sah mich an. Sein Gesicht strahlte. Und dann sprudelte es förmlich aus ihm heraus: »Du hast sie schon! Großer Gott! Du hast sie schon! Jawohl, ich würde jede Wette darauf eingehen, dass du dir die Akzeptanz bereits erworben hast.«

Jetzt begriff ich gar nichts mehr. »Wie soll ich das verstehen? In dieser Richtung habe ich nichts von den drei Meisterseelen gehört. Sie sagten lediglich, dass ich den Schlüssel meiner Intuition walten lassen müsse. Tiefes, ernstes Nachdenken darüber sei vonnöten.«

Statt einer Antwort kam eine Gegenfrage. »Was haben dir die drei Repräsentanten gesagt, kurz bevor sie sich von dir verabschiedeten?«

Allmählich fing ich an, zu begreifen. »Ich solle zuversichtlich sein, denn ich würde es schaffen.« Jetzt war ich es, der angestrengt nachdachte. Ich fragte mich: Bedeuteten diese wenigen Worte bereits Akzeptanz?

Satya unterbrach mein Denken. Was er sagte, traf genau den Punkt. »Ich bin überzeugt davon, alle drei hätten sich nicht so geäußert, wenn sie eine Ablehnung im Sinn gehabt hätten.« Er schwieg, sah mich forschend an. Dann fragte er: »Wie oft hast du schon vor der Platanengruppe gestanden?«

»In den vergangenen zehn Jahren war ich sehr oft dort. Nicht ein einziges Mal reiste ich ab, ohne sie gesehen zu haben. Und jedes Mal passierte dasselbe. Wenn ich vor der Baumgruppe stand, ihnen gedanklich einen Gruß zurief, fühlte ich auf unbegreifliche, mit dem Verstand nicht zu erklärende Art und Weise Kraft in mich einströmen. Sie vertrieb negative Gedanken und erzeugte eine Hochstimmung, die ich nicht beschreiben kann.«

»Sie haben auf deinen Gruß reagiert und ihr Einverständnis mit dir und deinen Absichten auf Wegen, die uns noch fremd sind, weitergeleitet«, erklärte Satya. Seine Stimme hob sich, als er sagte: »Dann lernten dich die drei Meisterseelen kennen und schätzen. Ihre Akzeptanz war der Schlüssel zur Schatzkammer ihres Geistes. Nur mit ihm kannst du in sie eintreten und dir einen der funkelnden Edelsteine nehmen.« Satya machte eine kurze Pause, fügte dann schulterzuckend hinzu: »Ich hoffe nicht, dass mir jetzt meine Fantasie einen Streich spielt.«

Ich sah immer noch nicht klar. »Schön und gut, aber wenn es die Akzeptanz bereits gegeben hat, bevor meine Reise zu Ende war, warum dann um Himmels willen die Forderung nach weiteren eigenen Bemühungen und nach Verstärkung meiner Anstrengungsbereitschaft. Nur dann würde sich das Tor zum Wissen öffnen.« Ich schüttelte den Kopf. »Noch einmal – wozu diese erneuten Forderungen, wenn es die Akzeptanz bereits gab? Hier beißt sich doch die berühmte Schlange in den Schwanz.«

Satya wiegte seinen massigen Schädel. »Für mich gibt es da nur eine Deutung: Eigene Bemühung, eigene Anstrengungsbereitschaft muss es immer – ich betone es: immer! – geben und nicht nur dann, wenn man aus dieser Dimension etwas haben will. Bedenke: Ein geöffnetes Tor kann sich schnell wieder schließen.« Er hob seine Schultern. »Mehr kann ich dir dazu nicht sagen.«

Ich nickte nur. Klarheit war immer noch nicht in mich eingezogen. Andererseits – es gab wichtigere Fragen. Und eine davon erschien mir ganz besonders wichtig. Ich sah Satya an und fragte: »Wie soll ich vorgehen, wenn ich vor der Platanengruppe stehe? Denn allein mein Davorstehen wird sicher nichts bewirken.«

Satya nickte lächelnd. Ich sah es ihm an, dass er eine Bemerkung dazu auf der Zunge hatte. Da kam sie auch schon:

»Ich werde dir zuerst ein Beispiel nennen. Bismarck ist dir gewiss bekannt, nicht wahr?«

»Ja. Er war Reichskanzler unter dem letzten deutschen Kaiser. Man sprach von ihm als dem *Eisernen Kanzler.*«

»Das ist richtig, aber so sehr *eisern* war er gar nicht. Man erzählt sich von ihm eine Geschichte, die mir beweist, dass auch dieser Mann verletzlich war und Hilfe benötigte.«

»Da bin ich aber gespannt.«

»Auch für Bismarck gab es Stunden innerer Not. Dann ging er in den nahen Sachsenwald zu einem ganz bestimmten Baum – es war eine alte Eiche – und lehnte sich minutenlang gegen den mächtigen Stamm, suchte Kraft. Danach war ihm jedes Mal so, als ob er soeben von einer schweren Last befreit worden wäre.« Satya hob die Schultern. »Ich weiß nicht, ob Bismarck sich lange Gedanken über die Herkunft dieser geheimnisvollen Kraft gemacht hat, vielleicht war ihm das *Wie* sogar egal, ihm wurde geholfen, und das war für ihn die Hauptsache.«

»Soll ich auch so vorgehen?«

»Warum denn nicht? Nicht nur Bismarck fühlte sich durch die Ausstrahlung eines Waldes oder eines einzelnen Baumes gestärkt, viele Menschen haben ähnliche Erfahrungen gemacht. In deinem Fall sind es drei uralte Platanen, die dicht beieinander stehen und wegen ihrer Mächtigkeit sicher alle drei den Titel *Könige der Bäume* verdienen. Gerade für dich stellen sie meiner festen Überzeugung nach einen Kraftort allerersten Ranges dar. Hinzu kommt, dass es zwischen dir und diesen stolzen Riesen bereits seit längerer Zeit zu einer starken Resonanz gekommen sein muss. Die auf dich zielende Ausstrahlung der Freude lässt jedenfalls darauf schließen.«

Ein Gedanke zwang mich zum Lachen, zu einem lauten, schallenden Lachen.

»Was ist los mit dir?«, fragte Satya mit ärgerlicher Stimme. »Warum lachst du? Hoffentlich nicht über mich?«

»Aber nein, warum sollte ich? Wenn du den Grund erfährst, dann wirst du vielleicht ebenfalls lachten. Soll ich ihn dir verraten?«

»Du kennst doch meine Neugier.«

»Ich hatte mir eben – wieder einmal – die Aussagen eines bekannten Philosophen ins Gedächtnis zurückgerufen. Er ist sogar sehr bekannt. Erst vor einem Monat hat er sich im Fernsehen mit der Frage beschäftigt, ob ein psychischer Kontakt mit der Pflanzenwelt und etwaige, ihr zugeschriebene Heilwirkungen , vorstellbar wäre.«

»Und – welcher Meinung war er?«, fragte Satya.

»Was so genannte erzielte Kontakte anginge, seien diese nichts anderes als Produkte eines primitiven Aberglaubens. Dann kam er auf behauptete Heilwirkungen zu sprechen und tat sie ab als Placebo-Wirkungen. Du weißt es, in der Medizin bezeichnet man die Erfolge unwirksamer Scheinmedikamente als Placebo-Erfolge. Es waren diese Worte, die mich zum Lachen zwangen.«

»Haben noch andere an der Diskussion teilgenommen?«, fragte Satya.

»Ja. Ein Physiker und ein Chemiker. Die drei Wissenschaftler waren sich in ihrer harten, unreflektierten Beurteilung einig. Der vor Sachkenntnis strotzende Moderator dieser Sendung tat ein Übriges: Er sprach von arglistiger Täuschung und übler Kaffeesatzdeutung.« Ich musste erneut lachen.

»Dass du darüber lachen kannst?«, wunderte sich Satya.

Ich hob die Schultern. »Auch über Dummheit kann man Lachen. Und das ganz besonders dann, wenn es sich um die Dummheit der Arroganz handelt. Es ist auch ein Lachen, das die Bitternis zur Schwester hat.« Diesmal wischte ich – und nicht mein Freund – zum Zeichen des Themawechsels mit der Hand durch die Luft. »Ich bin mit deinem Vorschlag einverstanden. Ich fahre, denn ich sehe ebenfalls keinen anderen Weg.«

»Mit deinem Wagen oder mit der Bahn?«

»Mit der Bahn. Ich liebe die kleinen, malerischen Ortschaften und die Burgen zu beiden Seiten des Stroms, die Lastkähne mit ihren flatternden, bunten Wimpeln und die glitzernde Sonne auf dem Wasser ... Jedes Mal gerate ich dabei ins Träumen.«

Ich unterbrach mich. Verflixt, meine Frage war immer noch nicht zufriedenstellend beantwortet. »Du sagtest, dass ich mich ähnlich verhalten solle wie einstmals Bismarck. Ist das wirklich alles? Ich kann mir das nicht vorstellen. Ich bin doch ein ganz anderer Mensch.«

Satya schüttelte den Kopf. »Ich sagte dir doch schon, dass du akzeptierst bist. Was du tun musst, wenn du vor der Baumgruppe stehst? Es ist ganz einfach. Lehne dich, wie einstmals Bismarck, gegen den Stamm und warte ruhig und voller Zuversicht ab. Denke dabei an dein Vorhaben, denke ganz konzentriert daran. Du willst erfahren, auf welche Weise eine Steigerung der persönlichen Ausstrahlung erreicht werden kann. Verlasse dich darauf, du wirst eine Antwort erhalten. Bestimmt wird es Menschen geben, die über dein Vorhaben geringschätzig die Nase rümpfen. Diese haben eben nicht begriffen, dass dein Wunsch mit starker spiritueller Energie geladen ist und auch so verstanden werden muss. Sie wirkt in den Steinen, sie wirkt in den Pflanzen und sie wirkt in den Tieren. Auch im Menschen ist sie vorhanden. Sie zeigt sich unter anderem in seiner Ausstrahlung, seiner Aura, seinem Charisma! Kurzum, es gibt nichts, in dem sie nicht ist. Aber um sie wirksam werden zu lassen, muss man sich ihr gegenüber öffnen. Leider fehlt den meisten Menschen das Verständnis für sie, starrsinnig wehren sie sich gegen den *Aberglauben* und halten die Tore ihrer Psyche wie mit stählernen Riegeln verschlossen.«

Ich war immer noch nicht ganz zufrieden. Es gab doch noch so viele Fragen. Satya las mir meine Unzufriedenheit vom Gesicht ab.

»Du hast noch Fragen, nicht wahr? Auch wenn wir sie schon behandelt hatten – nenne mir eine nach der anderen. Ich werde dann versuchen, sie zu beantworten. Wiederholungen schaden nichts, festigen nur.«

Mein Freund hatte Recht. Ich hatte tatsächlich das Gefühl, viel von dem, was wir bereits früher besprochen hatten, wieder vergessen zu haben.

»*Was ist spirituelle Energie?*«

Satya beugte sich ein wenig vor. Ein Zeichen dafür, dass er nicht lange nachdenken musste.

»Der Spiritualismus geht davon aus, dass alles Geschaffene seiner wahren Natur nach Geist sei. Geist also die gesamte Schöpfung.«

»Ich fragte dich nach der spirituellen *Energie.*«

Er hob seine Hand. »Warte doch ab. In einem einzigen Satz kann ich dir das nicht erklären. Zur besseren Verdeutlichung muss ich zu einer Analogie greifen. Kannst du dir einen Stausee vorstellen?«

»Ja.«

»Unterhalb der Staumauer befindet sich ein Kraftwerk. Wenn der Schieber geöffnet wird, dann stürzt das Wasser zu Tal und treibt Turbinen und Generatoren an. Ergebnis ist – die Stromerzeugung.« Satya hielt inne und sah mich an. »Kannst du dir vorstellen warum ich das sagte?«

»Nein.«

»Dabei ist die Erklärung sehr einfach. Wenn die gesamte Schöpfung Geist ist, dann kann die Geistmenge mit der Wassermenge in einem Stausee verglichen werden.«

Ich schüttelte den Kopf. »Aber wer ist der *Schieber*, der die Geistmenge hinunterstürzen lässt, wer sind die *Generatoren* und was für einen *Strom* liefern sie?«

»Der *Schieber* ist der Wille zur Tat. Die *Generatoren* sind die Umsetzer der *eigenen Bemühungen.* Sie sind die Erzeuger der spirituellen Energie. Diese wird aus dem Geist gewonnen.« Mein Freund hielt kurz inne, sagte dann: »Gewiss ist das nur eine mit Fehlern behaftete Analogie, doch in ihr steckt auch Wahrheit.

»Und was kann die spirituelle Energie bewirken?«

»Sie kann alles. Sie ist der wahre Treibstoff für das Tätigwerden aller Dinge. Mit ihrer Hilfe kann aus einem Menschen mit schwacher Ausstrahlung ein Riese an Charisma werden. Bedingung ist: Der Schieber muss geöffnet werden. Erst danach wird spirituelle Energie produziert. Wir hatten schon darüber gesprochen, Charisma kann eine Gnadengabe der Götter sein, aber auch das Produkt *eigener* Bemühungen. Ich denke zum Beispiel an besonders herausragende Sportler, die mit ihren Leistungen weit über sich hinauswuchsen. Ihr Wille zur Tat verlieh ihnen ein machtvoll strahlendes Charisma. Ihre *Markenzeichen*, ich meine damit die Becker-Faust und Lindenbergs Hut, dienten lediglich dazu, ihrem Äußeren eine unverwechselbare Note zu geben.«

Satya hob die Schultern. »Frage mich jetzt bitte nicht, was denn der Geist, der dieses Phänomen bewirkt, sei. Nur Gott kennt darauf die Antwort.«

Ich schaute Satya groß an. »Ich weiß nicht, was ich sagen soll. Woher hast du dieses Wissen? Es kommt mir so erweitert vor. Man könnte fast glauben, du seiest ebenfalls *drüben* gewesen.«

Ein seltsamer Blick traf mich, aber eine Antwort erhielt ich nicht. Ich wollte weiter bohren, aber eine mir unerklärliche Regung hielt mich davon ab.

»Du weißt also, wie du dich bei den Platanen zu verhalten hast?«

»Ich hoffe es.«

Strömen soll die Kraft

Die Verstärkung des Charismas erfolgt durch Einströmen spiritueller Energie.

Dazu ist nicht nur die Hilfe der Natur, sich konzentrierend in den Geistwesen *Herr der Steine*, *Herrin der Pflanzen* und *Herr der Tiere*, gefragt, hier sind auch Ihre Anstrengungen erforderlich.

Entspannen Sie sich und meditieren Sie. Stellen Sie sich das Einfließen der spirituellen Kraft zur Erzeugung eines stärkeren Charismas bildhaft vor. Noch gleicht Ihre Ausstrahlung nur einem schmalen Rinnsal. Vor allen Dingen: Glauben Sie an die Wirksamkeit Ihrer selbst erzeugten *Bilder*. Deren Konturen dürfen nicht zerfließen. Lassen Sie deshalb in Ihrer Konzentration nicht nach.

Stellen Sie sich Ihr bisheriges Charisma als ein durstiges, dem Vertrocknen nahen Pflänzchen vor. Begießen Sie es fleißig mit dem Wasser Ihrer Bemühungen. Sehen Sie es zu Ihrer Freude von Tag zu Tag wachsen und kräftiger werden. Wiederholen Sie diese Praxis jeden Tag vor dem Schlafengehen.

Lassen Sie negative, zweiflerische Gedanken nicht zu, denn nur positives Denken leistet Hilfe beim Bau Ihrer charismatischen Zukunft.

V

Auch der Kontakt ist ein Schlüssel

Eine bloße Idee, ein nur intellektes Suchen nach etwas Höherem, wie intensiv das Interesse des Geistes es auch ergreifen mag, richtet nichts aus. Das Herz muss sich darauf werfen als auf das eine, das getan werden muss.... Denn Wahrheit des Geistes ist nicht nur zu denken, sondern zu leben, und zu leben verlangt eine einige, einzig gerichtete Zielstrebigkeit des Menschen.

Sri Aurobindo

Alles verläuft so schnell, so blitzartig – die erschreckende Helligkeit des Bewusstseins, in das die Klarheit einkehrt. Ein Punkt, ein Laut, ein Tropfen Licht, und eine voller Glanz hervorbrechende, üppige Welt ist darin enthalten – im Aufblitzen einer Sekunde Tausende von Vögeln, unfassbar schnell. Die Intuition wiederholt, an unsere eigene Größenordnung angepasst, das Urmysterium eines mächtigen Schauens – ein einziges Aufschlagen der Lider, überwältigend, das alles geschaut, alles erkannt hat....

Satprem

Der Weg zur Kraft ist frei

Und wieder stand ich vor den drei Platanen, vor diesen imponierenden Bäumen, die schon vor Ende des 19. Jahrhunderts von den Spaziergängern wegen ihrer Größe und Mächtigkeit angestaunt worden waren. Sicher auch, wenn auch mehr unbewusst, wegen der Aura an Kraft, von der sie wie von einem weiten, unsichtbaren Mantel umgeben sind.

Ich verfuhr so, wie Satya es mir angeraten hatte. Ich lehnte mich gegen den Stamm der rechts stehenden Platane, sie war die größte.

Und ich lehnte mich nicht nur an diesen Baum, ich presste mich mit all meiner Kraft gegen ihn, denn ich wollte sein Holz spüren, wollte einen möglichst innigen Körperkontakt mit ihm herstellen. Während mein Körper das tat, suchte auch meine Psyche den Kontakt. Diesen aber auf einer anderen Schiene, auf der des Geistes! Sicher haben Sie schon einmal einen schweren Gegenstand von einer Stelle auf die andere rücken müssen. Zuerst wollte und wollte er sich nicht rühren, doch endlich, Ihrem höchsten Krafteinssatz folgend, setzte Ihnen das schwere Stück keinen Widerstand mehr entgegen und ließ sich fast spielend an die dafür vorgesehene Stelle transportieren. Fast kam es Ihnen so vor, als ob Ihnen in diesem Augenblick eine fremde Kraft soeben Hilfe geleistet hätte. Natürlich hatten Sie sich das nur eingebildet, denn wer glaubt schon an geistige Hilfe beim Transport von schweren Gegenständen?

Meine Kontaktsuche glich diesem Beispiel. Auch hier hatte ich zuerst das Empfinden, nicht einen einzigen *Zentimeter* voranzukommen. Je stärker jedoch meine geistigen Anstrengungen wurden, desto mehr hatte ich das Gefühl wachsenden Widerstandes. Doch dann, auch hier, brach dieser plötzlich ab. Die Finger meines Geistes konnten auf einmal weiter vordringen – und fanden das, wonach ich gesucht hatte. Auf eine nicht zu beschreibende Art und Weise hatte ich das Gefühl, dass sich soeben ein Tor für mich geöffnet hatte. Kaum hatte ich dieses Empfinden, als eine Woge von Intuitionen auf mich zurollte und mich förmlich überschwemmte! Und mit ihr, ebenso urplötzlich, rollte auch das Wissen – in mich hinein! Blitzartig wurde mir klar, wie das Handeln zur Erzielung einer stärkeren charismatischen Ausstrahlung auszusehen hatten. Und das in allen Einzelheiten, trotzdem so schnell und so erhellend wie ein Blitz am Nachthimmel. Aber auch so unbegreiflich.

Nach meiner Rückkehr schilderte ich Satya das Ergebnis meiner Kontaktsuche. Als ich damit fertig war, sagte er: »Damit ist auch die Frage geklärt, ob es möglich ist, die Wirkung des Charismas durch eigene, gezielte Anstrengungen zu verstärken.«

»Wobei die drei Worte *eigene, gezielte Anstrengungen* hier ein ganz besonderes Gewicht haben«, sagte ich mit Nachdruck in der Stimme. »Anstrengungen, die in erster Linie auf eine Festigung des Glaubens an die eigene Kraft und auf die Schaffung des notwendigen Resonanzvermögens abzielen. Bemühungen, andauernde Bemühungen, ohne die es keinen Dauererfolg geben kann.«

»Für das Charisma und dessen Stärkung gilt das ganz besonders«, ergänzte Satya. »Denn die Mächtigkeit einer Ausstrahlung ist die Folge einer Ursache, nicht aber die Ursache selbst.«

»Die Einstimmung ist wie eine Straße!«, sagte ich nachdenklich.

»Aber auf ihr gehen muss jeder selbst!«, fügte Satya hinzu.

Schweigen kehrte ein, und Wehmut griff nach mir. Mein Freund trat schon übermorgen die Heimreise an. Vorbei waren unsere Diskussionen während gemütlicher Kaffeestunden. Keine Frage, ich würde Satya sehr vermissen.

Er schien meine Gedanken gelesen zu haben, denn er sagte: »In einem halben Jahr werde ich wieder auf Geschäftsbesuch in Deutschland sein. Vielleicht gibt es dann einen neuen Diskussionsstoff für uns.«

VI

Das Ende des Wegs
– Gezeigt an einem Beispiel –

Nur in der Übung weitet sich die intuitive Erfahrung über die Vernunft hinaus zu dauerndem Wissen; und nur so kann auch die subjektive innere Erfahrung eine Quelle für wissenschaftliche Erkenntnisse werden.

Balthasar Staehelin

Zuerst eine Vorbemerkung

Ich darf es Ihnen versichern – ohne den Einstimmungsprozess wären die folgenden Seiten nur wenig mehr *als Muster ohne Wert.* Warum? Nun, empfängt ein Radio ohne Strom? Sicher nicht. Hier ist es nicht anders. Ohne Ihren Glauben an die aufgezeigten Möglichkeiten und Ihres von hoher Zuversicht getragenen Resonanzvermögens hätten Sie die in den bisherigen Hinweisen verborgenen spirituellen Inhalte nicht empfangen können. Dummes, nur auf Leutefang bedachtes Gefasel? Wer nach dem Lesen dieses Buches immer noch so denkt, der sollte es schleunigst beiseite legen und den Inhalt vergessen.

Paul sucht Verbündete

Des besseren Verständnisses halber beschreite ich im letzten Kapitel einen Weg unter vielen anderen denkbaren. Ich wende mich dabei der Praxis zu. In diesem speziellen Fall handelt es sich um einen jungen Mann, der zu einem Vorstellungsgespräch eingeladen wurde. Nennen wir ihn *Paul.*

Nehmen wir an, ein gelungenes Vorstellungsgespräch wäre für Pauls berufliche Zukunft von entscheidender Bedeutung. Er will sich gut darauf vorbereiten. Und er ist guten Mutes, denn er weiß, dass sein Fachwissen über jeden Zweifel erhaben ist. Es gleicht einem gelungenen Gemälde. Aber dem Bild fehlt noch der Rahmen! Was ist der Rahmen? Er ist – die Ausstrahlung eines bezwingenden Charismas. Zusammen mit ihm, also mit dem *ganzen* Bild, bräuchte er keinen Konkurrenten zu fürchten.

Paul weiß, was Charisma ist. Er weiß auch um die Macht, die einer starken charismatischen Ausstrahlung innewohnt.

Paul hat vor, diese Macht zu erwerben, sie dann gezielt einzusetzen. Aber um das erfolgreich zu können, und um einen anderen, von hoher Stelle protegierten Mitbewerber aus dem Feld zu schlagen, benötigt er die Hilfe eines Bundesgenossen. Er weiß, an wen er sich wenden muss.

Es gibt wohl kaum einen Menschen, der nicht ein Lieblingsplätzchen in der freien Natur hat. Ob es ein stiller, noch nicht vom Touristenstrom überlaufener Waldsee, eine einsame Insel in der Nordsee oder ein vor brausendem Leben aus allen Nähten platzender Platz inmitten einer Großstadt ist, den Besucher zieht es immer wieder dahin. Hier fühlt er sich ganz besonders wohl. Er weiß nicht, warum das so ist, aber das interessiert ihn auch nicht. Wenn er es wüsste, und wenn er den psychischen Kontakt zu diesem Kraftort intensivieren könnte, dann wäre der Kraftzufluss nicht nur ein Rinnsal, gerade nur dazu taugend, Wohlgefühl zu erzeugen, sondern ein mächtiger, weitaus mehr bewirkender Strom. Das *Rinnsal* gehört einem charismatischen Zwerg, der *Strom* dagegen einem charismatischen Riesen.

Ein solches Lieblingsörtchen kennt Paul schon seit Jahren. Wenn er innere Kraft benötigte, hier hatte er sie stets gefunden. Hier hielt er seine Psyche im Gleichgewicht, im Zustand der Harmonie.

Kontakt schaffen

Aufgrund seiner gelungenen Einstimmung ist Paul in der Lage, die spöttische Stimme seines Verstandes abzuschalten und allein der Stimme seiner Zuversicht zu folgen. Er weiß es genau: die größte Schwierigkeit liegt darin, den stets mäkelnden Verstand zu zügeln, damit er nicht fortwährend dazwischen quäkt, emsig bestrebt, Zweifel zu säen.

Schon Tage vor dem entscheidenden Vorstellungsgespräch besucht Paul seinen Lieblingsplatz an einem verträumten See in einer großen Parkanlage. Als er ihn erreicht hat, setzt er sich auf eine Bank. Er hat, wie schon so oft in der Vergangenheit, auch heute die Absicht, mit diesem Platz, diesem Stück Natur, zu kommunizieren. Er schließt die Augen und konzentriert sich, stellt sich diese Örtlichkeit als *Person* vor. Und dann denkt er an nichts anderes als nur daran, sie um Hilfe zu bitten. Jeden anderen Gedanken wirft er hinaus. Der indische Weise Sri Aurobindo bemerkte einmal zu dieser, wahrlich nicht geringen Schwierigkeit:[36] ... *eine fortschreitende Meisterung und Freiheit des eigenen Geistes liegt durchaus in der Möglichkeit eines jeden, der den Glauben und den Willen dazu hat.*

An dieser Stelle möchte ich auch auf die Übungen in meinem Buch *Die Kraft der Wünsche* hinweisen. Sie sollen die Wunschkraft verstärken, um sie in die Lage zu versetzen, irgendetwas Gewünschtes machtvoll an sich zu ziehen. Lesen Sie den Übungskatalog in diesem Buch aufmerksam durch. Besonders aber jene Übung, die sich der Beherrschung der Gedanken widmet.

In Paul ist tiefes Vertrauen. Durch seine sich verstärkenden Anstrengungen zur Verdichtung seiner Konzentration treten die Konturen der *Person* immer schärfer hervor. Und dann kommt tatsächlich der Augenblick, als gäbe es sie wirklich. Und sie antwortet sogar auf seine Fragen. Es sind echte Antworten – gegeben von der geistigen Essenz der Natur. Paul hat den Kontakt gefunden. Er lässt in seiner Bitte Liebe schwingen. Denn er weiß es: Nur diese Münze wird akzeptiert. Sein Anliegen zielt nicht darauf ab, anderen Menschen oder dem außermenschlichen Bereich der Natur Schaden zuzufügen. Paul stellt auch einen körperlichen Kontakt her. Er greift nach einem Ast und fühlt sich durch ihn mit der gesamten Natur verbunden. Und er fühlt das nicht nur, er weiß, dass es so ist. Danach wiederholt er seine Bitte.

Ich erinnere Sie an die Felsnadel im Hochgebirge, an den herrschenden Nebel, an den Kontakt, an das Wirken einer unglaublichen Wesenheit – und an ihre Hilfe in arger Not.

Paul spürt, dass seine Bitte günstig aufgenommen wird. Körperlich durch einen Strom der Wärme, die für einige Sekunden seinen Körper durchflutet, geistig durch ein Gefühl hochschießender Freude. Er bedankt sich. Die *Person* lächelt und winkt ihm zu. Als er seinen Lieblingsplatz verlässt, geht er vor Glück wie auf Wolken.

Die Entscheidung naht

Der Tag der Vorstellung ist gekommen. Paul hat sehr gut geschlafen und mit gutem Appetit gefrühstückt. Kein Lampenfieber peinigt ihn. In ihm ist eine Sicherheit, die einen Misserfolg völlig ausschließt.

Mit dieser Überzeugung tritt er vor das Gremium, das über seine Einstellung zu befinden hat. Leicht und locker beantwortet er alle Fragen, denn in ihm ist das Wissen, dass ihm nichts, überhaupt nichts passieren kann. Er weiß auf jede Frage eine fundierte Antwort.

Die Wahl fällt auf ihn!

Später, nach der Vorstellung, Paul ist schon gegangen, sagt einer aus dem Gremium sehr zufrieden zu einem Kollegen: »Dieser Mann scheint mir für die ihm zugedachte Aufgabe geradezu prädestiniert zu sein. Meiner Meinung nach war er allen anderen Bewerbern weit überlegen.«

Paul sucht nach seinem Erfolg wieder seinen Lieblingsplatz auf und bedankt sich erneut. Eine warme, überschäumende Gefühlswoge greift nach ihm und überschüttet ihn mit dem Echo seiner Freude.

Paul wird in seinem Leben bestimmt noch oft *Kraft* tanken müssen. Aber er genießt – durch seine vorangegangenen *eigenen* Bemühungen – gegenüber den meisten anderen Menschen den großen Vorzug, sich an das Kraftwerk *Natur* anschließen zu können und, wenn er die Bedingungen einhält, von ihm mit Kraft versorgt zu werden. Und er wird den Kontakt nicht abbrechen lassen, damit keine – die Liebe vertreibende – Disharmonie in ihn einzieht, denn dann liefe er Gefahr, ihn zu verlieren.

Deshalb – wehren Sie sich gegen disharmonische Schwingungen.

Ich erwähnte es schon – einfache Worte, nicht wahr? Aber gibt es etwas Einfacheres als die Wahrheit? Kompliziert sind doch nur die Lügen. Meine Bitte: Glauben Sie an die fantastische Möglichkeit der Stärkung des Charismas! Ich muss es wieder und wieder sagen: Ohne einen festen Glauben erreichen Sie nichts.

Ist das schon alles?

Das höre ich manche fragen. Du lieber Himmel – sich nur gegen einen Baum lehnen und um ein stärkeres Charisma bitten. Das ist doch nichts Besonderes, das ist mit Sicherheit viel zuwenig. Und dafür ein ganzes Buch? Schade um die Zeit für das Lesen.

Die so fragen, haben den Sinn meiner Ausführungen nicht verstanden. Sie haben nicht begriffen, dass es auf den *tiefen* Kontakt mit der Natur ankommt, und dass sich in diesem Kraftakt die wahre Schwierigkeit verbirgt, denn auf den Wanderer wartet ein steiniger Pfad. Es ist einer, der nicht leicht zu begehen ist. Mutter Natur kann sehr widerspenstig sein. Sie will lange umworben werden, bevor sie sich endlich gnädig zeigt. Ein Werben, das die Wahrheit zur Grundlage haben muss. Ist das nicht der Fall, dann wendet sie sich zornig ab. Aber wer den Gipfel des *Berges* erreicht, der wird reich belohnt. In unserem Fall mit der Verstärkung des persönlichen Charismas.

Noch einmal: Vorbedingung ist die Einstimmung. Ohne sie kommt es zu keiner Resonanz, zu keinem Kontakt, und damit auch zu keiner – Akzeptanz. Und was ist dann? Dann ist nichts!

Was heißt das im Hinblick auf Paul? Er hatte den Einstimmungsprozess mit den eingestreuten Hinweisen bereits hinter sich gebracht und den Inhalt verinnerlicht. Den Geistwesen der Natur blieb dies nicht verborgen. Sie entsprachen seiner Bitte, erhöhten sein Charisma. Mit anderen Worten: Er wurde – akzeptiert!

Jetzt werden Sie noch besser verstehen, was ich schon mehrmals behauptet habe:

Das Lesen nur des letzten Kapitels ist unnütz, bringt keinen Erfolg. Es kommt, wie vieles im Leben, auf die Ganzheit an, hier auf das Verarbeiten *aller* Kapitel!

Ich wünsche Ihnen ein gutes Gelingen.

Literaturhinweise

Aurobindo, Sri: *Der integrale Yoga*, Hamburg 1957
Brunton, Paul: *Die Weisheit des Über*selbst, Freiburg 1977
BHAGAVAD-GITA, München 1996
Chargaff, Erwin: *Das Feuer des Heraklit*, Stuttgart 1979
Chargaff, Erwin: *Unbegreifliches Geheimnis*, Stuttgart 1988
Die schönsten Upanischaden, Freiburg 1994
Doore,Gary (Hrsg): *Opfer und Ekstase*, Freiburg 1989
E. F. Freitag, C. Zacharias: *Die Macht Ihrer Gedanken*, München1992
Eccles, John C.: *Das Wunder des Menschseins - Gehirn und Geist*, München 1985
Grof, Stanislav: *Kosmos und Psyche*, Frankfurt a.M. 1997
Herrigel, Eugen: *ZEN in der Kunst des Bogenschießens*, München 1956
Hemleben, Johannes: *Jenseits*, Reinbek bei Hamburg 1975.
Jung, C. G.: *Die Archetypen des kollektiven Unbewussten*, Freiburg 1976
Jung, C. G.: *Die Dynamik des Unbewussten*, in: Gesammelte Werke, Bd. 8, Zürich 1967
Keller, Werner: *Was gestern noch als Wunder galt*, Zürich 1973
Koestler, Arthur: *Die Wurzeln des Zufalls*, München 1992
Marciniak, Barbara: *Boten des neuen Morgens*, Freiburg 1995
Marciniak, Barbara: *Plejadische Schlüssel zum Wissen der Erde*, Freiburg 1996
Meckelburg, Ernst: *Wir alle sind unsterblich*, München 1997
Monod, Jacques: *Zufall und Notwendigkeit*, München 1982
Müller-Elmau, B.: *Kräfte aus der Stille*, Düsseldorf 1977
Müller, Rüdiger: *Unus Mundus*, Frankfurt a.M. 1992
Needleman, Jacob: *Vom Sinn des Kosmos*, Frankfurt a.M. 1993
Pauli, Wolfgang: *Naturerklärung und Psyche*, Zürich 1952
Peat, F. David: *Synchronizität*, München 1989
Satprem: *Sri Aurobindo oder Das Abenteuer des Bewusstseins*, Freiburg 1970
Schmidt,K. O.: *Der kosmische Weg*, Ergolding 1971
Sheldrake, Rupert: *Das schöpferische Universum*, Frankfurt a.M. 1993

Sheldrake, Rupert: *Die Wiedergeburt der Natur*, Hamburg 1994
Stevens, Jose und Lena: *Zur Quelle der Kraft*, Freiburg 1995
Talbot, Michael: *Das holographische Universum*, München 1992
Flower A. Newhouse: *Die Tore der Weisheit*, Graving 1989
Wilber, Ken: *Halbzeit der Evolution*, München 1987
Yogananda, Paramhansa: *Autobiographie*, München 1996

Quellenverzeichnis

1 Entnommen: Helmut Gebelein: *Alchemie*, München 1991, S. 380

2 Dombrowski, Theodor: *Die Kraft der Wünsche*, Bergisch Gladbach 1997, S. 19

3 Sheldrake, Rupert: *Die Wiedergeburt der Natur*, Reinbek bei Hamburg 1994, S. 224

4 Dombrowski, Theodor: *Die Kraft der Wünsche*, Bergisch Gladbach 1997, S.15

5 Monod, Jacques: *Zufall und Notwendigkeit*, München 1982, S. 150 und S. 151

6 Sri Aurobindo: *Der integrale Yoga*, Hamburg 1957, S. 7

7 Satprem: *Sri Aurobindo oder das Abenteuer des Bewusstseins*, Freiburg 1970, S. 18

8 Talbot, Michael: *Das holographische Universum* , München 1992, S. 187

9 Chargaff, Erwin: *Unbegreifliches Geheimnis*, Stuttgart 1988, S. 18

10 P. M. *Peter Mosleitners interessantes Magazin*; München Dez. 1999, S. 68

11 Chargaff, Erwin: a.a.O., S. 223

12 Entnommen: Sheldrake Rupert: a.a.O., S. 84

13 Meckelburg, Ernst: a.a.O., S. 9

14 A.Moody: *Leben nach dem Tod,* Reinbek bei Hamburg, 1997

15 Zitiert nach Talbot, Michael: a.a.O., S. 236

16 Talbot, Michael: *Das holographische Universum*, München 1994, S. 259

17 Meckelburg, Ernst: *Wir alle sind unsterblich*, München 1997, S. 260

18 Eccles, John C.: *Das Wunder des Menschseins - Gehirn und Geist,* München 1986, S. 29

19 Ouspensky, P. D.: a.a.O., S. 176

20 Sheldrake, Rupert: *Die Wiedergeburt der Natur*, Reinbek bei Hamburg 1994, S. 90

21 Sheldrake, Rupert: a.a.0., S. 117 f

22 Chargaff, Erwin: a.a.O., S. 225

23 Gebelein, Helmut: *Alchemie*, München 1996, S. 375
24 Wilber, Ken: a.a.O., S. 138
25 Dombrowski, Theo: a.a.O., S. 121 f.
26 *Die schönsten Upanischaden*, Freiburg 1994, S. XIX f.
27 Entnommen: Theodor Dombrowski: *Die Kraft der Wünsche*, a.a.O., S. 234
28 Keller, Werner: a.a.O., S. 356
29 Entnommen: Lincoln Barnett: *Einstein und das Universum*, Fischer Bücherei, Frankfurt a.M. 1955, S. 17
30 Entnommen: Michael Talbot: a.a.O., S. 62
31 Entnommen: Theo Dombrowski: a.a.O., S. 130 ff.
32 Theodor Dombrowski: *Bewusstseinsevolution*, München 1995, S. 255
33 Dombrowski, Theodor: a.a.O., München 1995, S. 315
34 Entnommen aus: Peat, F. David: a.a.O., S. 16
35 Peat, F. David: *Synchronizität*, München 1989, S. 40 ff.
36 Aurobindo, Sri: *Der integrale Yoga*, Hamburg 1957, S. 10

Die uralten Mythen der Völker führen uns auf eine Reiseroute quer über den gesamten Globus. Im geistigen Erbe unserer Vorfahren findet die Autorin ein Wissen, das uns in die Lage versetzt, unser »Woher« und »Wohin« zu erkennen. Jene harmonische Einheit zwischen Mensch und Kosmos, die für die chinesischen, indischen, sumerischen, keltischen, ägyptischen und steinzeitlichen Mysterien so typisch ist, ist dem heutigen Menschen verlorengegangen.
Christa Zettel unternimmt eine Reise quer durch Raum und Zeit und bringt die neuesten Erkenntnisse der modernen Naturwissenschaften mit den althergebrachten Mythen unserer Ahnen auf fruchtbare und verblüffende Weise in Einklang.
Das Ergebnis dieser inneren und äußeren Reise der Autorin ist ein neues Weltbild, das uns zu den Ursprüngen unseres Bewußtseins zurückführt.

ISBN 3-404-70181-X

BASTEI LÜBBE

Ayurveda feiert einen Siegeszug rund um die Welt. Es ist das alte Wissen um die Jungerhaltung und Verjüngung des Körpers.
Die drei doshas, spirituelles Fundament dieser jahrtausendealten und gleichzeitig modernen Lehre, werden in diesem Buch ebenso erläutert wie die praktischen Elemente des Ayurveda: Klangtherapie, Massage, Farbtherapie, Ernährung und Aromatherapie sowie Panchakarma, die eigentliche Ayurvedakur.
Der Autor Axel Burkart hat als Ayurveda-Massagetherapeut gearbeitet und in Sri Lanka ein Ayurveda-Zentrum mit aufgebaut. In dieser grundlegenden Einführung zum Ayurveda gibt er aus seinem reichen Erfahrungsschatz wertvolle Gesundheitstipps für den persönlichen Heilungsweg weiter.

ISBN 3-404-70178-X

BASTEI LÜBBE

»Lausche dem Wind, der die Felsen flüstern läßt, und du erhältst Weisheit«, sagen die Indianer Nordamerikas. Seit Tausenden von Jahren erzählen uns die alten Kulturen der Welt von einem Instrument, das uns in Kontakt mit einer anderen Wirklichkeit bringen könnte. Sowohl bei den Sumerern, Ägyptern und Kelten als auch bei den Indianern und den Aborigines ist dieses Instrument stets ein Stein, durch den es möglich ist, Information und Wissen aus anderen Welten abzurufen.

Johannes von Buttlar forscht in diesem Buch nach den Mysterien von Pyramiden, sumerischen Keilschrifttafeln, Menhiren und Megalithen, Steinkreisen und den Quarzkristallen unserer Tage.

Liegt in diesen Steinen die Lösung für die Rätsel der Menschen verborgen? Der Autor entschlüsselt einige der geheimen Botschaften und verbindet sie mit den neuesten Erkenntnissen der Elementarphysik und Kosmologie.

ISBN 3-404-70179-8

BASTEI LÜBBE